PSICOLOGÍA

Conceptos psicológicos prácticos para el obrero cristiano

Ricardo Crane, Felipe Cortés,
Vladimir Rodríguez y Jorge Sobarzo

Contiene un estudio programado por la Facultad Latinoamericana de Estudios Teológicos

Publicado y distribuido por Editorial Unilit

PSICOLOGÍA
Conceptos psicológicos prácticos para el obrero cristiano
Segunda edición 2003.

Logoi, Inc., quien edita esta obra, es una organización educativa que ofrece programas de estudio a través de la Universidad FLET para el enriquecimiento bíblico y espiritual del liderazgo evangélico en Latinoamérica. La universidad FLET es miembro acreditado del Consejo de Educación y Entrenamiento a Distancia, DETC (Distance Education and Training Council). DETC es una comisión acreditadora reconocida por el Departamento de Educación de los Estados Unidos y miembro del Consejo de Acreditación para la Educación Superior, CHEA (Council for Higher Education Accreditation).

14540 S. W. 136 St. Suite 200
Miami, FL. 33186

Diseño textual: Logoi, Inc.
Portada: Meredith Bozek

Producto: 491080
Categoría: Consejería/Psicología
ISBN: 0-7899-1038-1
Impreso en Colombia

ACERCA DE LOS AUTORES

FELIPE CORTÉS RIFO

Psicólogo, Licenciado en Psicología de la Universidad Católica de Chile, tiene un Diploma en Dirección y Administración de RR.HH. Asesor y Consultor en Recursos Humanos. Director Ejecutivo del PEPP y miembro de la facultad de la Universidad FLET. Es presbítero y posee amplia experiencia en clínica adulto, retiros y seminarios.

RICARDO CRANE COUGHLIN

Terapeuta familiar del Instituto Chileno de Terapia Familiar. Graduado en Psicología y Biblia del Covenant College, y Maestro en Divinidad (M.Div.) del Covenant Theological Seminary. Hasta el año 2000 fue profesor del PEPP. Ahora se desempeña como profesor a tiempo completo de la Universidad FLET, y está a cargo del Departamento de Psicología Pastoral. Es pastor presbiteriano con amplia experiencia en clínica matrimonial y familiar, y como profesor del PEPP.

VLADIMIR RODRIGUEZ SOTO

Psicólogo, Licenciado en Psicología de la Universidad de Chile. Asesor y Administrador en RR.HH. por la Universidad de Santiago. Diplomado en Marketing, Universidad Adolfo Ibañez; Diplomado en Multimedia e Internet, Universidad Diego Portales. Se desempeña como Consultor y Asesor en Comunicaciones Corporativas. Es profesor del PEPP, y posee una amplia experiencia en clínica adulto, retiros y seminarios.

JORGE SOBARZO BUSTAMANTE

Médico Psiquiatra Infanto-Juvenil, Universidad de Chile. Miembro de la Sociedad Chilena de Psiquiatría y Neurología Infanto-Juvenil. Director de Clínica Psiquiátrica. Director de Extensión del PEPP. Es presbítero, y posee amplia experiencia en clínica, retiros y seminarios.

El Programa de Entrenamiento en Psicología Pastoral (PEPP) es un ministerio cristiano desarrollado por profesionales en Pastoral, Psicología y Psiquiatría comprometidos con el Evangelio, cuyo meta es capacitar a todas aquellas personas en el uso de herramientas concretas que les permitan brindar asesoramiento pastoral a familias, parejas, adolescentes y niños con mayor efectividad. Si desea mayor información acerca de este programa escriba o comuníquese a: O'Brien 2379, Vitacura, Santiago, Chile, Teléfonos: (56)2-2085035, (56)2-2466730, Página web: www.pepp.cl

CONTENIDO

PRÓLOGO A LA SEGUNDA EDICIÓN

Ha resultado tremendamente estimulante y satisfactorio enterarnos del interés de la editorial en publicar una segunda edición de nuestro libro, el cual vio la luz a raíz de una invitación que hizo la Universidad FLET en el año 2000 al Programa de Entrenamiento en Psicología Pastoral PEPP —instancia que reúne a los autores del presente texto. Esta invitación tuvo el propósito de desarrollar unos seminarios en diversas ciudades de Venezuela, donde cientos de maestros —muchos de ellos educadores de enseñanza básica y media— recibieron capacitación para desempeñarse como profesores de educación religiosa en escuelas públicas. Esta oportunidad fue posible debido a la serie de reformas ocurridas en aquel país en el ámbito educativo y que permitió la enseñanza religiosa en todas las escuelas públicas del país.

Este proyecto en Venezuela permitió a los autores tomar contacto con una realidad distinta a la que les rodeaba. No obstante las diferencias marcadas por la cultura que caracteriza a cada país, lo que se evidenció con mayor fuerza entre los cristianos venezolanos de las distintas ciudades visitadas, fue un profundo deseo de ahondar en temas que permitieran rescatar herramientas susceptibles de utilizar en sus interacciones cotidianas (¿cómo relacionarme mejor con mis hijos, esposo/esposa o con mis alumnos en la escuela?, ¿cómo establecer relaciones de ayuda efectivas con personas cercanas que están experimentando alguna problemática?, ¿cómo puedo entender lo que presenta la psicología a la luz de mi fe en Dios?). En el cúmulo de dudas e inquietudes planteadas, un común denominador se relacionaba con la búsqueda de respuestas que incorporaran una perspectiva integradora entre la psicología y la fe.

Si bien este texto se editó en forma previa a la serie de seminarios que se desarrollaron, puesto que éste era parte del material de trabajo que correspondía abordar en ellos, el contacto con cientos de personas en diversas regiones de Venezuela, como también en Cuba, Colombia, y los tantos lugares donde se encuentran los estudiantes de FLET confirmó lo presentado en este libro. Durante más de una década de trabajo en Chile, los profesionales que componen el PEPP han constatado que la iglesia se encuentra no solo con hambre y sed de la Biblia y del conocimiento bíblico que lo acerque más a Dios (dimensión vertical), sino también con ansias de aprender acerca de las relaciones humanas, conocer cómo perfeccionar las relaciones interpersonales establecidas con personas significativas, saber cómo enfrentar en forma adecuada las presiones y exigencias del entorno en forma cristiana, y otras muchas expectativas que apuntan a perfeccionarnos en la dimensión de las relaciones horizontales que establecemos.

Al finalizar esta presentación a la segunda edición, nos parece importante señalar que junto a la experiencia recogida en los países señalados, el Programa de Entrenamiento en Psicología Pastoral (PEPP) ha cumplido trece años ininterrumpidos de actividad de capacitación en este campo, constituyendo un espacio de difusión, entrenamiento del liderazgo de la iglesia, práctica e investigación en Consejería, desde el cual los autores recogen, actualizan y aplican los nuevos conocimientos y técnicas provenientes de la Psicología y la Pastoral. Este texto, que ponemos a disposición del lector, pretende constituir una síntesis accesible de temas fundamentales de la psicología y la pastoral que formaban parte de nuestros apuntes y documentos de trabajo de clases, talleres y seminarios, y que han sido trabajados, discutidos, reflexionados y decantados con el propósito de satisfacer la demanda que formulan las iglesias de más y mejor material en español en esta área.

Estamos seguros que esta experiencia acumulada en esta segunda edición será de gran bendición, ayuda y efectivo apoyo al lector inquieto que está en búsqueda de un material escrito que pueda usar como un manual para examinar temas de psicología con un enfoque pastoral.

Los autores

1

FUNDAMENTOS DE LA PSICOLOGÍA

por Felipe Cortés

BREVE HISTORIA DE LA PSICOLOGÍA

El ser humano, en su devenir histórico, de un modo u otro ha buscado alcanzar un conocimiento más cabal respecto de aquello que lo rodea. Primeramente comenzó estudiando aquello que llamaba poderosamente su atención, que a sus sentidos parecía más lejano y que de alguna manera establecía una relación entre el objeto de estudio y ciertos efectos en su entorno más inmediato (la luna, el sol, las manifestaciones de la naturaleza, etc.). La motivación por estudiar y conocer más acerca de los astros y las manifestaciones de la naturaleza y el mundo físico o material progresivamente se ha ampliado. Se ha incorporado en forma creciente el interés por conocer y comprender cómo opera el componente no material del ser humano, indagar acerca de su mundo interno y adentrarse en la psiquis de las personas. Todo esto refleja los persistentes intentos por entender de mejor forma qué variables determinan la dinámica psicológica e influyen en la conducta individual.

Si hacemos un recuento histórico respecto al surgimiento de las diversas disciplinas orientadas a estudiar ámbitos acotados de la realidad, las evidencias muestran que la primera disciplina que surgió formalmente fue la astronomía, luego le siguió la meteorología, la física y la filosofía, entre otras, hace más de 25 siglos. La psicología recién se constituye como una disciplina independiente de la filosofía en la segunda mitad del siglo XIX.

Al estudiar el desarrollo histórico de la psicología claramente se distinguen dos grandes períodos: etapa pre-científica y la etapa científica.

Etapa pre-científica

Las primeras referencias conocidas que se orientaron a especular acerca de la naturaleza humana se encuentran en los escritos de Platón, Aristóteles y otros pensadores griegos del siglo V A.C. Este período abarca desde los primeros escritos conocidos, que datan del siglo V A.C. hasta mediados del siglo XIX.

En el siglo V A.C. los primeros acercamientos a lo que hoy en día conocemos como psicología, y que en esa época eran parte de la filosofía, se orientaron a dar explicaciones acerca de la naturaleza humana. Se consideraba que la esencia del ser humano eran dos componentes: uno físico, corporal o material y otro más trascendente que, se especulaba, correspondía al alma. Estos intentos por dar explicaciones sistemáticas y ordenadas, en la forma de modelos, son los primeros por introducirnos al mundo no material o del «alma» y representan los inicios de la psicología. Se considera a Anaxágoras (siglo V A.C.) como el primer filósofo que hace una distinción entre los elementos materiales y los espirituales del ser humano. De aquí en adelante el alma, como foco de estudio, comenzó a adquirir progresivamente mayor atención, tanto así que posteriormente Aristóteles (384-322 A.C.) realizó una revisión de la literatura dedicada al estudio del alma.

Con posterioridad, Agustín de Hipona (354-430 A.D.) más conocido como San Agustín, en su obra *Confesiones* desarrolla y profundiza en el tema de las emociones, los pensamientos, los recuerdos y las motivaciones, especificando lo que a su juicio constituía la relación entre estas variables y la conducta.

Durante el período de la edad media el estudio del alma es «teñido» por la influencia religiosa, al concebirla como una instancia espiritual e inmortal capaz de entender, sentir y decidir. Esto significó que la psicología, en ese entonces aún muy ligada a la filosofía, continuó su desarrollo, ahora desde una perspectiva teológica. Se volvieron a retomar temas que ya habían sido del interés de los griegos, tales como la relación mente-cuerpo, con preguntas del tipo ¿qué es la mente?, ¿es el cuerpo el que influencia al alma o viceversa?, ¿cuál es la naturaleza humana?, ¿es el hombre esencialmente bueno?, ¿hay ideas innatas?, etc.

En el siglo XV, cuando finalizaba la edad media, se comienza a evidenciar un cambio entre los estudiosos, en la manera de generar conocimiento psicológico. La especulación da paso a los primeros intentos por sistematizar y explicar de modo racional y no solo intuitivo, los hallazgos en el terreno de la psicología. Otro progreso relevante se evidencia en el cambio de área o tema clave que era foco de la atención de los estudiosos, aspecto más conocido como objeto de estudio. Anteriormente los griegos habían centrado su atención en el ALMA, puesto que la consideraban el centro de la vida psíquica y espiritual de las personas. Sin embargo, el paso del tiempo y las innumerables discusiones generadas sin que se llegara a clarificar qué era el alma y cuál era su influencia en la existencia de los individuos, llevó a considerar que el estudio del alma estaba fuera del campo de la psicología. Por tanto, el objeto de estudio cambió del ALMA a la MENTE. En este contexto puede mencionarse a Juan Luis Vives (1492-1540), filósofo español a quien se le conoce como el «padre» de la psicología moderna. Su contribución al desarrollo de esta disciplina consistió en la publicación de varios libros orientados a entregar su visión respecto a qué atributos componían la mente, cómo se relacionaban entre sí estos componentes y cómo ellos se manifestaban en la vida de las personas.

Etapa científica

Hay consenso entre distintos autores en establecer que la psicología ingresa a una fase de desarrollo científico a partir del año 1879, cuando Wilhelm Wundt funda el primer laboratorio de psicología experimental en la Universidad de Leipzig (Alemania). En este laboratorio se comenzaron a estudiar principalmente los procesos perceptivos, ya no «en el escritorio» como se hacía antes, sino a través de la experimentación.

El inicio de esta nueva era en el desarrollo de la psicología facilitó que los investigadores comenzaran a identificarse con una cierta corriente u orientación en el estudio de esta disciplina, cada una de las cuales se abocó a la tarea de delinear una materia u objeto de estudio, especificando y utilizando los métodos que consideraban más adecuados para investigar. Al utilizarse un criterio cronológico, las orientaciones psicológicas pueden agruparse en seis grandes categorías:

1. ESTRUCTURALISMO: Esta corriente nació junto con la creación del primer laboratorio de psicología experimental; sus principales exponentes fueron Wilhelm Wundt y

E.B. Titchener. Esta orientación consideraba que la psicología debía centrarse en descubrir cuáles eran los componentes básicos de la conciencia, de modo que se pueda conocer su estructura o anatomía, determinar cómo estos elementos interactuaban entre sí, y descubrir los principios que regían estas relaciones. El método utilizado para estudiar la conciencia fue la introspección, que consiste en la observación sistemática de los propios procesos mentales, una especie de «mirarse hacia adentro» o tomar conciencia de la dinámica psicológica que experimenta la persona. Para ello se entrenaba a individuos para que examinaran y describieran lo más objetivamente posible sus experiencias conscientes, mientras eran sometidos a estimulación sensorial (visual, auditiva, etc.).

2. FUNCIONALISMO: Emergió como corriente en la última década del siglo XIX, pocos años después de la conformación del estructuralismo; los principales exponentes de esta corriente fueron los norteamericanos William James, John Dewey y R.S. Woodworth. Esta orientación surgió en contraposición al estructuralismo, debido a que algunos investigadores comenzaron a cuestionar el papel meramente experimental que hasta ese momento estaba asumiendo la psicología. A estos investigadores les parecía que, más que hacerse preguntas respecto a ¿qué es o cómo es la conciencia?, el preguntarse ¿para qué puede ser útil la conciencia? o ¿cuál es la finalidad de los procesos conscientes? podía reportar mayores beneficios en términos pragmáticos. El método de estudio utilizado por los seguidores de esta corriente se basó fundamentalmente en la experimentación.

3. PSICOANÁLISIS: Los representantes más conocidos de esta corriente fueron Sigmund Freud, Carl Gustav Jung y Alfred Adler, entre otros. Sus orígenes se remontan a la última década del siglo XIX, no obstante, solo a principios de 1900 es cuando verdaderamente comienza a tomar forma una serie de conocimientos que posteriormente dio lugar a esta corriente. El objeto de estudio de esta corriente es el inconsciente, que de acuerdo al modelo desarrollado por Freud, corresponde al nivel de estructuración de la dinámica psíquica al que las personas tenemos menos acceso desde nuestra conciencia pero que, sin embargo, determina de manera significativa muchos de los aspectos de la vida consciente individual. En la medida que es posible llegar a conocer y comprender lo inconsciente se puede llegar a entender de mejor modo el por qué de algunas conductas, pensamientos, sentimientos, motivaciones, etc. Aunque los focos de trabajo del psicoanálisis han sido múltiples, en concreto puede decirse que el principal interés del psicoanálisis es por la dinámica y procesos que subyacen y determinan los procesos conscientes, además de evaluar su impacto en el funcionamiento de la personalidad. Los métodos para acceder a su objeto de estudio consisten en la asociación libre, la interpretación de los sueños y la introspección.

4. CONDUCTISMO (BEHAVIORISMO): Los autores de mayor relevancia en esta corriente fueron J.B. Watson y E.R. Gurthrie. Esta orientación, gestada y desarrollada principalmente en Estados Unidos en la segunda década del siglo XX, postulaba que los procesos mentales no podían ser estudiados objetiva ni científicamente, ya que para

ello había que confiar en la información subjetiva de los sujetos que reportaban tales fenómenos. Puesto que todo lo no observable (conciencia, pensamiento, alma, etc.) era susceptible de considerarse subjetivo, ellos abogaron para que el objeto de estudio de la psicología fuera la conducta, que tenía la cualidad de ser observable, y por lo tanto permitía un estudio objetivo, riguroso y experimental.
Watson consideraba que gran parte de las conductas de las personas eran aprendidas. Por tanto, deducía que la influencia del medio ambiente era determinante como modelo que ejerce efecto sobre los individuos. Dada esta premisa, pensaba que era necesario descubrir cuáles son y cómo operan los procesos de aprendizaje en el individuo, de tal forma llegar a entender la conducta humana. Esta postura significó un pleno rechazo a la introspección como método de estudio, por el contrario, insistió en que el único conocimiento confiable era el obtenido a través de la experimentación.
En un principio estos postulados tuvieron amplia aceptación. No obstante, después de varias décadas de un fuerte influjo de esta postura en la psicología, su impacto decayó debido a la rigidez de las apreciaciones iniciales (por ejemplo, Watson decía que si a él le entregaban un niño para que lo educara podría hacer de él un óptimo profesional, un vago, un delincuente, etc., según él quisiese; bastando para ello el control de los aprendizajes que esta persona pudiera tener). Otro tanto ocurrió por la extrapolación de resultados obtenidos con ratas de laboratorio a los seres humanos, o por la nula ponderación de los aspectos cognitivos involucrados en la conducta y el aprendizaje. Luego del paso de algunos años, en la déca-

da de los 40 del siglo XX aparece en escena B.F. Skinner, quien rescata, amplía y profundiza los postulados iniciales del conductismo «radical».

5. GESTALT: Esta corriente surgida en Alemania entre la primera y la segunda guerra mundial, tuvo como sus principales exponentes a M. Wertheimer, M. Kôhler, K. Koffka y Kurt Lewin. La palabra Gestalt es traducida como forma, organización o configuración. Los postulados más relevantes de esta orientación se relacionan con su rechazo y oposición a planteamientos anteriores que apuntaban a estudiar los procesos conscientes y la estructura psíquica total a partir de sus componentes considerados en forma aislada (ejemplo: estudiar las sensaciones, los reflejos, etc., como parte de un estudio de la conciencia). Por el contrario, la corriente de la Gestalt enfatiza la importancia de abordar la totalidad o conjunto de la experiencia, puesto que mediante el estudio del conjunto de los elementos que conforman una experiencia podemos tener un acceso y conocimiento más exacto de ella y de los distintos factores que la constituyen. Por ejemplo, cuando apreciamos un cuadro y lo consideramos «bello», esta experiencia de agrado no se genera a partir del impacto que nos produce en forma aislada los colores desplegados, la técnica utilizada, la calidad de los materiales utilizados, la estética de los elementos representados en el cuadro o la capacidad de este de ejercer alguna sensación en el observador, sino que es el conjunto de estos elementos y otros no mencionados lo que nos permite decir que tal composición es «bella». En el fondo, esta corriente rescata un principio que en la actualidad tiene aplicación universal: el todo es más que la suma de las partes.

El método utilizado por esta corriente consistió en la introspección y la experimentación.
Esta corriente, junto con el conductismo y el psicoanálisis ha tenido una fuerte influencia sobre la psicología contemporánea, particularmente por sus aportes en el estudio de la percepción, el aprendizaje, el pensamiento y la conducta social. En los años 1970 y 1980 esta escuela experimentó un gran auge en EE.UU. por la influencia de Fritz Perls.

6. SISTÉMICA: Esta corriente tiene sus antecedentes en la Teoría General de Sistemas, en aportes de la Teoría de la Comunicación y en la cibernética. Su desarrollo comienza en la década de 1950, en EE.UU., en un contexto de post-guerra y con altas tasas de divorcio. El trabajo con personas en forma individual y cierta sensibilidad por los resultados alcanzados evidenció el poder que ejercía la familia sobre cada uno de sus miembros, al punto de boicotear los progresos que alguno de sus miembros individualmente podía alcanzar. Situaciones como la anterior llevaron a los terapeutas a no aceptar en forma pasiva este tipo de influencias, por lo que comenzaron a incluir en el proceso terapéutico a sus integrantes, con la expectativa de que si accedían a la familia tal vez podrían actuar más eficazmente sobre ella. La familia se constituye así en la unidad mínima de análisis y desarrollo de la persona.
   Entre la década de 1960 y 1970 se consolidó la terapia familiar gracias al aporte de terapeutas como Murray Bowen, Nathan Ackerman, Don Jackson, Gregory Bateson, Virginia Satir, Jay Haley y Paul Watzlawick entre otros.
   Su objeto de estudio lo constituyó la dinámica familiar, es

decir, el conjunto de relaciones que se generan entre los miembros de la familia, basado en las observaciones de que las conductas no ocurren en aislamiento, sino que están determinadas por otras personas. Y ciertos patrones de interacciones pueden ser utilizados por la familia para perpetuar conductas, creencias, etc. disfuncionales.

DEFINICIÓN Y MÉTODOS

Definición

El término psicología tiene una raíz griega, cuyo significado nos orienta respecto a cuál era el objeto de estudio de esta disciplina en sus orígenes. Etimológicamente «psicología» surge de la combinación de dos palabras: *psique*, que significa alma, y *logos*, que significa palabra. Por tanto, se consideraba que esta área de estudio estaba dirigida a estudiar el alma, aquel componente no material que formaba parte del ser humano.

La conceptualización de qué es la psicología o cuál es su ámbito de interés o su foco de atención ha variado según el período histórico, la afinidad u orientación teórica y por los intereses predominantes de quien postula una definición. Lo anterior ha llevado a que el objeto de estudio (aquello que pasa a ser el centro de interés de una disciplina particular) de la psicología haya cambiado desde el alma a la mente, luego a la conciencia y posteriormente se centró en la conducta. En las últimas décadas el foco de interés de la psicología ha cambiado desde la conducta para ampliarse a estudiar las motivaciones, los valores y ciertos procesos cognitivos más complejos, tales como el lenguaje, el pensamiento, la creatividad, entre otros. Desde la década de 1970-1980 se ha incrementado significativamente el interés por estudiar la dinámica y los procesos que se desencadenan a nivel del sistema familiar y del subsistema matrimonial y parental.

Algunas definiciones respecto a la psicología apuntan a los aspectos antes mencionados:

«La psicología es el estudio del alma» (Aristóteles), citado por Thompson W. Y DeBold, R., *Introducción sistemática a la psicología,* Editorial Paidós Ibérica, Barcelona, 1980, pp. 22.

«La psicología es el estudio de los fenómenos mentales o de la psique». (E.B. Titchener), de apuntes de clases, 1987.

«La psicología es la descripción y explicación de los estados de conciencia como tales» (W. James), de apuntes de clases, 1987.

«La psicología es el estudio de la conducta observable y medible» (J.B. Watson), citado por Morris, Ch., *Psicología,* Ed. Prentice Hall, México, 1999.

A pesar de que en las definiciones anteriores son enfatizados distintos aspectos de la vida psíquica de las personas, actualmente es bastante aceptada la definición siguiente: «*La psicología es la ciencia que estudia la conducta de los organismos*». (Ardila, R., *La psicología contemporánea,* Editorial Paidós, Buenos Aires, Argentina, 1992.) Esta definición resulta altamente práctica puesto que afirma que lo que estudia la psicología es susceptible de ser observado, medido, replicado y comparado, y en la medida que es observable, facilita el manejo de variables en un experimento.

Métodos de investigación

Los métodos de investigación utilizados en psicología así como en las ciencias sociales en general, pueden ser clasificados como método experimental, de escrutinio y clínico-psicométrico:

1. EXPERIMENTAL: Consiste en la medición de ciertas variables en situaciones que usualmente ocurren en un laboratorio. La aplicación de este método exige un mayor control de las variables que intervienen, afectan o determinan una situación particular. De modo que incluso es posible que el investigador manipule o cree situaciones para conocer cómo es afectada una variable cuando es influida por otra. Las variables que se consideran en este método son:

   - Variable dependiente (V.D.): En la situación experimental es aquella variable que se controla (mide o evalúa) para verificar cómo es afectada por la variable independiente.
   - Variable independiente (V.I.): Es la variable que influye sobre la V.D. y que se controla y manipula con el fin de determinar cómo, cuánto y de qué manera la afecta.
   - Variable interviniente: Es aquella variable que afecta a la V.D. y cuyo efecto en la situación experimental no está siendo medido ni controlado.

Para ilustrar lo anterior veamos un ejemplo. Una dueña de casa decide darle una sorpresa a su esposo una tarde, para ello se dispone a preparar un pastel. Recuerda que hay una receta guardada hace algún tiempo y que no ha probado aún, así que se decide a «experimentar» con esa receta. Como hay un ingrediente que antes no había utilizado (por ejemplo: cacao), decide hacer dos pasteles que tendrán exactamente los mismos ingredientes y en la misma cantidad, excepto el cacao, que un pastel lo tendrá como ingrediente pero el otro no. De este modo se asegurará de contar con al menos un pastel, por si aquel al que le pone cacao no es de su agrado. Por lo tanto, las diferencias en el resultado de los pasteles podrá atribuirlo a las diferencias en la presencia o ausencia de cacao. En este ejemplo el cacao representa a la V.I., el pastel a la V.D. y la variable interviniente corresponde a todos aquellos aspectos que no fueron controlados y que afectaron el resultado final (el pastel), por ejemplo: que los ingredientes hubiesen sido cambiados sin que la dueña de casa se diera cuenta, que se abriera el horno mientras el pastel estaba allí, que se cambiara la intensidad del fuego, que los ingredientes no fueran frescos, etc.

2. MÉTODOS DE ESCRUTINIO (encuesta) Y DE CAMPO: Estos métodos suponen la observación de los hechos en situaciones naturales. El investigador sale del laboratorio y se enfrenta directamente a los acontecimientos tal y como suceden sin controlar variable alguna, de modo de no intervenir o afectar el desarrollo de las situaciones sino más bien percibirlas como se presentan.

3. MÉTODO CLÍNICO-PSICOMÉTRICO: Corresponde a la evaluación efectuada mediante métodos clínicos (entrevistas de distinto tipo) y/o por medio de la aplicación de algún tipo de instrumento que complemente la información clínica (pruebas gráficas, cuestionarios, inventarios, etc.).
   A partir de la utilización de este método clínico-psicométrico es posible:

   - Realizar un diagnóstico.
   - Sugerir un curso de acción respecto a una determinada situación.
   - Elaborar hipótesis acerca del comportamiento, que posteriormente pueden tratar de verificarse o modificarse.

SUBDISCIPLINAS O ÁREAS DE ESPECIALIZACIÓN DE LA PSICOLOGÍA

A continuación se entregará un listado de las áreas de especialización más conocidas de la psicología y una breve descripción de cuáles son sus campos de estudio.

1. PSICOLOGÍA EXPERIMENTAL: Esta área de especialización se ocupa de estudiar en el laboratorio un conjunto de procesos psicológicos como la memoria, el aprendizaje, la percepción, las sensaciones, las emociones, entre otros fenómenos que constituyen parte de la riqueza que caracteriza a los seres humanos. Los psicólogos experimentales están interesados en responder preguntas del tipo ¿cómo recuerdan las personas?, ¿qué las hace olvidar?, ¿cómo toman decisiones las personas en situaciones de presión?, ¿existen diferencias entre hombres y mujeres en términos de cómo solucionan *problemas complejos*?, etc.

2. PSICOLOGÍA FISIOLÓGICA Y PSICOFARMACOLOGÍA: La psicología fisiológica es un área de especialización que se interesa por investigar hasta qué punto la conducta está determinada por los fenómenos físicos y químicos que ocurren en nuestro organismo. Su foco de atención corresponde al cerebro, el sistema nervioso y la bioquímica corporal. Por ejemplo, estudia el efecto que genera en las personas el consumo regular de té o café; el efecto sedante y desinhibidor que produce el alcohol; por qué cuando las personas sufren accidentes, en algunas ocasiones, presentan dificultades para hablar, para pensar o recordar ciertos hechos de su vida, etc.
   Por su parte, la psicofarmacología investiga la relación que

hay entre el uso de ciertos fármacos de distinto tipo y su impacto en la conducta de las personas.

3. PSICOLOGÍA COMUNITARIA: Su foco de atención se centra en la realización de actividades que faciliten y permitan la participación de la comunidad en programas orientados a incrementar la calidad de vida de la población (grupos de apoyo emocional, grupos de hipertensos, grupos de la tercera edad, psicoterapia grupal, entre otras actividades realizadas).

4. PSICOLOGÍA DEL DESARROLLO O EVOLUTIVA: Esta área de especialización se orienta a estudiar los factores que influyen y determinan la conducta del ser humano en los distintos períodos o etapas del desarrollo individual, desde el momento mismo de la concepción hasta la vejez.

5. PSICOLOGÍA SOCIAL: Es una subdisciplina cuyos esfuerzos se orientan en la dirección de investigar la influencia mutua que ejercen las personas entre sí y las condiciones del contexto que pueden modificar la conducta individual cuando se está en grupo. Por ejemplo, está dedicada a dilucidar interrogantes del tipo ¿los hombres y mujeres asumen diferentes roles sociales al interior de un grupo o de distintos grupos?; ¿las personas tienden a sentirse atraídas por personas semejantes a ellos o tienden a asumir conductas semejantes a quienes pueden considerar su parámetro de referencia o pertenencia?; ¿qué variables inciden en alimentar o eliminar los prejuicios en una comunidad?; etc.

6. PSICOLOGÍA CLÍNICA: Es el ámbito profesional al que se dedica la mayor proporción de los psicólogos. Esta

área de especialización está orientada a la práctica de la psicoterapia, es decir, a aplicar una serie de técnicas cuyo propósito es iniciar procesos en que el consultante trabaja consigo mismo y con quienes lo rodean, con algunas de sus conductas y/o creencias erróneas, con áreas de conflicto interpersonal (matrimonial, parental, laboral), o con otros aspectos que generan la percepción de no contar con una calidad de vida que lo satisface. La psicoterapia intenta activar el potencial, dado por Dios, que poseen las personas para crecer y desarrollarse.
La práctica clínica puede ser realizada en forma individual, en parejas, en familia o en grupo. Su campo de acción es amplio, abarcando problemáticas relacionadas con la autoestima, la identidad, las relaciones de pareja, dificultades interpersonales, depresiones, obsesiones, etc.

7. PSICOLOGÍA LABORAL: El foco de atención de esta especialidad son las organizaciones, en las que colabora para que éstas puedan maximizar el logro de sus objetivos en el aspecto productivo. Para ello intenta encaminar su gestión en lograr un incremento del potencial de las personas que componen la organización y procura crear un ambiente de trabajo que resulte estimulante. Para lograr estos propósitos apoya los procesos de selección de las personas más idóneas para un determinado cargo, administra la capacitación del personal, desarrolla sistemas de gestión del desempeño y desarrollo de carrera, realiza consultoría para mejorar la gestión empresarial, etc.

8. PSICOLOGÍA EDUCACIONAL: Esta área de especialidad está centrada en la aplicación al ámbito educacional (a los alumnos, profesores y padres) de aquellos princi-

pios de la psicología que pueden facilitar y enriquecer el proceso de enseñanza-aprendizaje. Por ejemplo, abordar aquellos factores que inciden en la motivación, que facilitan la adquisición del lenguaje, que impactan en la memoria de corto y largo plazo, conocer cómo se estructura el aprendizaje, incentivar la creatividad escolar, etc. También la psicología educacional encamina sus esfuerzos en la dirección de apoyar a los alumnos en el proceso de escoger una alternativa de estudios que sea concordante con su vocación, con sus habilidades, intereses, y características personales.

METAS DE LA PSICOLOGÍA

Al referirnos a las metas de la psicología estamos haciendo referencia a cuáles son los propósitos últimos que se autoimpone esta disciplina para considerarse científica. Las metas generales de la psicología, que comparte con otras disciplinas, pueden sintetizarse en:

1. *Describir:* Este objetivo nos indica que la psicología, mediante la generación de conocimiento, pretende precisar en detalle en qué consiste y qué caracteriza el fenómeno que es objeto de su estudio. Por ejemplo, si se está estudiando a la familia, la psicología debe estar en condiciones de responder a la pregunta ¿qué es una familia?; la respuesta puede ser: «es la unidad social básica, formada alrededor de dos o más adultos que viven juntos en la misma casa y cooperan en actividades económicas, sociales, protectoras y en el cuidado de los hijos propios o adoptados» (Gerald, 1973). Además puede agregar que las familias, dadas sus características, pueden ser com-

prendidas como un sistema, puesto que hay interacción entre sus miembros, entre ellos son interdependientes y poseen un sistema que retroalimenta las conductas.
Todo lo que se ha mencionado previamente son descripciones o especificaciones de qué se entiende por el tema en cuestión y se ha detallado (de manera superficial por cierto) algunos de sus componentes.

2. *Explicar:* Consiste en tratar de responder a la pregunta cómo es que tal fenómeno sucede, apunta a intentar dar una respuesta al por qué ocurre. En otras palabras, consiste en establecer una relación de causalidad (que puede ser *lineal* o *circular*, *unicausal* o *multicausal*), entre lo que estamos estudiando y aquello que lleva a experimentar cambios.
   Si continuamos con el ejemplo anterior, en torno a la familia, la psicología debe estar en condiciones de explicar qué factores o variables determinan que una familia sea considerada funcional o disfuncional, sana o enferma, etc.

3. *Predecir:* Esta meta apunta a que la psicología debe estar en condiciones de anticipar situaciones que puedan generarse en el futuro, considerando para ello los antecedentes que poseemos, en el presente, de un determinado tema.
   Para el caso del ejemplo anterior, la psicología debería estar en condiciones de anticipar si una familia sana, y que en la actualidad refleja determinadas características en su relación con el entorno y entre sus miembros, podría llegar a mostrar signos de disfuncionalidad si las condiciones del entorno varían (si se produce la pérdida de un ser querido, cesantía en uno de los cónyuges, nacimiento de otro hijo en la familia, etc.). La idea de que la psicología permita la predicción, apunta en la dirección de que las explicaciones

(modelos, teorías) que se articulan, basadas en descripciones y observaciones, posean la suficiente consistencia y solidez como para permitir realizar extrapolaciones de comportamientos que hipotéticamente pueden llegar a manifestarse bajo determinadas condiciones. En el caso de esta familia —más en un contexto clínico— estas predicciones pueden orientarse tanto a anticipar condiciones de salud que pueden alcanzarse mediante intervenciones terapéuticas como a prescribir síntomas de deterioro que se podrán evidenciar bajo ciertas condiciones.

4. *Controlar:* Por último, la meta de controlar se cumple en la medida que ciertas variables descritas (cuya operación o funcionamiento conocido pueden ser intervenidas) generan cambios en el cierto fenómeno que es objeto de nuestro estudio.
   Cumplir con esta meta para la psicología implicaría, por ejemplo, contar con la posibilidad de conocer el impacto que produce en una familia evaluada como sana la interacción regular de una vez por semana con una persona considerada con un estado de depresión.

Los cuatro objetivos anteriormente mencionados, corresponden a los propósitos que la ciencia se traza, y que, por supuesto toda disciplina que se diga científica tratará de cumplir. Al enunciar lo anterior pasamos a otro punto de interés, a saber: ¿la psicología es o no una ciencia?.

Primeramente debe decirse que la *ciencia* es definida como: «Cuerpo de doctrina metódicamente formado y ordenado que constituye una rama particular del saber humano» (*Enciclopedia universal ilustrada*, Barcelona, España, Volumen 13). «Sistema de conocimientos ciertos y verdaderos» (Ibid.).

Es decir, la ciencia constituye un conjunto ordenado e integrado de conocimientos acerca de hechos que son observables y que se pueden cuantificar. En otras palabras, a través de la ciencia se pretende acumular un conocimiento que se considera útil y que se obtiene a partir de observaciones acertadas de un grupo de hechos, las que pueden, a su vez, servir de base para predecir hechos futuros.

Alcanzar un determinado conocimiento requiere la utilización de una metodología particular (una metodología es la especificación de un conjunto de pasos que son seguidos en forma sistemática y regular, con el propósito de obtener un determinado resultado bajo condiciones estándares). Por lo tanto, para alcanzar un *conocimiento científico* se requiere la aplicación de una *metodología científica.* A raíz de lo anteriormente expuesto, se dice que una disciplina particular, cualquiera sea esta (física, química, psicología, etc.), será considerada científica si, y solo si, utiliza el método científico. El método científico consta de los siguientes pasos básicos:

a. *Definición de un problema*, de un obstáculo o idea.
b. Postular una *hipótesis* que pueda explicar el problema antes planteado.
c. Utilizar un proceso de *razonamiento y deducción* a partir de las hipótesis planteadas, con el fin de clarificar los problemas de aspectos de las hipótesis.
d. *Observación, prueba o experimento.* En otras palabras, corresponde al paso en que se evalúa el grado de relación que existe entre lo planteado en las hipótesis y lo que se observa en la «realidad».

La psicología, pese a haber surgido de la filosofía y por lo mismo haber utilizado inicialmente una metodología más bien «de escritorio» (basándose en la razón solamente), desde fines del siglo pasado ha venido utilizando una metodología científica, cuya aplicación se ha afianzado en el curso de este siglo. Es debido a esto que la psicología ha recibido el *status* de científica. No obstante, dado el objeto de estudio de la psicología y las múltiples causas que determinan a la conducta, se ha llegado a postular que ésta no es una ciencia al igual que la física o la química.

A pesar del uso del método científico en la psicología se aprecian obstáculos al desarrollo de una psicología científica, las principales dificultades radican en:

1. Complejidad de la conducta humana.
2. Problemas de medición: hay dificultad para ser preciso y riguroso, para replicar los resultados, etc.
3. Problemas en el uso del método científico: cuesta controlar variables, a veces hay una influencia no intencionada por parte del experimentador, etc.
4. Restricciones éticas y legales que impiden cierto tipo de estudios.

LA PSICOLOGÍA EN AMÉRICA LATINA

El primer hospital psiquiátrico de América, lo fundó Bernardino Álvarez, en México 1566. En Chile, el primer hospital dedicado al trabajo con enfermos psiquiátricos se creó en 1857, funcionó en los terrenos del actual recinto del hospital San Juan de Dios que estuvo a cargo de religiosas.

Sin embargo, no es sino hasta 1898 cuando la psicología científica comienza en América Latina. En ese año, Horacio Piñeros fundó el primer laboratorio de psicología experimental en el Colegio Nacional de Buenos Aires, ¡tan solo 19 años después que se fundara el primer laboratorio de psicología experimental en el mundo, en Alemania! Al año siguiente se crea el primer laboratorio de psicología en Brasil, el cual funcionó en el llamado *Pedagogium* en Río de Janeiro. En 1908, el fisiólogo Piñeros junto a psicólogos argentinos fundó la sociedad de Psicología de Buenos Aires. Ese mismo año, en Chile, la Universidad de Chile instala un completo laboratorio de psicología experimental, semejante al utilizado por Wundt en Leipzig y que estuvo a cargo de Guillermo Mann, un profesor alemán contratado por el estado chileno. Este investigador se dedicó principalmente a la psicología pedagógica.

Germán Greve, un discípulo chileno de Freud, dictó en 1910 una conferencia en Buenos Aires titulada «Sobre psicología y psicoterapia de ciertos estados angustiosos», trabajo en el cual se interesó Freud y que pasó a ser pionero en América Latina.

En la década del 20, la psicología se desarrolla con mayor fuerza en otros países latinoamericanos. En 1920 se realiza una investigación en Perú utilizando la prueba de Binet-Simón; en 1936 se publica en Paraguay el libro «*Lecciones de psicología*»; en 1937 se crea la carrera de psicología en México, en la Universidad Autónoma de México; al año siguiente se publica en Ecuador el texto «*Psicodiagnóstico de Rorschach y delincuencia*»; en 1950 se inauguró en Cuba la primera escuela de psicología, en la Universidad de Villanueva; también en 1950 se realiza el primer Congreso Latinoamericano de Psicología, en Uruguay, cuyo propósito fue coordinar el trabajo que en diversos países de América Latina estaban realizando los psicólogos. Al año siguiente, en 1951, durante el IV Congreso de Salud Mental se funda la Sociedad Interamericana de Psicología, conocida por sus siglas SIP. En 1952 se funda la Asociación Chilena de Psicología; en 1953 se funda la misma sociedad en Uruguay; algo semejante ocurre en Colombia en 1955. Desde 1955 en adelante se creó la carrera de psicología en países como Venezuela (1956), Chile (1957), Argentina (1958), Brasil (1966), Nicaragua (1970), Costa Rica y Bolivia (1971), Ecuador (1973), Haití (1974) y Guatemala (1975). Esta recopilación no es exhaustiva, y aun desde su parcialidad da cuenta que desde la década de 1950 en adelante ha existido un fuerte desarrollo de esta disciplina, la que ha logrado consolidarse no solo a través del aumento cuantitativo de las escuelas de psicología que existen actualmente en el continente (y que se traducen en una mayor cantidad de personas interesadas en estudiar), sino también por el sistemático y progresivo desarrollo que la investigación está teniendo. Este desarrollo se demuestra en el explosivo aumento de revistas de psicología editadas en el contiene, que en la actualidad son más de cuarenta.

En Chile, en el año 1957 se crea la escuela de psicología de la Universidad Católica y cuatro años más tarde se estructura la misma escuela en la Universidad de Chile. Posteriormente, entre 1982 y 1983 se abre la carrera de psicología en 3 universidades privadas. En los años siguientes, al flexibilizarse la creación de universidades privadas éstas comienzan a emerger rápidamente, hasta llegar a alrededor de 60, en cuya gran mayoría se dicta la carrera de psicología.

En el ámbito de la psicología pastoral, en 1984 se organiza en Costa Rica la que más tarde pasó a llamarse Asociación Latinoamericana de Asesoramiento Familiar, más conocida como Eirene Internacional, con sede en Quito, Ecuador. En 1990 se crea en Santiago de Chile el Programa de Entrenamiento en Psicología Pastoral (PEPP), programa orientado a preparar y entrenar a personas idóneas para que se desempeñen como asesores pastorales.

LOS CRISTIANOS Y LA CIENCIA

Hasta el momento se ha hecho hincapié en la historia y desarrollo de la psicología, en la diversidad de subdisciplinas derivadas de ella, en las metas que toda ciencia persigue, así como una breve discusión respecto a la relevancia del uso del método científico. Asimismo es muy probable que después de todo este «camino» que hemos recorrido juntos, usted se esté preguntando ¿cómo relacionar y hacer compatibles la ciencia y la fe?, ¿cómo podría un cristiano utilizar válidamente a la ciencia como una herramienta en su aproximación al mundo, y dentro de ella a la psicología?, ¿cómo armonizar los conocimientos bíblicos y la Biblia misma con los aportes que nos puede proveer una ciencia?, etc. Es probable que preguntas como las anteriores y, seguramente, otras más estén en estos minutos poblando nuestras mentes. Para estimular la reflexión, a la vez, que intentar responder a algunas de estas interrogantes, a continuación se harán ciertas precisiones:

1. Dios se manifiesta al ser humano a través de la *revelación especial* (Biblia) y de la *revelación general*, la cual nos permite acceder a un conocimiento de Dios por medio de la creación. En otras palabras, las personas podemos llegar a darnos cuenta que hay un Dios creador tras la observación, percepción y descubrimiento de aspectos relacionados con la naturaleza y con el ser humano mismo, por ello se dice que las ciencias nos permiten acceder a un conocimiento de Dios. Esto es posible dado que ellas investigan al ser humano y aquellos aspectos que lo afectan

de algún modo, y que no son evidentes a simple vista para un observador. Este aspecto será abordado en mayor profundidad en el siguiente capítulo, orientado específicamente a revisar la relación entre la ciencia y la fe.

2. La psicología, que es un área de estudio dentro del campo de las ciencias sociales, podemos verla —sobre la base de lo dicho en el punto anterior— como una dimensión de la creación de Dios que se encarga de investigar más profundamente aspectos asociados con la persona, desde una perspectiva de su dinámica mental y que se refleja por medio de las conductas. Por lo anterior, su estudio puede ser una útil herramienta en manos de un creyente, quien no solo puede darse cuenta de su utilidad práctica, sino que también logra visualizar a la psicología como un medio más que Dios nos ha dado para entendernos, ayudarnos y prepararnos para apoyar a nuestros semejantes. Aquí es importante recalcar que la psicología debe ser entendida como un complemento de los elementos provistos por la «revelación bíblica». Los aportes de esta disciplina cobran un sentido de mayor profundidad en la medida que se la observa desde una perspectiva cristiana. No es que la psicología o sus postulados dejen de existir si no se basan en un fundamento bíblico, más bien la perspectiva cristiana aclara, sustenta y le da sentido al quehacer científico. Un científico cristiano se aproximará a una determinada disciplina dejando que Dios, por medio del accionar del Espíritu Santo, lo oriente en su interpretación de los elementos de la «realidad» que percibe. El conocimiento de Dios y de la Biblia le permiten al cristiano contar con una cosmovisión que lo habilita para integrar los aportes que provengan de las ciencias bajo el modelo de que toda verdad proviene de Dios.

3. Algunas de las características que presenta la psicología como disciplina científica corresponden a:

   a. La psicología ofrece modelos teóricos o *mapas* acerca de cómo describir y entender la «realidad». Sin embargo, un *mapa* es solo eso, un mapa o modelo que intenta «acercarse» lo más fielmente posible al *territorio* que pretende presentar, pero que no logra reemplazarlo. La utilidad del mapa puede variar según la cantidad de elementos con que cuenta y la relevancia de los mismos. En este sentido la psicología ofrece distintos tipos de *mapas* que intentan describir, explicar y predecir la conducta del ser humano, pero estos modelos no son los procesos ni las conductas que las personas emiten.

   b. Muy ligado con lo anterior está el hecho de que, si bien las ciencias sociales, y en particular la psicología pretende ser descriptiva y explicativa, ella no logra proveer una completa explicación del por qué de la conducta humana. En este sentido es importante resaltar lo tremendamente beneficioso que resulta el integrar y complementar los aportes que pueden proporcionar distintas disciplinas, distintos modos de conocer o diferentes enfoques acerca de un mismo hecho. Aquí no se trata de juntarlo todo, sino más bien de examinar distintas posturas, teorías, formas de explicar un mismo fenómeno, etc., y a partir de ello extraer lo más relevante y atingente. Así como tener como base una visión que permita integrar la diversidad dentro de condiciones de coherencia interna, con el fin de que al enfrentarnos a una situación contemos con los «mejores» elementos a mano para su explicación, resolución, predicción, etc.

c. Las ciencias están preocupadas de generar conocimientos, describir y explicar aquellos ámbitos a los que cada uno se aboca, pero ellas no definen límites o responsabilidades por la utilización de los conocimientos que se derivan de ella. También, dependiendo del modelo o teoría que se utilice, no logran definir con precisión cuál es o hasta dónde llega la responsabilidad del individuo en sus actos. En este punto se hace relevante contar con un marco de referencia más amplio que guíe, oriente y proporcione criterios, a la vez que nos sitúe a un nivel superior de comprensión de lo que acontece a nuestro alrededor.

Lo anteriormente expuesto, hace pensar que, si bien es cierto la psicología ha logrado importantes avances en la conducta humana, ella puede ser mejor aprehendida y aplicada por un cristiano maduro que busca relacionar el conocimiento del ser humano obtenido a través de la psicología con el conocimiento de Dios y del hombre mismo tal como nos lo revela la Escritura. El cristiano maduro tiene la posibilidad de integrar ese conocimiento dentro de una cosmovisión no solo más amplia sino más «cercana» a la «realidad» del hombre y de la relación de éste con Dios, con sus semejantes y con el resto de la naturaleza, tal como es mostrada y definida en la Biblia.

Finalmente, por todo lo mencionado en relación con la ciencia, la psicología y la posibilidad de una integración entre la psicología y los postulados bíblicos, es probable que haya surgido la pregunta acerca de si ¿es posible que exista un *modelo* de psicología cristiana?, y de ser así, ¿en qué términos ha sido o podría ser postulada? Si bien se cuenta con diversos postulados por parte de autores cristianos, hasta el momento no podemos afirmar que exista un modelo que integre las distintas visiones que surgen en torno a la psicología cristiana; más bien se da el hecho de que hasta el presente no se ha elaborado un modelo que utilice la experimentación y la Biblia, y a partir de cuya integración se elaboren teorías que den cuenta de la naturaleza del ser humano. Estamos en una etapa de integrar aspectos de la psicología y la Biblia, pero aún falta que tales elaboraciones se conjuguen en un todo, que con coherencia y sentido le brinden al cristiano una herramienta útil en su *praxis* pastoral. Al respecto podemos decir que aún hoy es un gran desafío para las personas que están trabajando en esta área, integrar psicología y teología.

2

EL HOMBRE PSICOLÓGICO QUE DIOS HA CREADO

por Ricardo Crane

Queremos reflexionar en este capítulo sobre algunos aspectos de lo que se ha denominado la problemática de la relación entre la fe y la ciencia. Hay cristianos que por su enfoque teológico, encuentran que la «psicología es del demonio», que «atenta contra la obra del Espíritu Santo», o que «no es necesaria, ya que todo lo que necesitamos para la vida y la piedad se encuentra en la Biblia». Por lo tanto, este hermano o hermana que quiere enseñar religión en el colegio o en la escuela dominical, no ve la necesidad de tomar en cuenta lo que dice la psicología acerca de la educación y el desarrollo del hombre. Incluso tiene un rechazo a tal consideración.

Por otro lado, la persona que se ha formado en la psicología «secular» y no ha tomado la Biblia seriamente, no verá necesario integrar la Biblia a sus previos conocimientos adquiridos sobre la educación. Ni se le ocurre que podría haber una necesidad de integración.

La problemática integracional es compleja porque los lenguajes, los métodos, los objetos de estudio, y las ideologías asociadas son claramente distintas. Los criterios de verdad reconocidos por la ciencia no son los propuestos por el cristianismo y viceversa. Para entender esto será necesario revisar la historia, notar la polarización que se ha dado, y plantear los modelos de integración propuestos.

Esta discusión se dio fuertemente en los EE.UU. por aproximadamente treinta años, entre los años 60 y 80. Lo volvemos a plantear ahora en el año 2001 en América Latina porque sigue como un tema no resuelto para muchos cristianos y muchas iglesias. Espero que se entienda que lo siguiente es una visión globalizadora que nos llevará inevitablemente a generalizar. Obviamente hay excepciones. Sin embargo el contraste nos ayudará a entender las reacciones que se produjeron. Graficando mostraremos estas polaridades sabiendo que hay muchos puntos de vista entre los extremos.

ALGUNAS REFLEXIONES HISTÓRICAS SOBRE LA RELACIÓN DE LA IGLESIA CRISTIANA Y LA PSICOLOGÍA

Cuando hablamos de esta historia estamos centrándonos en la iglesia protestante en los Estados Unidos y como esta influyó en las iglesias protestantes en América Latina. No estamos considerando el desarrollo de la psicología en la pastoral católica.

Las divisiones teológicas en EE.UU. en los años 1920 causaron reacciones divisionistas en las dos alas de la iglesia (liberal y conservadora). Estas divisiones se establecieron en América Latina a través de misioneros «fundamentalistas» de procedencia estadounidense, y mantenidas vigentes por una iglesia nacional que en general ha mantenido una postura teológica «Cristo-contra-cultura».

El ala liberal de la iglesia enfatizó las necesidades sociales; lo que se vino a denominar «el evangelio social». Bajo la influencia del liberalismo alemán se rebelaron contra un punto de vista «pesimista» del hombre y empezaron a buscar soluciones en el esfuerzo humano. Al apartarse de una teología bíblica y de la salvación personal, tornaron su atención más y más en la sociología, la psicología, y la política como medios alternativos para servir las necesidades de la sociedad.

El ala conservadora de la iglesia enfatizó la salvación personal a través de la obra redentora de Cristo, la inerrancia de las escrituras, el cielo y el infierno, y la incapacidad total del hombre. Al separarse del «mundo» y reaccionar contra los liberales se creó una despreocupación en las áreas de acción social y política.

En consecuencia la «psicología pastoral» se desarrolló dentro del ala liberal de la iglesia en la década de 1930 y 1940 en EE.UU. Con la influencia de Sigmund Freud, los pastores ya no vieron a sus fieles como pecadores sino como «enfermos». Los sentimientos de culpa y remordimiento ya no se vieron como virtudes cristianas sino que también podrían ser el resultado de una formación inhibida que resultara en un superego (conciencia) demasiado estricto. Por lo tanto la meta del pastor-consejero no era simplemente llevar a las personas a aceptar el perdón de Dios por sus pecados, sino el relajar la rigidez de sus superegos crueles. La solución ya no estaba en un renacimiento espiritual, sino en un proceso de crecimiento antropocéntrico.

La aparición de Carl Rogers en los años 40 también tuvo su impacto en el movimiento liberal de la psicología pastoral. Rogers rechazó la «noción» de que el ser humano era básicamente pecador. Enfocó su atención en la tendencia innata del hombre hacia el crecimiento y la actualización o autorrealización. En un ambiente sano, la gente se desprenderá de sus reacciones negativas y se desarrollarán personas sanas y completamente «funcionantes». Con estas presuposiciones, Rogers desarrolló su terapia centralizada en el cliente proveyéndoles un ambiente clínico «cálido», «aceptante», y «anti-enjuiciador». Alentó a sus clientes a buscar sus propias soluciones. El consejero no se presentaba como el experto sino como el amigo. Esta posición encajó con la visión positiva de la naturaleza y el potencial del ser humano que tenían los liberales. Incluso, cualquier consejería que le diera mucha atención a la enseñanza bíblica era sospechosa y anticientífica. Una dependencia muy fuerte en la Biblia era un autoritarismo y de «mentalidad fundamentalista».

En las décadas del 60 y 70 el existencialismo y el conductismo tomaron la delantera en lo que es la actividad psicológica en los EE.UU. Sin embargo, ninguna de estas dos escuelas tuvo un impacto significativo en el movimiento de la psicología pastoral.

Esta polémica entre estas polaridades ha disminuido paulatinamente en las últimas dos décadas.

Las nuevas corrientes de psicología han reconocido que la psicología depende de una teoría del hombre. La antropología filosófica está al frente de estas. En los años 90, surgieron posturas más sincretistas en la aplicación de la psicología en el quehacer del cristiano. La Teoría de Sistemas Familiares ha contribuido tremendamente en el desarrollo de una mirada global. Desde este punto de vista hay sistemas enfermos y no individuos enfermos. Hay una interrelación de causa y efecto entre todas las personas de una familia o grupo. Esta escuela plantea un nuevo paradigma en el abordaje de los problemas, donde se observan más los procesos de interacción comunicacional entre las personas que las causas individuales. Se desarrolla con esta mirada una cierta humildad ya que el observador es parte de lo observado, bajando así el dedo acusatorio.

También, podemos agregar a esto el cambio revolucionario producido en los últimos descubrimientos en la neuroquímica y el desarrollo de fármacos más precisos. Se han detectado y aislado ciertos determinantes de conductas donde dejan sin lugar a duda la necesidad de un tratamiento farmacéutico. Ciertos casos de depresión no podrían tratarse de otra manera.

Sin embargo, el daño en esta polarización ya se había producido antes de estas últimas dos décadas y una gran parte del pueblo cristiano aún rechaza la psicología. Todavía se escucha lo dicho por Hobart Mowrer en 1961, un psicólogo «secular» que hizo la pregunta: «¿Ha vendido la religión su primogenitura por un guisado psicológico?».[1] El pastor conservador ha pensado que así es, y tomó la postura de no involucrarse en la psicología. Estos pastores se quedaron 20 años por detrás de sus colegas liberales en su apreciación de la contribución de la psicología en el entendimiento de la personalidad.

Para poder entender más la polaridad producida y por qué todavía existe tanta resistencia a escucharse entre el campo de la psicología y la iglesia cristiana conservadora, veamos los obstáculos que se presentaron para no poder integrar la psicología con la fe, las razones por las cuales muchos cristianos conservadores han rechazado la psicología, y los elementos del fundamentalismo evangélico que han mantenido esta distancia a través de los años.

1 Mowrer, O. H. *The Crisis in Psychiatry and Religion* (Princeton, N.J.: Van Nostrand, 1961), p. 60.

LOS OBSTÁCULOS A LA INTEGRACIÓN

Estos pueden sintetizarse en:

1. Por un lado, la psicología se ha aislado de la fe cristiana por las siguientes razones:

   a. El psicólogo no cristiano tiende a tener un entendimiento superficial de la fe cristiana. Pueda que esté lleno de prejuicios y experiencias negativas respecto a la fe que lo han llevado a ignorar y tener un vacío respecto al tema. O simplemente lo rechaza por una predisposición de su corazón, una falta de discernimiento espiritual. De acuerdo a lo que dice Pablo en su Carta a los Corintios, le falta discernimiento espiritual.

   > Y nosotros no hemos recibido el espíritu de este mundo, sino el Espíritu que procede de Dios, para que conozcamos las cosas que Dios nos ha dado gratuitamente. De estas cosas estamos hablando, no con las palabras enseñadas por la sabiduría humana, sino con las enseñadas por el Espíritu, interpretando lo espiritual por medios espirituales. Pero el hombre natural no acepta las cosas que son del Espíritu de Dios, porque le son locura; y no las puede comprender, porque se han de discernir espiritualmente. (1 Corintios 2.12-14)

   b. El psicólogo no cristiano necesita proteger su reputación en medio de la lucha por el reconocimiento científico de la psicología. Como disciplina la psicología tiene aproximadamente 120 años, le costó encontrar aceptación en el campo de las ciencias naturales. Los conceptos de la gracia, la salvación, y Dios no se pueden medir empíricamente, y por lo tanto el que argumenta por la existencia de Dios es mal visto por sus colegas.

c. En tercer lugar, el psicólogo no cristiano tiene presuposiciones que están en conflicto con la postura cristiana. Las creencias sobre la intervención «sobrenatural» y el «pecado», por ejemplo, se contraponen a las presuposiciones psicológicas del «naturalismo» y «la bondad innata del hombre».

d. Finalmente, está la tiranía de las limitaciones del tiempo. Es difícil dominar una disciplina efectivamente, menos aun dos —La teología y la psicología. Para tener una real integración es necesario tomar las dos disciplinas seriamente. No basta con rociar agua bendita sobre la psicología.

2. Por otro lado, los cristianos conservadores también se han aislado de la psicología por las siguientes razones:

   a. El cristiano conservador rechaza el naturalismo. La psicología estaba, por supuesto, comprometida a una explicación naturalista. El cristianismo estaba comprometido a una sobrenaturalidad bíblica. El científico «ortodoxo» se atiene a las demostraciones empíricas verificables, y como Dios no es «medible» o «cuantificable», Él queda fuera del conocimiento científico.

b. El cristiano conservador rechaza las perspectivas anticristianas del ser humano. Cada teoría psicológica hace conjeturas acerca de la naturaleza del hombre y de sus dilemas. Por ejemplo, Carl Rogers dice que el hombre es «bueno» en su esencia, que no necesita un Salvador externo a sí mismo y que Cristo es solo un buen ejemplo a seguir. Estas posturas son incompatibles con la teología conservadora.

c. El cristiano conservador rechaza el determinismo. Como ciencia, la psicología ha operado sobre la base de que vivimos en un mundo de causa y efecto. El rechazo ha sido en el énfasis estereotipado de que somos irresponsables por lo que nos hicieron. Si nuestra conducta está determinada psicológicamente en los primeros cinco años de vida, ¿qué «pío tiene que tocar Dios»?, y ¿por qué debo tratar de cambiar? Por ende para el cristiano el concepto de causa y efecto lo ha hecho preocuparse más por resaltar su libre albedrío, su responsabilidad personal, y aceptar la intervención directa de parte de Dios en causar cambios.

d. El cristiano conservador ha rechazado el marcado énfasis respecto al sexo en la psicología, especialmente el psicoanálisis. Ha temido que las normas terapéuticas de equivaler los deseos sexuales a una neurosis, socavaría las demandas éticas de las Escrituras, y por consecuente, rebajaría las normas morales.

e. El cristiano conservador ha recibido un enfoque cognitivo en su formación teológica. En la historia de la Iglesia, los teólogos se han preocupado principalmente por una declaración «correcta» de la doctrina dejando de lado la teorización del rol de las emociones y del desarrollo de la personalidad en la vida cristiana, o sea, los temas que han sido desarrollados por la psicología.

ELEMENTOS DEL FUNDAMENTALISMO EVANGÉLICO QUE HAN AFECTADO LA RELACIÓN CON LA PSICOLOGÍA

El «fundamentalismo» surgió como un movimiento reaccionario en los Estados Unidos en contra del liberalismo religioso que empezó a tener auge a fines del siglo pasado.[2] En doce volúmenes del libro *The fundamentals,*[3] R.A. Torrey defendió lo que se consideraba el *sine qua non* de la fe cristiana: 1. Una Biblia inspirada e inerrante; 2. El nacimiento virginal; 3. La redención vicaria; 4. La resurrección; y 5. Los milagros de Jesús. Para el cristiano conservador era necesario explicitar estos puntos en defensa de posturas liberales que negaban estas doctrinas. Estas doctrinas son fundamentales para el cristiano. El problema está en el neofundamenta-lismo legalista que se quedó siempre defendiendo su postura en forma reaccionaria y negativa. De esta postura negativa se desprenden las siguientes actitudes:[4]

Actitud de juicio (o de crítica)

Hay personas que tienden a adoptar una actitud de juicio frente a otras perspectivas, tanto cristianas como no-cristianas. Crean una actitud de «nosotros-ellos». «Nosotros tenemos la verdad y ellos no». Generalmente esto significa que se corta el diálogo con aquellos

2 En Chile, es la postura de una gran mayoría de evangélicos (siendo estos más de 25% de la población).

3 R. A. Torrey, ed., *The Fundamentals: A Testimony to theTtruth, 1-12,* Chicago: 1910-1915.

4 J. Powell, J. Gladson, R. Meyer. «Psycotherapy With the Fundamentalist Client» en *Journal of Psychology and Theology*, 19, 1991 (4): 344-353.

que no tienen la misma perspectiva. A estas personas les resulta difícil aceptar nuevos descubrimientos de sí mismo (*insight*) o de otros.

Actitud de sospecha

La actitud de juicio a la vez produce suspicacia. El fundamentalista que llega al psicólogo generalmente estará sospechando de lo que va a suceder, y estará muy convencido de que tiene una manera de ver a Dios, al mundo y a la humanidad que es absolutamente correcta. El psicoterapeuta tendrá que desarrollar una estrategia para enfrentar tal rigidez.

Apegos obsesivos

Flemming[5] sugiere que las iglesias legalistas atraen muchas veces a personas que tienden a adicciones emocionales. Este autor describe adicciones religiosas con las siguientes características:

1. Un enfoque exclusiva de la vida en la religión o la iglesia.
2. Una confianza ciega en autoridades religiosas o sistemas doctrinales.
3. La negación de sus respuestas emocionales a las personas o ideas dentro de una estructura religiosa.
4. Una falta de priorización de actividades religiosas.
5. Un «locus» o centro externo de afecto.
6. La resolución de problemas solamente dentro de la estructura eclesiástica.

Como en otras adicciones, esta pauta conduce a una disfunción en la vida personal y de la familia (Whipple[6]). No hay duda de

5 J. Flemming, J. , «Religiosity as an addiction», Adventist Women's Institute Newsletter 1, 1988: 18-19.

6 V. Whipple, «Counseling battered women from fundamentalist churches», *Journal of Marital and Family Therapy* 13, 1968: 251-158.

que una actitud negativa y legalista hacia la vida y la cultura muchas veces resulta en un patrón de vida adictivo.

Obviamente las iglesias fundamentalistas no están llenas de personas emocionalmente adictivas. Flemming dice que estas iglesias «atraen» a personas así. Todo esto demuestra la necesidad de un desarrollo de una fe madura y propia en el individuo, y a la vez muestra la necesidad de pastores y líderes más flexibles y menos rígidos en su relación con su grey. Dios es el que controla la vida de sus hijos y los fortalece a través de la obra del Espíritu Santo en sus corazones. El líder cristiano, el profesor necesita dejar sus posturas controladoras y reaccionarias y aceptar con respeto lo que Dios hace y dice a través de otros cristianos, e incluso a través de personas no cristianas. Para esto necesitamos entender que hay Verdad de Dios a la cual otros también tienen acceso. A este punto nos dedicaremos en la siguiente sección.

LA INTEGRACIÓN DE LA FE Y LA CIENCIA

Para poder integrar la fe y la ciencia es indispensable hablar de epistemología. Es decir, de cómo sabemos lo que sabemos. ¿Cómo llegamos al conocimiento?, ¿cómo reconciliamos nuestra creencia con nuestro conocer?, ¿cómo entendemos la relación de nuestro conocimiento de Dios y nuestro conocimiento del hombre y el universo? Esta interacción entre Dios trino y el hombre en este conocimiento, la denominaremos «epistemología teo-sistémica». Este sistema es el más amplio de los sistemas, donde se ve la interrelación del Creador con la creación. Cómo estamos hablando de epistemología y no de la defensa de la fe que es la apologética, hacemos, por lo tanto, una declaración de fe como sigue:

Creemos en la existencia de un Dios personal, creador del universo y fuente de toda verdad quien se ha manifestado en lo que en la teología se denomina «revelación», siendo Jesucristo Dios mismo, la máxima revelación.[7] Dios declaró una realidad y creó el universo con el poder de su palabra. Habló, y lo que no era fue creado. Podemos decir, en el lenguaje de Humberto Maturana,[8] que Dios «traza la primera distinción» en cuanto a toda la existencia.[9] Con el lenguaje Dios establece orden y llena el vacío cósmico, dándole nombre a lo que distingue y así poder comunicar lo que está ahí. Y Dios nos entrega esta creación para que sigamos nosotros «trazando distinciones» como administradores de su creación.[10] La capacidad de crear realidades dentro de *la realidad* creada por Dios es parte de nuestra naturaleza como sus criaturas creadas a imagen y semejanza de Él. Dios se reveló, se dio a conocer, en Su creación. Sin embargo, también nos dio un mapa, la Biblia, para entender bien lo que Él creó. Esta revelación de Dios se divide en «revelación general», refiriéndose a la creación y «revelación especial», refiriéndose a La Biblia.[11] Estas dos formas de comunicar de Dios las podríamos ver como analógica y verbal. El Salmo 19 nos dice: «Los cielos cuentan la gloria de Dios, y el firmamento anuncia la obra de sus manos» —

7 «Dios, habiendo hablado muchas veces y de muchas maneras en otro tiempo a los padres por los profetas, en estos postreros días nos ha hablado por el Hijo, a quien constituyó heredero de todo, y por quien asimismo hizo el universo; el cual siendo el resplandor de su gloria, y la imagen misma de su sustancia, y quien sustenta todas las cosas con la palabra de su poder, habiendo efectuado la purificación de nuestros pecados por medio de sí mismo, se sentó a la diestra de la Majestad en las alturas» (Hebreos 1.1-3).

8 Humberto Maturana, *Emociones y lenguaje en educación y política*, Santiago: Hachette-Ced, 1974. Esta yuxtaposición de los términos de Humberto Maturana con la teología no indica que él lo ve así. Las creencias aquí expuestas son las de este autor solamente.

9 «En el principio creó Dios los cielos y la tierra. Y la tierra estaba desordenada y vacía, y las tinieblas estaban sobre la faz del abismo, y el Espíritu de Dios se movía sobre la faz de las aguas. Y dijo Dios: Sea la luz, y fue la luz…» (Génesis 1.1,2).

10 «Y los bendijo Dios (a Adán y Eva), y les dijo: Fructificad y multiplicaos; llenad la tierra, y sojuzgadla, y señoread en los peces del mar, en las aves de los cielos, y en todas las bestias que se mueven sobre la tierra. Y dijo Dios: He aquí que os he dado toda planta...y todo árbol...y toda bestia ...y a todas las aves...etc… así el hombre fue poniéndoles nombre…» (Génesis 1.28 y 2.20).

11 L. Berkhof, *Teología sistemática* (Grand Rapids: T.E.L.L., 1976).

refiriéndose a lo analógico, la creación. Y también dice «la ley de Dios es perfecta, reviviendo el alma; los estatutos de Dios son confiables, haciendo sabio al sencillo. Los preceptos de Dios son rectos, alegrando el corazón; los mandamientos de Dios son puros, iluminando los ojos...» —refiriéndose a lo verbal, la Biblia. Estas revelaciones de Dios no se contradicen ya que vienen de la misma mente de Dios. El hombre, se aproxima a este conocimiento de Dios a través del estudio de su revelación. De la investigación de la revelación «verbal» de Dios se desprende la teología, y de la investigación de la revelación «analógica» se desprende la ciencia. Tanto la teología como la ciencia son interpretaciones o «captos» de los «datos» que tenemos de Dios. Dios es infinito, eterno, e inmutable. El hombre no lo es. Por lo tanto al hablar de «datos» entendemos aquello que no está afectado por la interpretación variable del hombre. Hay una distorsión que se da entre el «dato» y el «capto». Muchos hombres y religiones se han querido hacer dueños de la verdad, sin embargo solo Dios es dueño de la verdad, es el único con «objetividad sin paréntesis», los hombres todos hablamos desde la «objetividad en paréntesis».[12] Cuando decimos, por lo tanto, que Dios es «la fuente de toda verdad» nos estamos refiriendo a todo lo que está sobre la línea divisoria del cuadro. Los datos, no los «captos». Las contradicciones y conflictos entre el conocimiento del hombre y el conocimiento de Dios las entendemos como un desacople del hombre causado por una tendencia a la autonomía reconocida en términos teológicos como «pecado original».[13] La rebelión contra Dios del

12 Humberto Maturana, *Emociones y lenguaje en educación y política*, Santiago: Hachette-Ced., 1990, pp. 40ss. La Biblia hace esta distinción cuando dice: «Porque mis pensamientos no son vuestros pensamientos, ni vuestros caminos mis caminos, dijo Jehová. Como son más altos los cielos que la tierra, así son mis caminos más altos que vuestros caminos, y mis pensamientos más que vuestros pensamientos» y «Ahora vemos por espejo, oscuramente; mas entonces veremos cara a cara. Ahora conozco en parte; pero entonces conoceré como fui conocido» (Isaías 55.8,9 ; 1 Corintios 13.12).
13 Génesis 3.1-5; Jeremías 17.5-10

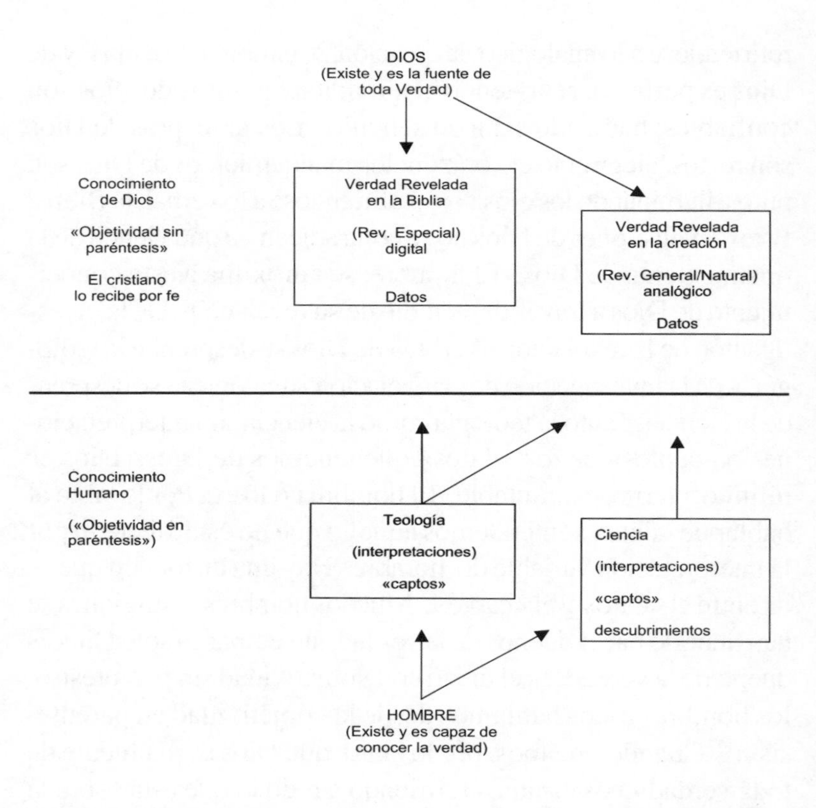

primer Adán (el «paciente índice») hizo que todo el sistema humano quedara desvinculado de Él, sufriendo las consecuencias de esta ruptura. Dios, sin embargo, proveyó en su propia carne a través de Jesucristo, «el segundo Adán» (el «cordero» expiatorio), la forma de reconciliarnos con Él y disfrutar de una vida plena y eterna.[14] Dios tomó en cuenta esta distorsión en cuanto al conocimiento, y Jesús declara «Yo soy el camino, la verdad, y la vida, nadie viene al Padre sino por mí».[15] Esta realidad hace que el hombre tenga que tener

14 «Porque así como en Adán todos mueren, también en Cristo todos serán vivificados» (1 Corintios 15.22; Romanos 5.12-21)
15 Juan 14.6

anteojos puestos en Él para tener la plena capacidad de conocer la verdad revelada por Dios. Por su gracia, Dios permite que conozcamos la verdad en Su palabra, usando estos anteojos y guiados por el Espíritu Santo. «Si vosotros permaneciereis en mi palabra, seréis verdaderamente mis discípulos; y conoceréis la verdad, y la verdad os hará libres» (Juan 8.31-32).

ALGUNOS CONCEPTOS BÁSICOS DE INTEGRACIÓN ENTRE LA PSICOLOGÍA Y LA FE

1. «Toda verdad es verdad de Dios». De esta frase de Gary Collins entendemos que todo lo que es verdad, todo aquello que es cierto en el cosmos, esto proviene de Dios. Lo que el hombre descubre científicamente, mide y cataloga, pertenece a Dios. Porque es obra de Dios. Como vimos antes, «los cielos cuentan la gloria de Dios, y el firmamento anuncia la obra de sus manos» (Salmo 19.1). El hombre trabaja con «capital» de Dios. Y aunque el científico sea ateo, él existe, se mueve y descubre en el mundo que pertenece a Dios. Dios es autor de la revelación especial (la Biblia) y es el mismo autor (creador) de la revelación general o natural. Ya que Dios es el creador de todas las cosas, esto establece una unidad básica para toda la verdad, se encuentre en la revelación bíblica o en la experimentación científica. Cuando el psicólogo estudia al hombre, estudia una criatura hecha a imagen y semejanza de Dios. Si el científico es creyente en Dios, él va a reconocer la mano, la impresión de Dios en todo lo que descubre, y para él el mundo tendrá el sentido que le da la Palabra de Dios. Por su fe en Dios el científico cristiano puede confiar, como lo hizo Newton, en que el mundo funciona de acuerdo a leyes ordenadas y entendibles, porque su creador es un Dios así. El poder pre-

decir y confiar en estas leyes «naturales» es la base de la ciencia. Por lo tanto, el cristiano puede estudiar el descubrimiento científico que hace un ateo y encontrar verdad de Dios en su descubrimiento, aunque el ateo diga lo contrario.

2. En el Señor Jesucristo se reconcilia la fe y la ciencia. Además de ser Dios el autor de la creación y la Biblia (donde se hace la ciencia y la teología) vemos que Cristo está estableciendo el Reino de Dios, uniendo lo que se había separado. El apóstol Pablo dice, *«porque en Él fueron creadas todas las cosas, las que hay en los cielos y las que hay en la tierra, visibles e invisibles; sean tronos, sean dominios, sean potestades, todo fue creado por medio de él y para él. Y él es antes de todas las cosas, y todas en él subsisten... por cuanto agradó al Padre que en él habitase toda plenitud, y por medio de él reconciliar consigo todas las cosas, así las que están en la tierra como las que están en los cielos, haciendo la paz mediante la sangre de su cruz»* (Colosenses 1.16-20). Dios ha tomado en cuenta la situación de distorsión creada por el pecado en el mundo y por lo tanto envía a Su Hijo para ordenar y darle coherencia a todas las cosas. Todas las cosas en él son coherentes o son puestas en orden. Cristo es Señor de la ciencia y es Señor del mundo espiritual. En su muerte en la cruz hace la paz e integra la creación con el cielo, la ciencia con la fe.

3. Toda verdad que nosotros podamos tener es verdad interpretada. Por lo tanto, para «captar» los «datos» con la mínima distorsión posible es necesario tener un doble cuidado: una revisión epistemológica del método científico empleado en el hallazgo de los datos, y por otra parte, una revisión de la hermenéutica utili-

zada en la interpretación del texto bíblico. La verdad pasa por un cedazo contaminado por el pecado humano, lo que entorpece una interpretación sana tanto al exégeta de la Biblia, como al científico cuando hace investigación y teoriza acerca del mundo. Toda verdad es de Dios. Pero no todo lo que se hace pasar por ciencia o teología lo es *«evitando... los argumentos de la falsamente llamada ciencia, la cual profesando algunos, se desviaron de la fe»* (1 Timoteo 6.20-21). Si se interpreta este pasaje con una sana hermenéutica, se descubre de inmediato que el apóstol Pablo no está hablando del método científico (en aquella época no existía) por el contrario, en el contexto, se aprecia que algunos maestros herejes discutían con «pláticas vanas», profanas y legitimaban sus argumentos llamándolos «ciencia». Nuestras interpretaciones de la Biblia son mapas, no el territorio mismo. La Biblia es absoluta, nuestra lectura de la Biblia no lo es. Es bien sabido que dos teólogos de buena fe pueden llegar a interpretaciones radicalmente distintas. La Biblia es inspirada e infalible como regla de fe y práctica, pero eso no significa que nuestras interpretaciones sean inspiradas.

4. Los significados del lenguaje bíblico y los lenguajes interpretados (tanto teológico como científico) no son del todo equivalentes, por lo tanto necesitamos poner mucho cuidado en no confundirlos. A modo de ejemplo, si una persona busca psicoterapia o salud mental, la psicología puede ofrecer algunos elementos de ayuda y clasifica los trastornos mentales. La Biblia también ofrece sugerencias de orden espiritual que acarrean salud, y describen también, comportamientos que estropean la felicidad humana y otorga nombres a estos pecados. Ambos lenguajes son similares y potencialmente integrables. Por ejemplo: narcisismo/orgullo, empatía/compasión, asertividad/dominio propio, valoración incondicional/gracia, psicoterapia/

consejería, psiquismo/corazón, psicosis/posesión demoníaca, «la caída»/ la pérdida de la unidad en el seno de la personalidad, «la redención»/la restauración de nuestro sentido de identidad, etc. Sin embargo, es claro que los significados de estos lenguajes no son equivalentes y los métodos de obtención de estos conocimientos son claramente distintos. Por lo tanto, necesitamos revisar cuidadosamente ambas fuentes. Esta no es una tarea fácil. En realidad anhelamos la segunda venida de Cristo cuando no habrá más distorsión. Pablo nos dice «Ahora vemos de manera indirecta y velada, como en un espejo; pero entonces veremos cara a cara. Ahora conozco de manera imperfecta, pero entonces conoceré tal y como soy conocido» (1 Corintios 13.12)

5. No se nos ha dado toda la verdad. No solo vivimos con el hecho de que lo que vemos nos llega en forma opaca, sino que también no tenemos toda la verdad. Hay cosas espirituales, por ejemplo, que Dios no nos ha revelado en su totalidad. Hay verdades bíblicas que superan la comprensión humana, como el misterio de la personalidad trinitaria de Dios. No es racional su entendimiento, porque el hombre está limitado para entenderlo, lo cual no significa que sea irracional o una locura. Dios no nos ha dicho todo en las Escrituras, en las palabras de Francis Schaeffer «no tenemos conocimiento exhaustivo, pero si tenemos un conocimiento verdadero».[16] El conocimiento que se nos ha revelado es confiable aunque no sea completo. La Biblia dice: *«Las cosas secretas pertenecen a Jehová nuestro Dios; más las reveladas son para nosotros y para nuestros hijos para siempre, para que cumplamos todas las palabras de esta ley»*(Deuteronomio 29.29). Este principio pone límites respecto a la posibilidad de integrarlo todo.

16 Francis Schaeffer, *Él está presente y no está callado*, Logoi, 1974.

ALGUNOS FUNDAMENTOS EPISTEMOLÓGICOS DE LA CIENCIA[17]

La ciencia se ha transformado para nuestra sociedad actual en una ideología y criterio de verdad indiscutible. Sin embargo, la ciencia no es objetiva. Como nos dice Humberto Maturana: «la realidad se nos ofrece solo como una posibilidad de objetividad entre paréntesis». Y Alfred Korzysbski: «el mapa no es el territorio». Estos mapas son modelos que están tamizados por filtros culturales, sociales, y psicológicos. En consecuencia, cuando un científico hace una afirmación acusa T.S. Kuhn, lo hace en paradigmas o culturas científicas compartidas.

La ciencia presupone «por la fe» la posibilidad de la existencia de una realidad externa positiva y objetiva. La ciencia es predictiva porque presupone que el cosmos se comporta en forma regular, legal, armónica, e incluso con exactitud matemática. Newton, porque creía en un Dios creador de orden, pudo establecer leyes exactas como la de gravedad.

A pesar de que la ciencia se presenta a sí misma como un cuerpo de conocimientos científicos rigurosos, objetivos, analíticos y sistemáticos, muchos descubrimientos se hacen por el «efecto *serendipity*» —por simple azar («pura chiripa» como diríamos en Chile). El descubrimiento de la radioactividad y la penicilina son ejemplos de esto.

«La rigurosidad del método científico se limita inversamente proporcional al nivel de ascenso de la categoría ontológica del objeto de estudio». La ciencia y su método experimental es aplicable con gran rigor en la categoría ontológica inferior. En este estrato la física y la química han alcanzado éxitos indiscutibles. Estas ciencias han establecido leyes universales, válidas, exactas, verificables y predictivas. En la

17 Esta sección es adaptada de una clase dictada por el psicólogo Plinio Sepúlveda, profesor del PEPP en Chile.

categoría ontológica inferior, de la materia inorgánica, el científico puede hacer aseveraciones «científicas». No obstante, al subir a un estrato inmediatamente superior, a la materia orgánica, se introduce el complejo fenómeno de la vida, el objeto de estudio científico se complica mucho. El conocimiento científico no puede hablar del amor, de los valores trascendentes, y de cómo se vive la vida con sabiduría.

Dios desde la eternidad supo siempre que esto sería así. De manera que nos habló a través de su Hijo de aquello que el hombre nunca llegaría a conocer. Nos legó la revelación especial, su Palabra, que suple la ignorancia en las cosas importantes que al método científico le está vedado descubrir. En consecuencia, ciencia y fe son compatibles, suplen espacios convergentes del saber humano. Ambas perspectivas tienen límites, y lagunas de conocimiento. La Biblia no dice nada sobre mecánica, de informática o de matemáticas. Sin embargo, no hace falta. Dios creó al hombre a su imagen y semejanza. Lo hizo también creativo y le dejó la comisión de señorear, administrar, descubrir y crear. Y el hombre lo ha hecho. Este producto histórico del devenir humano es la cultura. Pálido reflejo de Dios, pero finalmente es don proveniente de Dios. La ciencia es un «mapa» de la realidad empañado por el pecado. (1 Corintios 13.12). La ciencia puede sernos útil, es regalo de Dios, sin embargo, tiene limitaciones. Debemos usarla, amarla, y filtrarla... «debemos botar el agua sucia... pero no al niño» dice un refrán.

POSICIONES TOMADAS POR DIVERSOS AUTORES EN TORNO A LA RELACIÓN DE LA PSICOLOGÍA Y LA FE

En los siguientes cuadros veremos las posiciones extremas e intermedias que han tomado algunos autores seculares y cristianos en relación a este tema.

Modelos seculares y cristianos de la psicología y **la religión**[18]

Modelos seculares	Ejemplo	Modelos cristianos	Ejemplo	Descripción
La psicología contra la religión	Ellis Freud	**Las Escrituras contra la psicología**	Adams	La psicología y la religión son diferentes. La posición del otro se descalifica como dañina, y/o irrelevante.
La psicología de la religión	Fromm Mowrer	**Las Escrituras de la psicología**	Teología Relacional Turnier Bube	La religión se ve como pertinente a la psicología. La buena psicología traduce los descubrimientos válidos de la religión a la psicología y los usa para el bien humano (o crecimiento espiritual).
La psicología paralela a la religión.	Thorne	**Las Escrituras paralelas a la psicología**	Clements (las dos esferas están aisladas) Meehl (las dos esferas pueden ser correlacionadas)	La religión y la psicología son esferas no relacionadas. Hay intereses paralelos y materias similares, pero no hay interacción.
La psicología integra la religión	Allport Frankl	**Las Escrituras integran la psicología**	Crabb, Collins Van Kaam Hulme, Wagner Carter/ Mohline **PEPP - Chile**	La unificación de la religión y la psicología es tanto posible como deseable.

18 Gary Collins & H. Newton Malony, *Psychology and Theology, Prospects for Integration*, (Nashville: Abingdon, 1981), p. 37.

Se han hecho varios intentos para integrar la psicología con la Biblia por diversos autores cristianos. Es interesante observar la tensión de las polaridades fe y ciencia. Obsérvese el siguiente gráfico:[19]

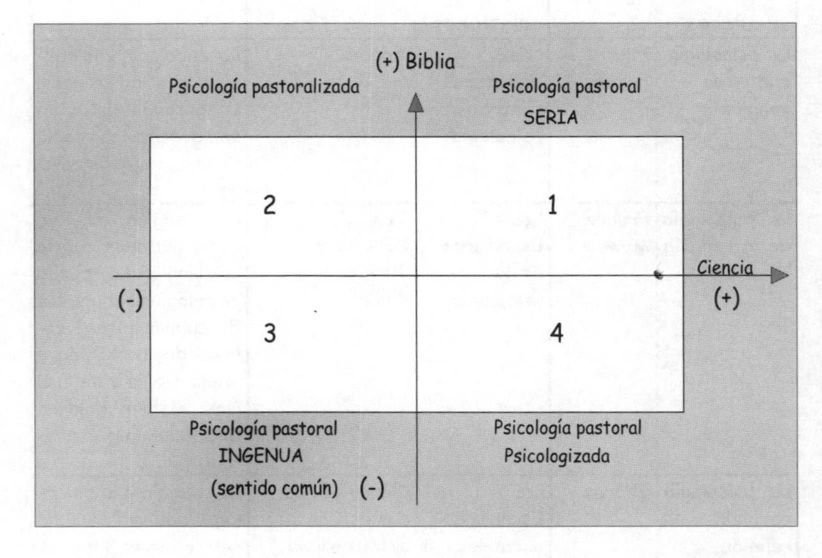

Se aprecian dos vectores ortogonales con cuatro cuadrantes:

1. El primer cuadrante plantea un modelo ideal donde se respeta la ciencia y la Biblia como dos fuentes válidas. En este cuadrante se considera que ambas disciplinas son hermanas e hijas del mismo autor.

2. El segundo cuadrante, ilustra un gran respeto por la Biblia, pero una actitud negativa hacia la psicología. Este enfoque enfatiza exclusivamente el saber bíblico y des-

19 Esta sección es adaptada de una clase dictada por el psicólogo Plinio Sepúlveda , profesor del PEPP en Chile

valoriza a la psicología. Este tipo de psicología pastoral se ha «pastoralizado» excluyendo el conocimiento del hombre que Dios nos ha dado a través de las ciencia.

3. El tercer cuadrante, destaca aquel tipo de psicología pastoral que no toma en serio ni la Biblia («porque la letra mata»), ni menos a la psicología. Este enfoque podríamos denominarlo «ingenuo» porque se vale solamente del sentido común del cristiano que aconseja.

4. El cuarto cuadrante, corresponde a aquel enfoque de psicología pastoral que pone de relieve la necesidad de la psicología dentro de las iglesias. Las Escrituras son utilizadas solamente para resolver los problemas espirituales, los problemas de la mente van al psicólogo, y los problemas del cuerpo son derivados al médico. En este caso no se intenta integrar porque el ser humano es visto como fragmentado en partes. Este tipo de psicología pastoral se ha «psicologizado» excluyendo la sabiduría de Dios registrada en las Escrituras.

BIBLIOGRAFÍA

Casiodoro de Reina y Cipriano de Valera. *La Santa Biblia 1960*. Sociedades Bíblicas Unidas.

Carter, John D. y Bruce Narramore. *The Integration of Psychology and Theology*. Grand Rapids: Zondervan, 1979.

Collins, Gary y Malony, H. Newton. *Psychology and Theology, Prospects for Integration*. Abingdon, Nashville, 1981.

Collins, Gary, *Manual de psicología cristiana*. Barcelona: Clie, 1983.

Crabb, Lawrence, Jr. *El arte de aconsejar bíblicamente*. pp.25-39, Logoi-Unilit, 2001.

Powell, J. , Gladson, J. y Meyer, R. «Psychotherapy With The Fundamentalist Client», *Journal of Psycholgy & Theology* 10, no. 4, 1991.

Kuhn, T.S. *La estructura de las revoluciones científicas*, México: Fondo de Cultura Económica, 1986.

Maldonado, Jorge E. *La psicología pastoral que surge en América Latina*. Monografía EIRENE no. 9, 1985.

Maturana, Humberto. ***Emociones y Lenguaje en educación política***. Santiago: Hachette-Ced., 1990.

Popper, Karl. *The Logic of Scientific Discovery*. New York: Harper & Row, 1968. p. 278.

Schaeffer, Francis. *Él está presente y no está callado*. Logoi, 1974.

PREGUNTAS PARA REFLEXIONAR

1. ¿Estamos autorizados para apartarnos de las teorías y procedimientos de la psicología secular?
2. ¿Es admisible que el pensamiento de un consejero cristiano sea modelado o influido de alguna manera por la obra de psicólogos no creyentes?

3. ¿Puede un incrédulo expresar «verdades» acerca del hombre y a la vez rechazar a Dios y no tomar en cuenta lo que Dios dice acerca del hombre?
   Por Ejemplo: ¿Cómo aconsejamos a un hombre que se queja de un temor tan fuerte a las víboras que no se atreve a ir a un día de campo con su familia?
   a. ¿Le instamos a confiar más en el Señor y a cumplir más fielmente con sus responsabilidades bíblicas para con su familia?, o
   b. ¿Usamos la desensibilización sistemática, técnica secular cuya efectividad está bastante bien documentada?
4. ¿Cómo medimos lo que es «verdadero» en lo que nos dice la psicología acerca del hombre? Por ejemplo el concepto de «la culpa».
5. ¿Qué tiene más autoridad para el psicólogo cristiano (o consejero), la psicología o las Escrituras? Si los dos están aparentemente en conflicto, ¿cuál debe ser nuestro procedimiento?
6. ¿Es posible ser fiel a las contribuciones de la psicología y a las enseñanzas de las Escrituras al mismo tiempo? ¿Hay instancias en que esto no será posible?
7. ¿Por qué es tan importante el proceso de integración? ¿Por qué no dejar que las dos posiciones permanezcan iguales pero separadas?
8. ¿Son la psicología y la teología como disciplinas, incorporaciones de la *verdad* dada a nosotros por Dios, o interpretaciones de la verdad?
9. ¿Hay tal cosa como *verdad objetiva*? ¿qué es, y cómo afecta nuestra perspectiva de integración?

3

ETAPAS DEL DESARROLLO PRE-ESCOLAR Y ESCOLAR

por Vladimir Rodríguez

ASPECTOS GENERALES DE LA PSICOLOGÍA DEL DESARROLLO

En esta unidad estudiaremos la llamada psicología del desarrollo, especialidad de la psicología que, como vimos previamente, estudia los cambios que experimenta la persona en diversos ámbitos de su experiencia, desde el nacimiento hasta la muerte. En el estudio del ser humano se reconocen tres grandes etapas que son: la niñez, la adolescencia y la edad adulta, cada una de las cuales tiene sus sub-etapas. De modo que para contar con una referencia inicial y general, acordemos que:

- La niñez dura aproximadamente desde el nacimiento hasta el inicio de la pubertad.
- La adolescencia dura aproximadamente desde la pubertad hasta finalizado el crecimiento físico.
- La edad adulta dura aproximadamente desde el comienzo de la independencia personal hasta la muerte.

Esta área de especialización de la psicología no se limita solo a estudiar el desarrollo físico del ser humano, sino que abarca también el aspecto mental, moral, social y espiritual. Aunque la mayor parte de las investigaciones se han hecho en personas de nivel socioeconómico medio (NSE medio) de los países desarrollados, en la actualidad se comprueba la semejanza humana en todo el mundo y al mismo tiempo se toman muy en cuenta las diferencias culturales.

¿Cómo se estudia el desarrollo del ser humano?

Existen varias formas de entender el desarrollo. La primera es en relación con la edad cronológica. Aunque es la variable que la mayoría de las personas típicamente considera para referirse a los distintos grados de desarrollo del individuo, no se la evalúa como el factor más significativo en el proceso de desarrollo. Una segunda manera de entender el desarrollo es por etapas, es decir, se considera que lo que hace la diferencia en una misma persona a través del paso del tiempo está determinado por los logros o tareas del desarrollo que las personas alcanzan, lo cual permite que existan diferencias cualitativas entre una etapa o fase y la siguiente (ejemplo: una etapa correspondería a cuando un niño no camina y que es cualitativamente distinto a cuando sí logra esta «tarea» del desarrollo, que le permite acercarse por iniciativa propia a aspectos del mundo que revistan interés para él). Varias escuelas de pensamiento han surgido sobre la base de estas consideraciones teóricas del desarrollo. Las más influyentes han sido las de Freud, Erikson y Piaget.

Una tercera aproximación al tema de qué criterio utilizar para referirnos al desarrollo del ser humano, considera el desarrollo en forma dialéctica. Este acercamiento ubica el desarrollo de la persona en su contexto social e histórico;

pone su énfasis no en el balance o equilibrio sino en la contradicción y las crisis, que desde esta perspectiva son los elementos que impulsan y catalizan el desarrollo. Esta última manera de entender el desarrollo parece relacionarse en forma más adecuada a la situación de América Latina, que atraviesa por profundos y rápidos cambios sociales que están afectando profundamente el desarrollo del individuo y de la familia.

¿Qué factores influyen en la formación de la personalidad?

Se reconoce que los factores que intervienen en la formación de la personalidad corresponden básicamente a la herencia y el medio ambiente. La herencia da las pautas para la maduración, y el medio ambiente provee la experiencia e instancias de aprendizaje (en el sentido más amplio). El proceso de maduración ocurre independientemente del ejercicio o la práctica, mientras que el aprendizaje es posible y se perfecciona basándose en ella. Sin embargo, todavía se discute cuál de los dos factores es el más importante o determinante. Un tercer factor que en el curso de los últimos años también ha sido considerado el incitador de diferencias interpersonales, es la época o período de la historia que a la persona le ha correspondido vivir. El cristiano está en condiciones de añadir un cuarto factor que interviene en el desarrollo de la persona, el accionar del Espíritu Santo.

PSICOLOGÍA DEL DESARROLLO Y EDUCACIÓN CRISTIANA

El desarrollo del ser humano desde su concepción hasta la madurez toma alrededor de unos veinte años. Un ser humano maduro es, en cierto sentido, el resultado de las influencias educativas que recibió en la niñez. El estudio de las etapas por las que atravesamos en el transcurso de nuestra vida nos muestra que hay tareas del desarrollo y desafíos que son particulares para cada edad, y en la medida que estas tareas no son abordadas, ello dificulta y frena en uno o varios aspectos el abordaje de los desafíos y tareas de la etapa siguiente.

La evidencia acumulada en las últimas décadas muestra con mucha fuerza que el proceso educativo se ha beneficiado grandemente a partir de los hallazgos de la psicología del desarrollo, los cuales también pueden ayudar a la obra educativa de la iglesia. Para ello necesitamos considerar los descubrimientos científicos en esta área con una actitud crítica y positiva, ya que Dios es la fuente de toda verdad y quien permite que algunos de los mecanismos que inciden en el desarrollo de las personas puedan develarse.

CUATRO ENFOQUES TEÓRICOS DEL DESARROLLO HUMANO

A continuación se presentará un resumen que sintetiza los principales postulados de los cinco enfoques acerca del desarrollo del ser humano que más acogida e impacto han logrado durante el siglo XX.

El desarrollo psicosexual del niño (Sigmund Freud)

El psicoanálisis es una corriente de pensamiento originada por el médico y psiquiatra austriaco Sigmund Freud (1856-1939). Las propuestas de Freud incluyen una teoría de la personalidad y un conjunto de técnicas para tratar cierto tipo de trastornos neuróticos. Esta corriente de pensamiento ha ejercido gran influencia en la comprensión de cómo se estructura la dinámica mental, poniendo de manifiesto el rol que ejercen algunas variables que inciden en ella (mecanismos de defensa, traumas infantiles, complejo de Edipo, Electra, etc.). Por otro lado este autor plantea un modelo de cómo se afianzan estas características relativamente permanentes que configuran y articulan la personalidad. Por eso, es necesario hacer, por lo menos, una breve consideración del pensamiento psicoanalítico en el desarrollo del niño.

En sus estudios, Freud encontró que gran parte de la conducta humana está vinculada con la sexualidad, entendiéndose lo «sexual» como algo mucho más amplio que lo «genital». Descubrió que la vida sexual no comienza solo en la pubertad, sino que se inicia con evidentes manifestaciones aun poco antes del nacimiento. Concluyó que ese impulso sexual (que él llamó «líbido»), está presente a lo largo de toda la vida, permeando todos los aspectos del desarrollo humano y manifestándose de diversas maneras en las diferentes etapas.

Por supuesto que las concepciones de Freud han provocado muchas reacciones. Algunos lo han malentendido, otros han tenido recelo de reducir lo humano a lo puramente sexual. Se dice que Freud exageró un poco el papel de lo sexual dándole un carácter determinante en la vida. Hoy se sabe que sus conclusiones fueron el fruto de su investigación con personas en quienes lo sexual originó los conflictos. Además, la época en que Freud vivió y la sociedad en que trabajó, se caracterizaron por una supresión malsana de lo sexual. Freud mismo trató de demostrar que el ser humano no se reduce a una existencia puramente erótica, sino más bien lo contrario: que las tendencias sexuales tienen un valor, un poder, una riqueza que sería peligroso negar.

Con lo controversial de sus conclusiones, Freud inició una nueva era en la psicología, que ha tenido gran importancia, facilitando una mejor comprensión de la psicología del desarrollo. En sus estudios sobre la sexualidad infantil Freud encontró cinco fases del desarrollo psicosexual entre el nacimiento y la adultez, consistentes en:

1. La fase oral (referente a la boca)
Corresponde aproximadamente a los primeros 15 meses de vida, cuando el niño depende enteramente del ambiente en que vive y de la relación que establece con su madre. La experiencia que marca su desarrollo en este período de su vida es la satisfacción de sus necesidades. La principal fuente de satisfacción es la boca, lo que se refleja en que todo lo que el niño toma en esta etapa suele llevarlo a su boca e intenta «comerlo». Se dice que el niño, en estos primeros meses de vida, conoce el mundo por la boca. La adecuada satisfacción de sus necesidades le hace sentir bienestar y confianza en los demás. El chupeteo del niño, aunque tiene relación con la alimentación, tiende a alcanzar un placer independiente a la nutrición (por ejemplo se chupa el dedo, cucharas e incluso juguetes). Freud considera esto como satisfacción sexual, en el sentido más amplio ya descrito.

2. La fase anal (referente al ano)
Se llama así pues el niño experimenta satisfacción en la retención y evacuación de las deposiciones. El control de las deposiciones se ha considerado como una tarea esencial del desarrollo en el segundo año de vida y se lo ha relacionado con diversos rasgos del carácter tales como la obstinación, la avaricia, el persistente sentido de ver-

güenza, etc. Esta fase usualmente se extiende entre el segundo y tercer año de vida.
Los padres suelen sorprenderse al constatar el tiempo que un niño de esta edad invierte estando sentado en la bacinilla.

3. La fase fálica o edípica (referente al pene del niño y al complejo de Edipo)
Se desarrolla y manifiesta entre el tercer y sexto año de vida. La zona erógena primordial se traslada ahora a los órganos genitales. Es la época de la curiosidad por su propio sexo y el de los demás. Es la época también en que se manifiesta el apego mayor del niño hacia la madre y de la niña hacia el padre. Se ha llamado a esta fase con el calificativo de «edípica», haciendo referencia al mito griego de Edipo quien, sin darse cuenta, mató a su padre para casarse con su madre. El apego (identificado como sexual por Freud) del niño por su madre se va sustituyendo por el deseo de ser como su padre y de casarse con una mujer como su madre. Lo contrario sucede con las niñas. El psicoanálisis considera que esta fase es decisiva en el desarrollo de la personalidad para todas las relaciones interpersonales posteriores.

4. Fase de latencia
En esta etapa se supone que los impulsos sexuales pasan a un estado de manifiesto. Es la época cuando los niños y niñas entre los 6 y 12 años no quieren saber nada del sexo opuesto, y se agrupan en grupos rivales de niños y niñas. Esta fase se ha llamado también «edad escolar» y en ella se desarrolla gran parte de la socialización del niño cuando ya no depende exclusivamente del cuidado familiar, sino que tiene que desarrollar su iniciativa propia.

5. La fase genital

   Empieza con el inicio de la pubertad. La zona erógena se centra en las genitales. En esta época (a partir de los 12 años aproximadamente) se activa el interés y la atracción por el sexo opuesto, lo que suele coincidir con el hecho de que el organismo biológicamente está listo para la reproducción. Es la época del enamoramiento, a lo que usualmente sigue el matrimonio, la crianza de los hijos y el cumplimiento de responsabilidades como adulto. Esta fase claramente es la más larga, pues se extiende hasta la vejez.

   Las etapas anteriores no han sido eliminadas con la activación de esta última, sino que cada una se ha sobrepuesto sobre las otras, conformando, estructurando y dando forma a lo que conocemos como nuestra personalidad.

El desarrollo de la identidad (Erik Erikson)

1. Primera etapa: Confianza básica *versus* desconfianza básica

   Esta fase corresponde a la etapa oral de la teoría psicoanalítica, y generalmente se extiende a lo largo del primer año de vida. Aquí se resuelve el sentido básico de confianza a un extremo o desconfianza al otro. El grado de confianza que el niño llega a tener en el mundo, en otros y en sí mismo, depende de la calidad del cuidado que él recibe en esta edad. Al infante que se le satisfacen sus necesidades cuando aparecen, que se le alivia de sus incomodidades, que es acariciado, que se juega y conversa con él, desarrolla el sentido de que el mundo es un lugar seguro y que se puede confiar en quienes lo rodean. Por otro lado, cuando el cuidado es inconsistente y se siente rechazado, el niño desarrolla una actitud de sospecha y miedo hacia el mundo y la gente, actitud que le acompañará a través de las etapas sucesivas de su desarrollo.

2. Segunda etapa: Autonomía *versus* vergüenza y duda
   Esta etapa se extiende durante el segundo y tercer año de vida (el período anal desde la perspectiva de Freud). A esta edad el niño comienza a desarrollar su autonomía en base a sus nuevas capacidades motoras y mentales. El infante se siente orgulloso de correr, trepar, abrir y cerrar, hablar, empujar, agarrar, etc. Le gusta hacer todo por sí mismo: comer, abrir las llaves del agua cuando se lava las manos, etc. Si los padres reconocen la necesidad del niño de hacer lo que es capaz a su propio ritmo y a su tiempo, entonces él desarrolla el sentimiento de que es capaz de controlar sus músculos, sus impulsos, e inclusive su ambiente. Por otro lado, cuando sus padres o los que le cuidan son impacientes y hacen lo que él podría hacer por sí mismo, entonces están reforzando un sentido de vergüenza y duda en el niño. Este sentimiento de vergüenza y duda sucede especialmente cuando los padres lo sobreprotegen evitando que ponga en práctica sus crecientes habilidades, y al mismo tiempo lo critican por los «accidentes» que experimenta (mojarse los pantalones, ensuciarse, quebrar cosas, etc.).

3. Tercera etapa: Iniciativa *versus* culpa
   A la edad de 4 y 5 años el niño ya domina sus movimientos corporales, el lenguaje y sus fantasías. La manera como el niño resuelve esta «crisis» entre iniciativa y culpa, depende en gran parte de cómo sus padres responden a sus

actividades. Los niños que cuentan con un espacio de libertad para hacer preguntas, iniciar juegos, realizar actividades e iniciar proyectos, están reforzando su sentido de iniciativa. En el otro extremo, cuando al niño se le hace sentir que sus actividades motoras son inadecuadas, sus preguntas son una molestia y sus juegos son tontos y ridículos, es muy probable que termine desarrollando un sentido de culpa que persistirá en los años siguientes.

4. Cuarta etapa: «Industriosidad» *versus* inferioridad
Esta etapa se extiende entre los 6 a los 11 años (equivalente a la fase de latencia en el psicoanálisis tradicional). En esta etapa el niño comienza a razonar usando conceptos y refiriéndolos a términos concretos. Su sentido moral o ético comienza a tomar forma, mostrando preocupación por jugar de acuerdo a reglas. El término «industriosidad» está referido a su preocupación de saber cómo están hechas las cosas, cómo funcionan y para qué sirven. Cuando los niños son animados en sus esfuerzos a hacer, componer, construir cosas y terminarlas, su sentido de industriosidad se refuerza, y se acrecienta aun más cuando sus esfuerzos son reconocidos y elogiados.
Los padres que ven los esfuerzos de sus hijos en hacer y construir cosas (juguetes, cosas de muñecas, pasteles, etc.) como una molestia o como «un alboroto», sin darse cuenta y sin pretenderlo están animando en sus hijos el sentido de inferioridad. En la edad escolar el hogar no es el único contribuyente a la socialización del niño. La escuela y el entorno más cercano también participan en la formación de su personalidad en lo que respecta a la industriosidad o el sentido de inferioridad.

5. Quinta etapa: Identidad *versus* confusión
   En esta quinta etapa se resuelve el conflicto entre identidad y confusión. Cuando el niño pasa a la adolescencia (entre los 12 y los 18 años aproximadamente) una serie de ajustes biológicos y sociales se llevan a cabo. El sentido de su identidad parece ser el ajuste más importante de todos. El adolescente se ve obligado a juntar todo lo que ha aprendido de sí mismo como hijo(a), estudiante, amigo(a) e integrarlo en un todo que haga sentido, que guarde relación con el pasado y que se proyecte al futuro. En proporción al éxito que tenga en esta tarea, el adolescente arribará a un sentido de identidad psicosocial, es decir, quién es, dónde ha estado y para dónde va. En las etapas anteriores la influencia de los padres era determinante, en esta etapa la influencia es solo indirecta. Si el joven llega a la adolescencia, gracias a sus padres, con un sentido vital de confianza, autonomía, iniciativa e industriosidad, entonces las perspectivas de lograr un sentido significativo de identidad son mucho mayores. De modo que, la preparación para una adolescencia saludable comienza en la cuna.

6. Sexta etapa: Intimidad *versus* aislamiento
   Que se extiende desde la última parte de la adolescencia hasta la primera parte de la edad adulta madura.

7. Séptima etapa: Generatividad *versus* auto-absorción
   Esta etapa corresponde a la edad madura, en que la persona comienza a preocuparse por otros (más allá de su familia inmediata), por la sociedad y por el mundo donde las nuevas generaciones van a vivir. En el otro extremo de

este continuo se sitúa la auto-absorción, es decir, cuando esta mayor preocupación se concentra en sus propias necesidades y comodidad.

8. Octava etapa: Integridad versus desesperación
Esta última etapa corresponde a la vejez, cuando hay más tiempo para la reflexión y para los nietos. El sentido de integridad surge de la habilidad de mirar atrás en la vida con satisfacción.

El desarrollo de la inteligencia (Jean Piaget)

1. *La etapa sensoriomotriz* dura del nacimiento hasta los 2 años aproximadamente. El niño menor de 2 años no es capaz de producir una representación simbólica (o un concepto) que haga posible la retención en la memoria de eventos pasados o la anticipación de sucesos futuros. Durante esta fase el niño va construyendo una imagen de la realidad física por tocar, gustar, manipular y destruir lo que le rodea. No tiene un sentido distintivo del tiempo, espacio, distancia o relaciones. Por experimentar con el medio ambiente y por asimilar nuevas sensaciones e incorporarlas a las impresiones existentes, el niño comienza a establecer las estructuras básicas de sus experiencias. Es a partir de esta base, de acuerdo con Piaget, que se establecen las etapas del desarrollo cognitivo propiamente dichas.

2. *La etapa pre-conceptual* transcurre entre los 2 y los 7 años. Los niños a esta edad ya manejan el lenguaje, pero tienen poca capacidad para asimilar conceptos de tiempo, distancia, números abstractos y reversibilidad. Por

ejemplo, en esta etapa no tiene mucho sentido para un niño decirle que «Jesús que vivió hace 2.000 años», puesto que no está en condiciones de comprender y asimilar la magnitud de lo que significan en tiempo 2.000 años, aunque pueda repetirlo correctamente. En este período el niño logra captar mejor el contenido de que Jesús dio de comer «a muchísimas personas» antes que a «5.000 personas». En el período pre-conceptual los hechos se captan uno tras otro:

hecho + hecho + hecho + hecho

Dado este principio que guía su aprendizaje cognitivo, le cuesta hacer relaciones de ideas o comparaciones mentales. No le es posible aplicar verdades abstractas a situaciones concretas. Padres y profesores pueden fallar a menudo en la comunicación y en la formación de la personalidad del niño. El niño es capaz de relacionar eventos y experiencias que no van juntas, lo que le hace aparecer a veces como mentiroso. Cuando enfoca su atención en algo, el niño no puede ver el todo sino solo una parte. Su tendencia es percibir los eventos del mundo natural como causados por personas, es decir, atribuye vida e intenciones a los objetos inertes. Su pensamiento es muy egocéntrico (no necesariamente egoísta) y finalista, cree que todo está hecho para algo. Por eso sus incansables preguntas «¿para qué sirve esto?».

3. *La etapa de las operaciones concretas* dura aproximadamente entre los 7 y los 11 años. Durante esta edad los niños comienzan a pensar en términos concretos y literales. El niño va saliendo del mundo dominado por las per-

cepciones al reino de las operaciones intelectuales. Ha superado el egocentrismo, y ya es capaz de hacer reversibles las operaciones mentales. Aunque todavía limitado en su razonamiento verbal, ya está en capacidad de formular conceptos, sin embargo, todavía no puede generalizar más allá de situaciones particulares. Tal vez el adelanto más significativo de esta etapa es la habilidad de clasificar datos. Puede ya pensar en categorías e identificar elementos comunes, puede combinar información, hacer distinciones dividir la información en subgrupos, organizarla, sustituirla, repetirla, etc. Sin embargo, es necesario recordar que las habilidades conceptuales de esta edad están basadas en situaciones concretas.

4. *La etapa de las operaciones formales (o de conceptos abstractos).* Entre los 11 y los 14 años el niño pasa del plano de la manipulación mental de lo real y concreto al plano de las ideas, ello implica que el adolescente pasa a ser capaz de deducir las conclusiones que se pueden extraer de hipótesis, sin apoyarse en la observación ni en la experiencia. Puede usar proposiciones y procesos lógicos. Las habilidades de clasificar, comparar y analizar se refinan, integran y se hacen más flexibles. En este período el adolescente se puede plantear problemas teóricos, remotos y futuros. En este sentido, se puede decir que ha llegado a la maduración del proceso cognitivo. Esta etapa también ofrece una gran oportunidad para la formación de una fe madura en el adolescente.

Definición de las etapas morales (Lawrence Kohlberg)

(Tomado de «Moral Development, Moral Education, and Kohlberg» en *Basic Issues in Philosophy, Psychology, Religion and Education*, Brenda Munsey, Religious Education Press, Birminghan, Alabama, 1980.)

1. Nivel preconvencional. En este nivel el niño responde a reglas y rótulos culturales de bueno y malo, e interpreta estos rótulos en términos de consecuencias físicas o hedonísticas de acción (castigo, recompensa, intercambio de favores) o en términos del poder físico de los que enuncian las reglas. Este nivel consta de las siguientes etapas:

   a. Etapa 1: Orientación al castigo y a la obediencia. Las consecuencias físicas de la acción determinan lo bueno o lo malo, sin tener en cuenta el significado humano o valor de tales consecuencias. La evasión del castigo y la deferencia al poder son tenidos como valores en sí mismos, no en términos de respeto a un orden moral fundamental sostenido por autoridad y castigo (esto empieza en la etapa 4).

   b. Etapa 2: Orientación instrumental relativista. En esta etapa se considera correcto aquello que satisface las necesidades de uno mismo y ocasionalmente las necesidades de otros. Hay elementos de reciprocidad e igualdad, pero son siempre interpretados física y pragmáticamente. La reciprocidad es cosa de «hoy por mí, mañana por ti», sin lealtad, gratitud, ni justicia.

2. Nivel convencional. En este nivel se perciben como valor por sí solas las expectativas de la familia, grupo o nación, sin tener en cuenta las consecuencias inmediatas. La actitud no es solamente de conformidad a las expectativas personales y el orden social, sino de lealtad, de apoyo activo, de justificación del orden y de identificación con las personas o grupos de referencia. Este nivel consta de las siguientes etapas:

    c. Etapa 3: Orientación de concordancia interpersonal. El buen comportamiento es aquello que complace y ayuda a otros y es aprobado por los demás. Hay conformidad con las imágenes estereotipadas de lo que es el comportamiento «natural» de la mayoría; se juzga el comportamiento por la intención: «tenía buenas intenciones», o «fue sin culpa» son expresiones y pensamientos que suelen dominar las relaciones interpersonales. De alguna manera está la idea de que la persona gana aprobación portándose «bien».

    d. Etapa 4: Orientación a la ley y al orden. Esta es una orientación a la autoridad, las reglas y el mantenimiento del orden social. El buen comportamiento consiste en cumplir con el deber, demostrar respeto por la autoridad y mantener el orden social «porque sí».

3. Nivel postconvencional, autónomo o de principio. En este nivel hay un esfuerzo directo de definir los valores y principios morales que tienen validez y aplicación fuera de la autoridad de grupos o personas que sostienen estos principios y fuera de la identificación del individuo con tales grupos. Este nivel tiene dos etapas:

e. Etapa 5: Orientación legalista y de contrato social. Generalmente esta etapa tiene tonos de utilitarismo. Se tiende a definir la acción correcta en términos de derechos individuales y en términos de normas que han sido examinadas críticamente y aprobadas por la sociedad. Hay conciencia clara del relativismo en los valores y opiniones personales y un énfasis correspondiente en las reglas de procedimiento para llegar al consenso. Fuera de lo acordado democrática y constitucionalmente, lo correcto es cosa de «valores y opiniones» personales. El resultado es un énfasis en el «punto de vista legal», pero con otro énfasis en la posibilidad de cambiar la ley en términos de consideraciones racionales de utilidad social (en vez de congelarlo en términos de «ley y orden» de la etapa 4). Fuera del terreno legal, la obligación se contrae por contrato y libre acuerdo.

f. Etapa 6: Orientación de principios éticos universales. El bien es definido por decisión y conciencia, de acuerdo a principios éticos seleccionados por el individuo en base a la comprensión lógica, universalidad y a la propia consistencia interna. Estos son principios abstractos y éticos, no son reglas morales concretas como los Diez Mandamientos. En esencia, son principios universales de justicia, reciprocidad, igualdad de derechos humanos y de respeto por la dignidad de los seres humanos como personas individuales.

LA NIÑEZ

Características generales de la niñez y del recién nacido

Dijimos que la niñez comprende el período entre el nacimiento y la pubertad. La vida biológica y mental del niño no aparece el día que nace, sino que comienza en el embarazo. Cuando las células reproductoras masculina y femenina se han juntado y fecundado, se han unido ya las características físicas y psíquicas de los padres. El hijo o hija que nacerá se parecerá a sus progenitores en muchísimos aspectos: el color de la piel, de los ojos, del cabello, la consistencia de los huesos, ciertas capacidades mentales y hasta la forma de reír y caminar. De este estudio se encarga una rama de la biología que se conoce con el nombre de «genética».

Así, antes que el niño nazca se puede anticipar algunas de sus características. Por ejemplo, algunos niños son más inquietos que otros desde el vientre de su madre. Se han hecho observaciones que llevan a asegurar que muchas veces el nerviosismo y la ansiedad de la madre cuando está embarazada se transmiten al niño. Por eso se recomienda que la mujer durante el embarazo guarde tranquilidad.

Existen factores hereditarios que pueden afectar al feto durante el embarazo, estos pueden ser anormalidades genéticas que producen defectos congénitos como la fenilquetonuria, la anemia de células falciformes, la enfermedad de Tay-Schas, y el Síndrome de Down. El ambiente también puede influir negativamente, en el vientre de su mamá, el feto está a merced de los cuidados que ésta tenga consigo misma durante todo su embarazo; es por ello que cualquier alimento contaminado que ingiera, el consumo de todo tipo de drogas y alcohol, el cigarrillo y otras substancias nocivas pueden pasar a través de la placenta y, en los llamados «períodos críticos» producir serios daños en el desarrollo del feto.

Se debe considerar la noción de «períodos críticos» como una hipótesis que indica que ciertas experiencias tienen un efecto más impactante en el desarrollo en unos momentos o períodos que en otros. Así por ejemplo, respecto al lenguaje existiría un «período crítico» durante el cual el niño debe ser expuesto al lenguaje para que su adquisición sea normal, de lo contrario será deficiente o incompleta.

En el momento de nacer, el niño recibe su primer impacto psicológico: sale del vientre de la madre caliente y seguro, a un mundo inseguro y «difícil» en el que llora para que lo atiendan. Así, el nacimiento es la primera crisis del niño. Sale del vientre de la madre con esfuerzo y dolor. Algunos autores ven en el nacimiento el primer trauma que todo ser humano recibe.

Las características del niño se manifiestan gradualmente de acuerdo a la edad, no aparecen de un momento a otro, surgen tras una lenta preparación, y en un momento dado de madurez funcional se expresan. Ya que las características del niño se van desarrollando mientras el organismo va madurando, ello nos permite reconocer fases sucesivas en el crecimiento y momentos de «crisis» en el desarrollo. Por lo general, esas crisis corresponden al paso de un ciclo a otro de nivel superior. Estas «crisis» dividen la niñez en diferentes sub-etapas.

Las personas que estudian la niñez están de acuerdo en reconocer tres sub-etapas. Estas son: la primera infancia (0-3 años), la segunda infancia (3 a 6 años) y la niñez propiamente dicha o edad escolar (6 a 12 años). Cada una de éstas presenta características propias. Las edades son promedios y deben tomarse solo como aproximaciones para cada niño.

- *La primera infancia (0 a 3 años)* es el período de la vida del ser humano en el cual se depende por completo de los cuidados de los padres. El niño no puede valerse por sí mismo por un tiempo relativamente largo. En los animales no sucede así; ningún animal manifiesta durante tanto tiempo dependencia absoluta de sus progenitores. De ahí que la infancia humana tiene mucha importancia para la sobrevivencia humana.

- *La segunda infancia (3 a 6 años)* es el período que va desde que el niño aprende a movilizarse por sí mismo y a expresarse por medio del lenguaje, hasta la época en que está listo para ir a la escuela.

- *La niñez* propiamente dicha (6 a 12 años) dura desde el inicio de la socialización del niño en la escuela hasta cuando comienza la pubertad, es decir, cuando el niño o niña empieza a diferenciarse por la aparición de los caracteres sexuales secundarios y se da inicio a la maduración sexual.

Características del recién nacido:

El niño una vez nacido debe luchar por su existencia. Con ayuda de quienes lo atienden debe coordinar adecuadamente sus diferentes funciones fisiológicas, tales como la respiración, la regulación de la temperatura, la digestión, la excreción, el dormir y el despertar. Mientras lleva a cabo estos primeros ajustes vitales, el niño parece inseguro e inestable. Al menor estímulo o provocación se sobresalta, estornuda, se estremece, llora, etc. Su respiración y temperatura son irregulares. Hasta puede equivocarse de dirección al tragar. Normalmente pronto supera las dificultades de la adaptación y alcanza, en pocas semanas una relativa estabilidad. El primer mes de vida es una etapa de cambios y de mucho cuidado.

A través de todo el crecimiento, y especialmente en esta época, no puede trazarse una línea de separación definida entre funciones «fisiológicas» y «psicológicas». Las satisfacciones, necesidades, intereses e impulsos de un bebé están determinados por las condiciones de todo su organismo. Durante toda la primera infancia gran parte de su conducta está directamente relacionada con las complejas funciones de alimentación, sueño y eliminación.

La actividad del recién nacido está representada por movimientos espontáneos, reflejos impulsivos, y por funciones sensoriales mal definidas. Los movimientos espontáneos se producen sin que haya estímulo que lo justifique, y son vagos, desordenados, sin ritmo y sin dirección ni intención. Estos movimientos se reducen gradualmente hasta desaparecer completamente en relación con el progresivo desarrollo de los movimientos voluntarios coordinados.

Gran parte de los movimientos que parecen coordinados son en realidad reflejos con los que el niño nace. Los reflejos representan la primera condición para el mantenimiento de la integridad orgánica, a fin de satisfacer las imperiosas necesidades del organismo.

Los movimientos son numerosos y algunos están presentes desde los primeros minutos de vida del niño. Entre los más importantes tenemos los reflejos de succión (mamar) y deglución (tragar).

La actividad de los órganos de los sentidos es muy diversa en el recién nacido. La sensibilidad de la piel está presente pero es imperfecta; el tacto es pobre y poco desarrollado, alcanza mayor sensibilidad alrededor de la boca, en la palma de la mano y en la planta del pie. La capacidad de sentir dolor es débil y parece ausente en los primeros días de vida. Más bien la sensibilidad al frío y al calor parece estar más desarrollada en el neonato. El sentido del gusto está bastante desarrollado y permite al recién nacido reaccionar vivamente a sabores desagradables. Al final del primer mes los movimientos de los ojos comienzan a adaptarse a los movimientos de la cabeza, para seguir un objeto que se mueve en sentido horizontal. Algunos creen que el oído no funciona en los primeros momentos después de nacer, sin embargo poco después el bebé reaccionará con parpadeos a los sonidos fuertes.

Las manifestaciones afectivas del recién nacido son muy pobres y están exclusivamente representadas por el placer que captan sus sentidos mediante la acción de mamar, la tibieza de la cuna, el calor del pecho de la madre, y también por las molestias producidas por el hambre, el frío, los ruidos o las luces demasiado intensas. Se ha observado que aun en los recién nacidos existen diferencias individuales en la vivacidad de las reacciones frente a los estímulos, lo que permite distinguir niños inquietos y niños tranquilos.

El desarrollo en la primera infancia (Nacimiento a 3 años)

El desarrollo orgánico y psíquico alcanzado en los tres primeros años de vida es prodigioso. Las transformaciones ocurridas durante la primera infancia son las más amplias y rápidas que en cualquier otra etapa. En la primera infancia el niño aprende un sinnúmero de actividades en forma espontánea, es decir, sin que nadie le enseñe. Si un niño se desarrolla normalmente, sus capacidades para aprender irán apareciendo a medida que su organismo vaya madurando. Estas capacidades maduran a edades más o menos iguales en todos los niños, no se les puede hacer aparecer antes de tiempo ni necesitan de mucha ayuda para que aparezcan. La experiencia ha demostrado que el aprendizaje y la enseñanza deben esperar el momento adecuado en el proceso de desarrollo o no tendrán éxito. Por ejemplo, hay que esperar que los músculos y las conexiones nerviosas de la vejiga estén suficientemente desarrolladas para enseñarle al niño a que no se orine en los pantalones.

Mucho se podría decir de las actividades y desarrollo del niño en la primera infancia, sin embargo, solo nos limitaremos a poner algunos ejemplos.

En los primeros tres meses, el niño adquiere control sobre los músculos que rigen el movimiento de los ojos.

Desde los 4 a los 7 meses, adquiere dominio sobre los músculos que sostienen la cabeza y dan movimientos a los brazos. Extiende la mano en busca de los objetos.

Entre los 7 y los 10 meses, adquiere control sobre manos y tronco. Es capaz de sentarse por sí solo, tomando y entregando los objetos de una mano a otra.

Entre los 10 y los 12 meses, extiende su dominio a las piernas y pies, a sus dedos índice y pulgar; busca y arranca objetos, puede pararse erguido.

Entre los 2 y los 3 años, camina, corre; dice algunas palabras y frases. Ya sabe controlar su deseo de orinar y defecar. Rudimentariamente ya sabe qué significan las cosas, qué quiere y qué es lo que le pertenece.

Debemos tener presente que los promedios de edad dados para las actividades indicadas no son fijos ni exactos para todos los niños. Encontraremos niños que se retrasen o adelanten un poco a estos promedios, permaneciendo todavía en su nivel normal de desarrollo. Cuando el adelanto o el retraso ya es exagerado, entonces se puede pensar en alguna anormalidad orgánica o psíquica, y conviene en ese caso, consultar con algún especialista.

Por lo general, los niños realizan sus adelantos en las edades señaladas dentro del cuadro correspondiente. Por ejemplo, el niño normal comienza a sentarse entre los 4 y los 8 meses.

El mismo tipo de secuencia aparece en el habla. Aquí el factor «maduración» se combina con el factor «medio ambiente». El niño aprende a hablar imitando los sonidos que escucha. Si no oye, como en el caso de los niños sordos, no aprende a hablar. Un niño normal, criado entre personas que le hablan, tendrá más incentivo para hablar que otro a quien nadie le dirige la palabra. Los psicólogos recomiendan «conversar» con un bebé aunque éste no pueda entender o responder con palabras. Por lo general, su respuesta será con sonrisa, gestos y sonidos, que son su «lenguaje». Alrededor de los 10 meses un niño dice su primera palabra. Al año pronuncia 3 palabras; al año 3 meses dice unas 20; al año y medio domina unas 25; y a los 2 años habla entre 250 y 300 palabras aproximadamente. A los 3 años ya se expresa con oraciones, usando las palabras como instrumentos del pensamiento. A los 4 años hace infinidad de preguntas, se da cuenta de la semejanza de las cosas y empieza a formular conceptos y generalizar. A los 5 años habla correctamente y hasta puede contar un cuento largo.

El desarrollo del *yo* (o de la percepción de su propio ser) también pasa por etapas, en cuyo tránsito ejerce una fuerte influencia el medio ambiente. El niño recién nacido no tiene idea de sí mismo como una entidad distinta a la que le rodea. En este sentido, se considera que el niño se relaciona con su mamá durante sus primeros meses de vida como si ella fuera parte de sí mismo. Por eso es que cuando la mamá experimenta nerviosismo, a continuación el niño se pone intranquilo. Al percibir el latido acelerado del corazón de su mamá el niño no se «pregunta» «¿qué le pasa a mi mamá?» sino «qué me pasa a mí». Claro que esta percepción no se da mediante palabras o conceptos, sino a través de una percepción y reacción afectiva.

En estado de vigilia los niños logran alcanzar conciencia respecto de sus experiencias, las cuales fluctúan en el continuo agrado-desagrado. En la medida que el sistema nervioso madura, el niño desarrolla la capacidad de memorizar experiencias de frustración y satisfacción. Más tarde, esta memoria se constituirá en una base que alimentará el concepto de sí mismo y una actitud básica hacia la vida. Este proceso se desarrolla en forma inconsciente y principalmente en los primeros años de vida.

En la Segunda infancia, el desarrollo del niño no puede ser considerado, en su mayor parte, como fruto de la maduración. Hay que tomar en cuenta un factor muy importante: la adquisición de hábitos mediante los cuales el niño establece mecanismos para relacionarse con el medio ambiente. Por ejemplo, controla los esfínteres (los músculos que cierran los orificios del ano y la vejiga), aprende a lavarse las manos y a saludar. Entre los 3 y 6 años, el niño adquiere un desarrollo armónico de su capacidad motriz, lo que le permite autonomía e independencia. Es cuando también tiende a reforzar la noción de su persona como un ente separado, dentro del conjunto «nosotros».

A los tres años el niño presenta una serie de logros, entre los cuales destacan que ha estructurado un *yo* definido, sabe distinguir lo que le gusta y desarrolla la noción de que forma parte de un grupo familiar, lo que facilita que integre el concepto del «nosotros». Por lo general se chupa el dedo al irse a dormir lo que demuestra su necesidad de mayor afecto o seguridad. Realiza todo un ritual para irse a dormir. Tiene un lento despertar y duerme mucho. Es absorbente en lo afectivo y le gustan los juegos con risas. Su pensamiento le permite establecer conversaciones consigo mismo y le gusta oír un cuento repetidas veces. Conoce las diferencias sexuales por oposición a su propio sexo. Presenta tendencia a postergar la deposición, aunque pide y acepta ayuda para ir al baño. En cuanto a los hábitos de orinar, suele estar bien adiestrado durante el día. Se desviste rápido pero se viste solo parcialmente. Ya copia círculos y tiene noción del tiempo en el pasado, presente y futuro aunque no con exactitud. Anda, corre y mantiene el equilibrio al saltar.

A los cuatro años el niño es muy activo. Sabe llevar ritmos, conoce la hora y tiene noción de los meses; coordina sus manos en asuntos delicados como cortar con tijeras, hacer cuadrados y dibujar cosas. Se viste y desviste con poca ayuda, sabe abrocharse y hace la diferencia entre adelante y atrás. Le gusta tener un muñeco en la cama para dormir. Se cansa de estar sentado en la mesa por largo rato para comer. Tiene hábitos regulares para orinar tanto de día como de noche. Presenta curiosidad por la defecación de los demás, aunque muestra privacidad por la propia. Se preocupa por su ombligo, es exhibicionista y se da toques en los genitales. Sabe hacer exageraciones, conversa con amigos imaginarios, pregunta frecuentemente «¿por qué?» Es egoísta y rudo con los hermanos menores, orgulloso de sus cosas, en ocasiones puede insultar, en otras puede tartamudear al querer decir muchas cosas al mismo tiempo. También es típico de esta edad que los niños suelan manifestar rabietas. Hace división sexual de los juegos y ya tiene capacidad de autocrítica.

Los cinco años es una edad muy importante para el desarrollo del *yo*. En muchos países comienza su socialización en el jardín de infancia o «*Kinder*». En casa demuestra gran solicitud hacia el progenitor del sexo opuesto. Es servicial y le gusta hablar. Al mismo tiempo hace muecas, parpadeos, ruidos de garganta, etc. Ya tiene un juego estable, corta y pega, juega con arcilla, enhebra hilos. Ya se viste solo completamente. Dibuja antes de acostarse. A veces tiene pesadillas. Acepta modales al comer, come despacio y limpia el plato. Accidentalmente se orina en la cama. Conoce bien la diferencia sexual y ha superado el exhibicionismo. Tiene noción parcial del concepto de «semana» y se interesa por el calendario y el reloj. Conversa con amigos imaginarios y se inventa juegos.

Los seis años coinciden por lo general con la edad escolar formal. El niño inicia la lectura y escritura, aunque todavía presenta torpeza con actos complejos. Ya tiene suficiente equilibrio como para montar bicicleta y jugar con el columpio. Hay una despreocupación por el orden, por lo que tiende a perder sus cosas. Ya tiene conciencia vaga de lo que es el matrimonio y se interesa por las diferencias físicas de ambos sexos. Usa el tenedor para comer aunque se resiste a seguir ciertos modales. Si moja la cama se siente culpable. No le gusta hablar de la defecación. Llora fácilmente y explota en casa por las tensiones. En cuanto a su personalidad se centra en sí mismo y quiere todo para sí.

El desarrollo de la segunda infancia (De seis a nueve años)

Seis años:

Cuando el niño llega a los seis años la madre por lo general se lamenta: «cómo ha cambiado mi hijo(a), no sé qué le ha pasado». Y en efecto el niño hasta los cinco años mantenía características agradables: se portaba bien, tendía a hacer caso a los mayores, mostraba en general un buen estado de ánimo, reflejando comodidad consigo mismo y con el mundo. Sin embargo, al aproximarse a los seis años comienza a cambiar su conducta.

Por lo general, cuando el niño se aproxima a los 6 años comienza a molestar y a mostrarse impaciente, como si se hubiera declarado en guerra contra sí mismo y con el mundo. A veces se muestra valiente, perezoso, indeciso y de pronto se muestra demasiado exigente y explosivo; en ocasiones se muestra cariñoso, sociable y simpático y en otras rechaza a todo el mundo. Esto es lo que trae contrariedad y perplejidad a los padres, los que muchas veces pierden la paciencia y creen que no pueden comprender a sus hijos. ¿Cuál es la razón para este cambio?

Por lo general, el sexto año de vida trae consigo cambios fundamentales tanto corporales como psicológicos, por lo que se la considera una edad de transición. Empiezan a desaparecer los dientes de leche, aparecen los primeros molares permanentes. Además, hay cambios químicos en el cuerpo de los niños, que se reflejan en un aumento de la susceptibilidad a las enfermedades infecciosas y un cambio en su forma de ser. A veces se le inflaman los oídos, surgen dificultades en la nariz y en la garganta, y hasta se afectan los mecanismos de la visión. En conclusión, a los seis años, los niños no parecen ser tan sanos ni tan fuertes como a los cinco.

En el aspecto psicológico, a partir de los seis años surgen en el niño nuevas inclinaciones, impulsos y sentimientos, como consecuencia de una nueva etapa en el desarrollo del sistema nervioso. Esto significa un paso más hacia la madurez, por lo cual es necesario adoptar una visión constructiva y optimista de las dificultades por las que atraviesan los niños de esa edad. Los padres y maestros sabios procuran comprender y ayudar al niño que pasa por esos momentos difíciles.

Siete años:

A los siete años se produce una especie de aquietamiento. El niño atraviesa prolongados períodos de calma y concentración, durante los cuales elabora interiormente sus impresiones, abstraído del mundo exterior. Es una edad de asimilación, una época en que hace que las experiencias acumuladas se establezcan en su persona, relaciona las experiencias nuevas con las antiguas.

El niño de siete años es un buen oyente. Le agrada que le lean. Le gusta escuchar un cuento dos y tres veces. Le gusta escuchar la radio y ver la T.V., le disgusta todo aquello que venga a interferir con sus meditaciones. Le desespera no poder llegar a alguna conclusión en sus pensamientos. Todo ello significa que ha alcanzado ya un nivel superior de madurez. Los padres dicen a menudo: «ahora sí es un niño bueno». Básicamente, como es lógico, es el mismo niño, pero en una nueva etapa de crecimiento. Los siete años es una edad agradable, siempre y cuando se respeten los sentimientos del niño y su actividad mental privada, mediante la cual el niño absorbe, revive y reorganiza sus experiencias. Todo esto explica sus ocasionales períodos de cavilación, sus descuidos ocasionales, sus períodos de tristeza y/o lamentación. A veces se presenta con el ceño fruncido o refunfuñea, en otras ocasiones se muestra tímido o presenta cierta melancolía. Todo esto es enteramente natural en el niño que atraviesa por esa encantadora edad.

Aunque muy pensativo el niño de siete años no se aísla. No solo está adquiriendo conciencia de sí mismo sino también de los demás. Ahora es muy sensible ante las actitudes de los demás. Comienza a separarse un poco de su madre. Con frecuencia ansía tener un hermanito(a). Por lo general se encariña mucho con su profesor(a). Una alegría pura le inunda si la profesora le sonríe; le gusta traerle regalos y estar cerca de ella. Los niños de esta edad, que por lo general están en segundo grado, necesitan de maestros sensibles que comprendan y ayuden de cerca a sus alumnos a ganar confianza en sí mismos. Le gusta ayudar en la casa siempre que la tarea sea corta y dé lugar a una relación amistosa con su padre o con su madre. Sin embargo, su sentido de independencia se profundiza. A una orden dada, a menudo dirá «pero, mamá...»

A esta edad comienza a surgir el sentido de lo ético y lo moral. Comienza a discriminar entre lo bueno y lo malo en otros niños e incluso en sí mismo. Sin embargo, su sentido de propiedad es todavía inmaduro. Con suma facilidad se apropiará de los lápices de sus compañeros, de las tizas de la escuela, de los juguetes de los amigos, sin que esto signifique para él que los está robando, la sabiduría de los padres y profesores consistirá en hacerle notar la diferencia entre lo «mío» y lo «tuyo» sin acusarle y sin esperar de él la moralidad que se esperaría de un adulto en estos mismos casos. Es susceptible al elogio y sensible a la desaprobación, hasta llegar a las lágrimas. Las represiones y el castigo físico son demasiado duros para el delicado tejido de su personalidad. Los niños y las niñas de 7 años logran entender razones.

A los 7 años hay claros indicios de capacidad crítica y de razonamiento. Es más reflexivo, se toma tiempo para pensar, le interesan las conclusiones y los desarrollos lógicos. A menudo se le pueden oír pronunciar autocríticas del tipo «no puedo hacer esto», «estoy atrasado», «¿qué me sucede?» «esto está torcido, no puedo hacerlo recto», etc. En esta edad revela un mediato interés por Dios y el cielo, planteando a menudo preguntas concretas respecto a Dios. Los misterios de la muerte no le abruman, pero demuestra un marcado interés por sus posibles causas.

Ocho años:

El niño a los ocho años duda menos y tiende a concentrarse más que a los siete; también refleja mayor rapidez en sus propias reacciones y comprende mejor las reacciones de los demás. Una de las características importantes de esta edad es la capacidad de valorar lo que hace, por ello le gusta representar dramas, asumiendo un papel tras otro y valorando cada uno según como se sentiría o debería sentirse él mismo en idénticas circunstancias.

El niño de 8 años comienza a parecer más maduro incluso en su aspecto físico. Tiene mucha energía y una gran y activa curiosidad. En efecto, le gustan más los juegos bruscos, desordenados y llenos de ruido. Por lo general, los varones comen a toda prisa, sentados en el borde de la silla, listos para precipitarse fuera del comedor y sin arreglarse la ropa. Cuando juega, por lo general discute y regatea mucho, pero el juego sigue adelante. Le gusta plantearse obstáculos difíciles de salvar, y está aprendiendo a perder.

A esta edad comienza el interés por adentrarse en el mundo de los adultos, aunque conoce bien las diferencias entre ellos y él. Escucha atentamente las conversaciones de los adultos y observa sus expresiones faciales. Su sensibilidad se agudiza: no le gusta que se le diga directamente lo que debe hacer; prefiere una sugerencia a una orden directa. Espera que lo reconozcan y a veces solicita el elogio. Tanto varones como mujeres demuestran una gran admiración por sus padres, expresando sus afectos en palabras y hechos; es como si anhelaran una comunión más íntima con sus padres (especialmente con la madre). Ahora hay mayor posibilidad de un intercambio psicológico más significativo mediante el cual se pueda penetrar más profundamente en la vida adulta.

A esta edad los dos sexos comienzan a separarse. En ocasiones los varones se agrupan y se burlan de un grupo correspondiente de niñas. Pero, esta segregación espontánea no es profunda ni prolongada pues pronto están jugando y participando juntos de las tareas escolares. Comparten numerosos intereses, pero van adquiriendo una vívida conciencia de las distinciones que los separan. A esta edad aparece la curiosidad por todas las relaciones humanas, pero, normalmente su interés por el conocimiento marital y sexual no llega a ser excesivo. Existe un interés casi universal por los recién nacidos. Ya se plantea preguntas de sondeo sobre el origen de la vida, la procreación y el matrimonio.

A los 8 años el niño habla mucho, le encanta hablar y contar novedades hasta con exageraciones, que usualmente contienen algo de verdad; al mismo tiempo, crece su aversión a la falsedad. Es que su sentido ético se ha desarrollado. Puede reconocer sus faltas y decir «nunca volveré a hacerlo». Tiene un sentido ya embrionario de la justicia, lo que le hace acusar de injustos a los demás. Con frecuencia critica severamente a sus hermanos. Por lo general, las excusas no tienen como finalidad desviar la culpa, sino más bien dar una explicación que revela precisamente su principio de rectitud. Es sensible a la crítica. Con facilidad interpreta mal los silencios y comentarios de la madre, y las lágrimas surgen a la menor provocación. Ha comenzado a dudar de la infalibilidad de los padres y de los adultos en general. Con todo, se siente feliz de vivir, ya casi no es un niño, se está preparando para los años siguientes, para entrar en la pubertad.

Nueve años:

El niño de nueve años ya no es simplemente un niño; tampoco es un adolescente, está en una época intermedia. Durante este período intermedio tienen lugar reorientaciones significativas. Estos cambios se producen en forma tan sutil que a menudo los padres y los profesores no perciben suficientemente su importancia.

La automotivación es la característica primordial del niño de 9 años. El niño posee una creciente capacidad de aplicar su mente a las cosas, por propia iniciativa o con ligeras sugerencias. En realidad, está tan ocupado que parece faltarle el tiempo para las tareas rutinarias y no le gustan las interrupciones. Le complace poner a prueba su habilidad. Es la edad en que procura ser mejor alumno y perfeccionar su pericia en el manejo de las herramientas a su alcance. Le gusta planear de antemano y preparar las cosas. Sin embargo, no deja de actuar en forma «distraída» lo que se debe precisamente a que su mente esté elaborando algo más interesante y atractivo.

Tiene muchas razones para estar ocupado. Le agrada hacer colecciones de cromos o mariposas o piedras. El varón reúne datos respecto al fútbol, conoce los mejores jugadores y sabe un cúmulo sorprendente de hechos y datos. Las niñas se mantienen al tanto de las estrellas de televisión y del cine. Los padres, por consiguiente, deberían mostrarse satisfechos de que en ocasiones el niño de nueve años demuestre más interés por sus amigos y por sus actividades fuera del hogar que por una reunión familiar. Ahora necesita del intercambio social entre amigos, que ni siquiera el círculo familiar puede suministrar. Es también un gran conversador. Hay que dejarle conversar.

El niño a esta edad está desarrollando un sentido de independencia personal de sus mayores y necesita la comprensión afectuosa, especialmente de su familia. Le agrada su hogar y siente lealtad hacia él, pero cuando no está en casa no le gusta que se le llame «hijito» en presencia de extraños. A la niña tampoco le gusta que se la identifique como «mi hija». Esto indica que por sobre todas las cosas le disgusta ser mimado y protegido. Esto no significa que el niño de nueve años ya no necesite el cariño y la protección de sus padres. Una educación hábil adapta la ayuda a las necesidades y la retira cuando es necesario, para fomentar así una independencia sana en la personalidad del niño que crece.

El desarrollo de la tercera infancia (los diez y once años)

Al estudiar el desarrollo del niño, debemos recordar que ninguna edad se halla desligada de las demás. Cada año guarda relación dinámica con los que están antes y después. Así, el décimo año de vida participa de las tendencias y los rasgos manifestados a los 9 y a los 11 años. Los cambios del niño de 9 años al niño de 10 años por lo general pasan inadvertidos, ya que se efectúan sin tropiezos bruscos, en forma paulatina y constante. A veces sí pueden ocurrir virajes repentinos y dramáticos que nos hacen dar cuenta que ha habido un adelanto en el proceso de maduración, en el comportamiento, en las actividades, en las emociones y en las ideas.

Diez años:

El décimo año es un año de consumación y consolidación de los recursos alcanzados hasta la fecha, y por lo tanto es una época amable, relativamente libre de tensiones. Es como una edad de oro del equilibrio en cuanto desarrollo. Pero esta etapa es también transitoria y por lo tanto no siempre prevalece la calma.

Al niño de esta edad le gusta el hogar y así lo demuestra. Podemos decir que a esta edad se encuentra más vinculado a su familia que a los nueve años. Las madres gozan de un prestigio social en la familia: los niños reconocen su autoridad y la obedecen de mejor agrado que antes; las niñas confían en ella y aceptan su dirección. En su mayor parte, tanto los varones como las niñas se llevan bien con el padre y disfrutan de su compañía. Se llevan mejor con los hermanos pequeñitos menores de 6 años que con los de 6 a 9. Hasta se manifiestan amistosos y paternales (o maternales) con ellos. Les encanta criar animales domésticos. Las niñas sueñan en convertirse algún día en madres, enfermeras, profesoras, etc.

Al niño de diez años le gustan los amigos. En los varones se acentúa el interés por los deportes: quieren jugar por el puro placer de experimentar la actividad física, correr, trepar, saltar, etc. Le gusta darse vueltas por su casa con los demás amigos. Las niñas prefieren los círculos más pequeños e íntimos, de hecho la mayoría de ellas tiene una amiga predilecta durante un lapso prolongado lo cual le puede ayudar en la formación de su personalidad.

Los varones de 10 años expresan con claridad, y a veces bruscamente, que no les gustan las niñas. Las niñas de la misma edad exclaman con un acento ligeramente distinto «a nosotras no nos gustan los niños, son unos groseros, tiran del pelo, empujan, son unos tontos», etc.

Once años:

Los once años señalan indudablemente el comienzo de la adolescencia, especialmente en las niñas. A los once años se rompe el equilibrio que se daba a los diez.

¿Cuáles son los indicios de la pubertad? Hay cambios biológicos profundos —aunque no todos son visibles— y nuevas formas intensas de conducta. El antes complaciente niño de 10 años comienza a manifestar formas raras de afirmación de su personalidad, de curiosidad y de sociabilidad. Es inquieto, investigador, charlatán. Se mueve y se retuerce permanentemente. Le gusta andar siempre de un lado para otro. Padece de hambre voraz y constante, tanto de alimentos como de nuevos conocimientos. Cada vez formula más preguntas sobre los adultos, pues día a día se les va pareciendo más y más.

El niño a esta edad resulta «difícil» y «grosero», pero no es su intención, es que ahora experimenta estados de ánimo e impulsos que antes no había experimentado. En poco tiempo puede ser víctima de un violento ataque de cólera, o estar sujeto a estallidos de risa y estados de ánimo variables. El mal humor puede aparecer cuando hay poco tiempo para jugar o dormir. Los padres deben encararle al niño con firmeza, pero con amor.

El organismo se halla en pleno proceso de transformación. Una parte de esa transformación se puede ver en el aumento del tamaño y peso. A veces siente demasiado calor o demasiado frío y se fatiga con facilidad. Por eso, pasa gran parte de su tiempo «vagabundeando» o fastidiando a los demás, haciendo gestos de hostilidad y de conciliación. Todo esto lo alterna con momentos de calurosa amistad.

El niño a los once años prefiere contradecir y responder. No es extraño que los padres se sientan confusos y desanimados. Todo esto nos dice que el niño a los once años se halla en una etapa de transición.

El desarrollo espiritual de los niños pre-escolares

Mucha gente dice, «yo no le impongo a mis hijos ninguna religión, que crezcan, y cuando sean grandes que decidan por ellos mismos cuál les conviene».

Hemos preferido hablar del desarrollo espiritual del niño antes que del «desarrollo religioso». El término «desarrollo espiritual» por varias razones nos parece más amplio. Lo religioso tiende a ser identificado con rituales, creencias y modos de actuar que poca relación tienen con la vida diaria y normal de la gente. Lo espiritual abarca no solo la conducta religiosa sino también la dimensión de los valores, las creencias básicas del mundo, la razón de ser.

Un niño puede crecer sin «religión», es decir, sin manifestar una conducta religiosa definida e identificada con alguna rama del cristianismo u otra religión. Pero ningún ser humano puede crecer sin asimilar y manifestar creencias básicas acerca de sí mismo, de los demás y del universo que no siempre son científicas; sin preguntarse qué sentido tiene la vida sin plantearse consciente o inconscientemente los valores por los cuales vive o debe vivir. Esas inquietudes van más allá de las meras preocupaciones de carácter físico y material. Son inquietudes trascendentales, eternas en una palabra espiritual. Y todo niño experimenta un desarrollo en esta dimensión.

Ningún niño realmente puede criarse en un ambiente, espiritual y religioso, neutral. Los padres que creen que el niño va a decidir sobre «religión» cuando sea grande y no le proveen el ambiente y la orientación correctos, van a descubrir muy pronto que sus hijos han sido moldeados desde pequeños sea por la «religión secular» de sus padres, por los valores propios de su medio ambiente o por la presión del grupo social al cual sus hijos se vinculan. Muchos jóvenes, a falta de valores espirituales sólidos buscan experiencias religiosas en cultos orientales, en sectas exóticas y hasta diabólicas, en drogas alucinógenas, etc.

Algunos autores reconocen la dimensión espiritual en la vida humana y su lugar legítimo en el estudio de la psicología del desarrollo. Otros, le han dado diferentes nombres, por ejemplo, hablan de las diferentes etapas del desarrollo cognitivo (de conocimiento) y moral del niño. Un investigador suizo muy reconocido, Jean Piaget, ha hecho una contribución muy notable al entendimiento del desarrollo intelectual y moral del niño. Muchos educadores cristianos han tomado sus conocimientos para aplicarlos en la formación espiritual y religiosa de los niños. Autores cristianos tanto evangélicos como católicos han tomado en serio sus investigaciones y las han vinculado a la tarea de ofrecer una educación cristiana adecuada, seria y válida. Lamentablemente las obras de autores evangélicos se han escrito mayormente en inglés. Lamentablemente no tenemos el espacio aquí como para ofrecer ni siquiera un resumen de la contribución de Piaget y los intentos cristianos de utilizar sus investigaciones.

Los cristianos tenemos indicaciones definidas en la Palabra de Dios acerca de nuestra responsabilidad de educación espiritual y religiosa a las nuevas generaciones.

Desde una perspectiva bíblica, debemos tomar en cuenta que la formación del carácter cristiano que refleja a Cristo y glorifica a Dios se encuentra en conflicto tanto con la condición humana como con el sistema de valores de la sociedad y de la época en que vivimos. El pecado, ha distorsionado la verdad y la bondad, y ha creado mundos ilusorios, de modo que una transformación interior que efectúe el Espíritu Santo se hace necesaria. Esta verdad debemos tenerla muy en cuenta en el proceso de formar el carácter cristiano de los niños. Hacemos todo lo mejor que está a nuestro alcance, pero en última instancia dependemos de la obra sobrenatural de Dios.

4

¿CÓMO INCORPORAMOS NUESTRA EXPERIENCIA?: APRENDIZAJE Y MEMORIA

por Felipe Cortés

APRENDIZAJE

Aún en la actualidad un número importante de personas piensa que aprendizaje es equivalente a «estudiar». Al respecto es conveniente precisar una definición de aprendizaje que nos sirva como punto de referencia durante el desarrollo de este capítulo. Una definición que de alguna manera engloba los aspectos esenciales que suelen estar presentes en el concepto de aprendizaje es la siguiente. «Aprendizaje es aquel proceso mediante el cual la experiencia o la práctica producen un cambio relativamente permanente sobre la conducta (actual) o sobre la conducta potencial» (Morris, 1999).

Este capítulo pretende sintetizar los hallazgos más relevantes que describen y explican cómo las personas aprendemos. Para ello, se presentará los postulados clásicos en esta área. Luego aquellas evidencias más contemporáneas que amplían y enriquecen las propuestas iniciales, todas las cuales se espera que formen parte del acervo de conocimientos que aprehenda toda persona que tiene entre sus roles el enseñar y contribuir en la formación de otras personas, de modo que ello se traduzca —por parte del monitor, facilitador, padre, madre o profesor— en la implementación de acciones concordantes con aquellos principios que la evidencia empírica demuestra que favorecen el aprendizaje.

Comenzaremos esta revisión presentando una forma básica de aprendizaje, conocida como condicionamiento. El condicionamiento es el proceso a través del cual las personas adquieren ciertas conductas específicas, en presencia de estímulos definidos. Este tipo de aprendizaje se manifiesta en dos modalidades: condicionamiento clásico y condicionamiento operante. El condicionamiento clásico o pavloviano es una modalidad de aprendizaje que se caracteriza porque las conductas involuntarias (conducta refleja) que siguen de manera automática a un estímulo, son producidas por otros estímulos, que anteriormente eran neutros y por tanto no provocaban tal conducta. Por ejemplo, un alumno podría ponerse ansioso cuando el profesor de la asignatura de Historia y Geografía saca su bolígrafo del bolsillo. Lo anterior puede ser producto del aprendizaje que ha experimentado el alumno ante el hecho de que cada vez que este profesor ha sacado el bolígrafo en otras ocasiones, ello ha sido el preámbulo de una interrogación oral al azar, evento que le provoca una fuerte dosis de ansiedad. Lo que ha hecho el alumno es anticipar la respuesta refleja (ansiedad) frente a un estímulo que normalmente no activa este tipo de respuestas (sacar un bolígrafo del bolsillo), puesto que este estímulo ha estado asociado en ocasiones anteriores a la situación que efectivamente sí le causa la ansiedad (mención por parte del profesor al interrogatorio oral al azar).

Una segunda modalidad en que las personas aprendemos —en el formato del condicionamiento— es el condicionamiento operante o instrumental. A través de esta modalidad las conductas voluntarias, previamente seleccionadas, se emiten en presencia de un estímulo específico —el cual originalmente no provocaba tal conducta—, con el propósito de ganar una recompensa o evitar un castigo. Un ejemplo de esta modalidad de aprendizaje es cuando se enseña a un niño a vestirse por sí mismo o anudar los cordones de sus zapatos después de una instrucción en tal sentido. Tanto en el caso del condicionamiento clásico como del operante, la experiencia previa, en presencia del estímulo específico (sacar el bolígrafo del bolsillo por parte del profesor o la instrucción al niño de que se vista solo o se anude los zapatos), provoca cambios en la conducta.

En relación a estas modalidades de aprendizaje, Hergenhahn y Olson (1993; citado por Morris, 1999, p. 19) afirman que «en general, es mediante el condicionamiento clásico que aprendemos cuáles tipos de elementos conducen a la supervivencia y cuáles no; y es mediante el condicionamiento operante o instrumental que aprendemos cómo alcanzar o evitar objetos deseables e indeseables».

Después de revisar el condicionamiento clásico y el operante, exploraremos formas de aprendizaje más complejas, que reciben el nombre de aprendizaje cognitivo, puesto que dependen de los procesos de pensamiento y razonamiento. En esta modalidad de aprendizaje se encuentran el aprendizaje por *insight* y el aprendizaje observacional o vicario.

Cuando una persona va a la pista de baile e imita los pasos de los bailarines profesionales que vio la noche anterior en la televisión, refleja evidencia del aprendizaje observacional o vicario. Al igual que el condicionamiento, el aprendizaje cognitivo es fundamental para la sobrevivencia, puesto que permite aprender qué eventos son inocuos y cuáles son peligrosos, sin tener que experimentarlos de manera directa. Nos permite aprender de las personas que vivieron hace cientos de años, y permitirá a las personas dentro de cientos de años aprender de nuestras experiencias.

CONDICIONAMIENTO CLÁSICO

Experimentos de condicionamiento por Pavlov

El condicionamiento clásico fue descubierto casi por accidente por Iván Pavlov (1849-1936), fisiólogo ruso que estudió los procesos digestivos. Puesto que los animales salivan cuando se les coloca alimento en la boca, Pavlov introdujo tubos en las glándulas salivales de los perros para medir la cantidad de saliva que producían al darles alimento. Sin embargo, notó que los perros salivaban antes de tener el alimento en el hocico: la sola visión del alimento los hacía salivar. De hecho, babeaban incluso al oír los pasos del experimentador. Esto llamó la atención de Pavlov. ¿Qué provoca que los animales saliven aun antes de que tengan el alimento en la boca?, ¿cómo aprendieron a salivar en respuesta al sonido de la aproximación del experimentador?

Para responder a estas preguntas, Pavlov enseñó a los perros a salivar cuando el alimento no estaba presente. Para ello diseñó un experimento en el que sonaba una campanilla justo antes que el alimento se trajera al laboratorio. Generalmente, el sonido de una campanilla no provoca que un perro salive, pero después de haber escuchado muchas veces la campana justo antes de obtener alimento, los perros de Pavlov empezaron salivar tan pronto sonaba la campana. Fue como si hubieran aprendido que la campana señalaba la aparición del alimento, por lo que salivaban ante la señal, aunque no fuese seguida de alimento. Los perros habían sido condicionados a salivar en respuesta a un estímulo novedoso, la campanilla, que normalmente no causaría esta respuesta (Pavlov, 1927).

Elementos del condicionamiento clásico

En términos generales, el condicionamiento clásico implica vincular una respuesta, normalmente evocada por un estímulo determinado, a otro estímulo diferente, antes neutral. Los elementos básicos del condicionamiento clásico consisten en:

- Estímulo incondicionado (EI), es el estímulo (el profesor refiere que va a realizar interrogación oral al azar a algunos de los alumnos) que provoca la RI.
- Respuesta incondicionada (RI), es la reacción invariable que se produce frente al estímulo incondicionado (EI), en nuestro caso, la ansiedad en el alumno.
- Estímulo condicionado (EC), es el estímulo que en un principio es «neutro» (sacar un bolígrafo del bolsillo) con respecto a la respuesta observada (ansiedad). Se dice que es «neutro» porque habitualmente un niño no se pone ansioso cuando una persona saca un lápiz del bolsillo.
- Respuesta condicionada (RC), es la conducta que aprende el niño en respuesta al estímulo condicionado (EC). Por lo general, la RI y la RC son versiones ligeramente distintas de la misma respuesta, la ansiedad en nuestro ejemplo. Esta conducta se produce después de presentar repetidamente el EC y el EI de manera simultánea. La asociación frecuente del EC y el EI produce la RC.

Condicionamiento clásico en seres humanos

Los seres humanos aprenden mediante el condicionamiento clásico un conjunto de conductas, por ejemplo, a reaccionar con determinado tipo de pensamientos, emociones y/o estados de ánimo frente al recuerdo de un olor específico o la imagen mental de un rico pastel recién salido del horno, etc., sin tenerlo físicamente frente a uno.

Las fobias o miedos irracionales a objetos, actividades o situaciones particulares (gatos, arañas, serpientes, lugares altos, lugares cerrados o grandes espacios abiertos) son otros ejemplos de condicionamiento clásico en seres humanos. En todos estos casos, un objeto —neutro en un principio— se vuelve temido después de asociarse repetidas veces con un estímulo que normalmente genera temor, o bien, un estímulo provoca respuestas de agrado (alegría, euforia, entre otras) después de sucesivas asociaciones con un estímulo agradable.

Muchos años después de estos hallazgos descritos por Pavlov, Joseph Wolpe pensó que así como los temores y ansiedades irracionales son aprendidos mediante el condicionamiento clásico, entonces también debería ser posible «desaprenderlos» por medio del mismo mecanismo. De hecho, encontró evidencia en esta línea, al percibir que no es posible estar ansioso y relajado al mismo tiempo; por consiguiente, si se puede enseñar a una persona a relajarse en situaciones atemorizantes o de ansiedad, entonces la ansiedad debería desaparecer. A partir de estas observaciones se estructuró la técnica de la desensibilización sistemática, que en términos muy sencillos consiste en inducir a la persona que imagine que se enfrenta a la situación atemorizante, disminuida a su mínima expresión. En forma previa se ha llevado a la persona a un estado de relajación profunda. Posteriormente, y en forma progresiva, la persona es inducida para que mentalmente enfrente la situación que activa un temor, manifestada cada vez con mayor intensidad, manteniendo en forma previa un estado de relajación profunda. Cuando la persona consigue permanecer relajada mientras imagina la situación, avanza a otra situación atemorizante que signifique un desafío un poco mayor que la situación anterior, y así sucesivamente, hasta que ya no experimenta ansiedad aun cuando imagina la situación más atemorizante de la lista.

Elementos del condicionamiento operante

Las claves del condicionamiento operante, radican en:

- De entre una amplia variedad de conductas, primero se elige una respuesta particular, (respuesta operante), y después observamos y modificamos tal respuesta.
- La consecuencia que sigue a la conducta es el segundo elemento esencial en el condicionamiento operante, el cual puede clasificarse como reforzador o castigo. Los reforzadores son todos aquellos estímulos que incrementan la probabilidad de ocurrencia de una conducta (elogios, reconocimiento, palabras de ánimo, etc.). Castigo, por su parte, es cualquier consecuencia que se deriva de una conducta, que disminuye la probabilidad de que la conducta se repita.

Tipos de reforzadores:

Se distinguen dos grandes categorías de reforzadores: reforzadores positivos (+) y reforzadores negativos (-). Los reforzadores (+) agregan una recompensa a una situación (ejemplo: dar comida, reconocimiento, atención, etc.), mientras que los reforzadores (-) son efectivos en la medida que eliminan algo desagradable de una situación (ejemplo: estudiar intensivamente para no reprobar una materia, disminuir la velocidad en la zona urbana para evitar multas de tránsito, etc.). Es importante clarificar que los conceptos de «positivo» y «negativo» del refuerzo no se refieren a que estos elementos son en sí mismos positivos o negativos, «buenos» o «malos», mejores o peores, sino que estos calificativos especifican el sentido o valor que logran para la persona tales refuerzos: si el estímulo que se entrega corresponde a la entrega de una recompensa [refuerzo (+)], o bien se está eliminando la presencia de una variable evaluada como desagradable [refuerzo (-)].

Tal como usted ya ha notado, tanto el refuerzo (+) como el refuerzo (-), entregados después que la conducta ha sido emitida, dan como resultado el aprendizaje de nuevas conductas o el fortalecimiento de conductas existentes. Un mismo aprendizaje particular, dependiendo del contexto, puede estar provocado por un estímulo que lo refuerza positivamente, o bien puede ser facilitado por un estímulo que lo refuerza negativamente. En cualquiera de los casos, los diferentes mecanismos utilizados para aprender generarán motivaciones, afectos, actitudes y una disposición distinta frente al aprendizaje alcanzado o bien frente a los estímulos evitados.

Ejemplo: un niño en edad escolar puede hacer sus tareas con el propósito de recibir una felicitación (refuerzo positivo) o bien para evitar una acción disciplinaria o castigo de parte de sus padres (refuerzo negativo). Si se regaña al niño por comer la comida con los dedos y el regaño se suspende cuando utiliza el servicio (cuchara, cuchillo y tenedor), será más probable que utilice el servicio en el futuro. Este es un ejemplo de reforzador negativo, porque el reducir el estímulo desagradable (un regaño) como producto de comer con servicio, incrementa la probabilidad de que esta conducta se repita. Y si, al mismo tiempo, añade un refuerzo positivo («¡qué buen niño, así es como los niños comen la comida!»), incrementa la probabilidad de que la nueva conducta ocurra de nuevo en el futuro.

Castigo:

El elogio, la comida, el dinero o una sonrisa, entre otros, son reforzadores positivos para muchos de nosotros. Cuando se producen después de alguna conducta, es más probable que nos conduzcamos de esa manera en el futuro, con el propósito de obtener tales refuerzos.

Pero la conducta también puede controlarse por medio del castigo. Para muchos de nosotros, recibir una «fuerte» multa por circular a exceso de velocidad o por tirar basura en un lugar que no corresponde, son castigos que acrecientan la probabilidad de que a futuro no nos excedamos en la velocidad permitida por la ley o que tiremos basura en cualquier lugar, en el futuro. Ser rechazado de manera grosera cuando pedimos un favor a alguien, hace menos probable que volvamos a pedirle un favor a aquella persona. En estos casos, las consecuencias desagradables obtenidas (castigos), hacen menos probable que la persona repita tal conducta. La diferencia entre castigo y refuerzo negativo consiste en que el refuerzo negativo fortalece la conducta al eliminar algo desagradable del ambiente, por el contrario, el castigo añade algo desagradable al ambiente y de esta manera tiende a debilitar la conducta. Por ejemplo, emitir una conducta orientada a eliminar un sonido intenso y desagradable quizá sea reforzadora (probablemente este resultado incentive a la persona a emitir esta conducta para eliminar futuros sonidos desagradables, como resultado del refuerzo que recibió); activar de manera accidental un sonido intenso y desagradable tal vez sea un castigo (como resultado, es menos probable que manifieste la misma conducta en el futuro).

El ejemplo del párrafo anterior sugiere que el castigo funciona, sin embargo, la mayoría de las personas consideran que hay situaciones en las que el castigo no funciona. Por ejemplo, ocurre frecuentemente que los niños se siguen portando mal, a pesar de ser castigados repetidamente; algunos conductores continúan conduciendo de manera imprudente y no cumpliendo la ley del tránsito, a pesar de las repetidas multas. Parece necesario contestar la interrogante acerca de ¿qué es un castigo? Podemos definirlo como todo suceso cuya presencia disminuye la probabilidad de que la conducta vuelva a ocurrir. En este sentido, el solo hecho de poner atención a la conducta de alguien puede ser reforzadora, particularmente si la persona está «necesitada de atención». El retiro de la atención reforzadora puede dar como resultado la eliminación de tal conducta.

Dada esta aparente contradicción, es necesario clarificar ¿bajo qué condiciones funciona el castigo?:

1. Castigo, desde la perspectiva del aprendizaje, no es igual a castigo físico, sino que apunta a cualquier suceso cuya presencia disminuye la probabilidad de que una conducta particular se vuelva a emitir.

2. Debe ser contingente, es decir, debe ocurrir inmediatamente después que se emite la conducta que se desea eliminar. Si el castigo llega demasiado tarde, no será claro para la persona (niño o adulto) por qué está siendo castigado.

3. El castigo también debe ser específico, sin ser cruel. Por ejemplo, si un padre solo advierte a su hijo que no pelee con sus compañeros, el efecto será menor que si esta advertencia va acompañada de la especificación de que se quedará sin salir fuera de casa durante el fin de semana, o que no podrá practicar su deporte favorito por «x» cantidad de días, etc. Se ha verificado que la práctica de hacer más severo el castigo, en la medida que la falta continúa

manifestándose en el futuro, no es tan efectiva como mantener un nivel constante de castigo.

4. El castigo efectivo es consistente o inevitable. El padre o madre debe tratar de castigar al niño todas y cada una de las veces que éste se porte mal, de otra manera, la mala conducta persistirá.

5. El castigo utilizado en forma apropiada puede cambiar la conducta rápidamente, lo que en algunos casos es muy importante, por ejemplo, cuando al niño le gusta jugar en los enchufes debe ser detenido de inmediato; en otros casos algunos niños se lastiman a sí mismos, golpeándose la cabeza contra una pared o el rostro con los puños, en este caso el castigo puede detener esta conducta autodestructiva, pero aún en estos casos el uso de castigo como forma de modificar conductas tiene sus consecuencias.

Algunas consideraciones a tomar en cuenta en relación al castigo

1. El castigo solo suprime la conducta, no genera desaprendizaje de una conducta y tampoco enseña una conducta más deseable. Si desaparece el castigador o la amenaza de castigo, es probable que la conducta negativa vuelva a presentarse, si no, considere el siguiente ejemplo: los conductores que son multados por conducir a exceso de velocidad en una autopista, probablemente disminuirán la velocidad cuando detecten a policías equipados con radar al otro lado del camino, puesto que la presencia del o los policías introducen la amenaza de castigo, sin embargo, tan pronto pasa la amenaza, los conductores tien-

den a acelerar nuevamente y retomar su anterior velocidad. Por esta razón se reconoce que el castigo no es una buena técnica para fomentar cambios en la conducta en el mediano o largo plazo.

2. Frecuentemente el castigo produce emociones desagradables que interfieren con el aprendizaje de la conducta que queremos enseñar, en lugar de interferir el aprendizaje de la conducta castigada. Por ejemplo, cuando un niño está aprendiendo a leer y el profesor o su padre lo regaña cada vez que pronuncia mal una palabra, ello podría atemorizarlo, y en la medida que el niño se confunda y atemorice más, es muy probable que tienda a pronunciar mal cada vez más palabras, lo que originará regaños más frecuentemente. Con el tiempo pueden resultar tan reprendidos que ello desincentive la lectura.

3. Cuando una persona «recibe» castigos, ello de alguna manera parece constituirse en una justificación para infligir dolor a otras personas; es como si la persona aprendiera a expresar conductas agresivas indeseables (B. Schwartz, 1989). Normalmente, el castigo lleva a que las personas se molesten, y cuando esto sucede, la persona tiende a actuar en forma más agresiva y hostil.

4. Si es necesario emplear castigo para suprimir una conducta indeseable, éste se debe eliminar cuando se manifiesta una conducta más deseable, con el propósito de reforzar negativamente esa conducta. El refuerzo positivo (elogio, recompensa) debe utilizarse, también, para fortalecer la conducta deseada. Este enfoque es más productivo que solo el castigo, porque enseña una conducta alternativa que reemplaza a

la castigada. El refuerzo positivo vuelve menos amenazante la situación de aprendizaje.

5. Como método para controlar la conducta, el castigo representa una alternativa desagradable, puesto que frecuentemente se lleva a cabo de manera ineficaz y sus efectos secundarios no se eliminan. Por el contrario, el entrenamiento de evitación es una técnica que permite el cambio a una conducta más deseable que ayuda a prevenir el castigo. Básicamente consiste en comenzar a entregar señales anticipatorias de que una determinada consecuencia desagradable va a ocurrir si se continúa emitiendo una determinada conducta considerada inadecuada.
   Parece que el miedo es esencial para aprender la respuesta de evitación, a pesar que posteriormente no es necesario para mantener la respuesta aprendida.
   Es importante recordar que no sabemos si algo reforzará o castigará hasta que verificamos que se incrementa o disminuye la ocurrencia de una respuesta. Suponemos que un dulce, por ejemplo, es un reforzador para los niños, pero a algunos niños no les gustan los dulces. Además, podría resultar que un suceso u objeto no sea consistentemente recompensador o punitivo, a través del paso del tiempo. Por ejemplo, aunque un dulce es inicialmente reforzador para algunos niños, si lo comen en grandes cantidades, se puede volver neutral o, incluso, un castigo. Por tanto, se sugiere ser cuidadoso al rotular los estímulos o sucesos como reforzadores o castigos.

El condicionamiento operante es selectivo

En el condicionamiento operante algunas conductas son más fáciles de entrenar que otras. En general, las conductas más fáciles de condicionar son aquellas que las personas manifiestan naturalmente y viceversa, es menos probable que se aprendan las conductas que no ocurren normalmente en la situación de entrenamiento.

COMPARACIÓN DEL CONDICIONAMIENTO CLÁSICO CON EL OPERANTE

El trabajo de Howard Rachlin (Rachlin et al., 1986) y de James Mazur (Mazur, 1991, 1993) indica que la demora introduce incertidumbre. Lo que significa que la demora representa, de algún modo, la posibilidad de que no ocurra el reforzador.

El poder de los reforzadores inmediatos puede verse en muchas otras situaciones, como cuando una persona que está a dieta se enfrenta a un pedazo de pastel de chocolate o cuando una persona que trata de ahorrar dinero ve un artículo atractivo en el escaparate de un almacén.

De acuerdo con Herrnstein y Mazur (1987), la necesidad de estas técnicas es una evidencia de que la teoría de optimización no es una teoría exacta sobre la conducta humana. Si las personas tuvieran la tendencia, de manera natural, a tomar la elección óptima, no tendrían necesidad de técnicas diseñadas para ayudarlas a evitar la tentación de un reforzador inmediato.

Adquisición de respuesta en el condicionamiento operante

La adquisición de respuesta en el condicionamiento operante es un poco más difícil que en el condicionamiento clásico. En el condicionamiento clásico, el EI invariablemente provoca la RI, que es la conducta que queremos unir al EC.

Pero en el condicionamiento operante, la conducta que queremos enseñar es generalmente voluntaria, en consecuencia, conseguir que ocurra la conducta puede resultar problemático. A veces, simplemente se necesita esperar a que la persona presente la respuesta correcta. Por ejemplo, muchos bebés, de manera espontánea emiten un sonido parecido a «mamá» durante sus balbuceos. Si los padres esperan lo suficiente, el sonido tal vez ocurra y entonces podrán reforzar al bebé con sonrisas y abrazos, a objeto de incrementar la probabilidad de que nuevamente diga «mamá».

No obstante, esperar a que la respuesta correcta suceda de manera espontánea puede ser un proceso lento y tedioso. Existen varias maneras de acelerar el proceso y hacer más probable que ocurra la respuesta deseada de modo que pueda ser reforzada. Un niño alerta y motivado realizará con mayor probabilidad alguna conducta deseada que un niño desinteresado y poco motivado.

Otra manera de acelerar el proceso de aprendizaje es reducir o eliminar las oportunidades de realizar respuestas irrelevantes y, por consiguiente, incrementar las oportunidades que ocurran las respuestas correctas. Esto puede conseguirse restringiendo el ambiente, eliminando las distracciones y permitiendo que la persona responda libremente dentro de estos límites.

La mayor cantidad de aprendizaje en el condicionamiento operante ocurre en los primeros ensayos; los ensayos posteriores tienen efectos más limitados, cada reforzador sucesivo produce un efecto menor. Finalmente, se alcanza un punto en el que el refuerzo continuo no entrega evidencia de que se esté generando más aprendizaje.

Extinción y recuperación espontánea en el condicionamiento clásico

Una vez que se condiciona una respuesta, ¿el aprendizaje persiste en forma permanente, aunque el refuerzo se interrumpa? La evidencia señala que la respuesta disminuye de manera gradual, hasta que finalmente desaparece del todo; este proceso se conoce como extinción. Ejemplo: si el sonido de la música en las películas de terror no se asocia con sucesos atemorizantes, finalmente dejará de ponerse tenso y ansioso cuando escuche esa clase de música.

Varios factores afectan la facilidad con que se extinguen las conductas aprendidas mediante condicionamiento operante, entre ellos destacan:

- Entre más fuerte es el aprendizaje original, más difícil será lograr que se extinga.
- Entre mayor sea la variedad de escenarios en que tuvo lugar el aprendizaje, más difícil resultará extinguirlo.
- La conducta compleja es mucho más difícil de extinguir que la conducta simple. Dado que la conducta compleja se compone de muchas acciones, cada acción individual contribuye a la conducta total a extinguir.

Generalización y discriminación en el condicionamiento operante

También puede ocurrir la generalización de estímulo en el condicionamiento operante. Por ejemplo, un bebé que es abrazado y besado por decir «mamá» cuando ve a su mamá, puede empezar a llamar «mamá» a cualquiera persona que esté cerca, incluyendo hombres y mujeres. Algo semejante puede suceder cuando frente al mismo estímulo se originan diferentes respuestas, aunque con una cierta semejanza. Por ejemplo, el bebé que dice «mamá», también puede llamarla «gagá» o «babá».

La capacidad para distinguir, o discriminar, entre estímulos parecidos también es importante, al punto que interesa no solo saber qué hacer sino también cuándo hacer algo que tiene valor, y ello se logra cuando solo se refuerza la respuesta deseada, específica.

La discriminación es un elemento importante del aprendizaje, como cualquier aficionado a la recolección de setas silvestres se lo puede decir.

El dinero también es un reformador secundario. Aunque solo es papel o metal, se lo asocia con alimentación, vestido y otros reforzadores primarios. En el caso de los niños, ellos valoran el dinero únicamente convertido en una poderosa recompensa, por ejemplo, después que han aprendido que les permite comprar cosas, como dulces (un reforzador primario), entonces el dinero se convierte en un reforzador secundario. Es por medio de los principios del condicionamiento que estímulos asociados a un reforzador secundario adquieren propiedades reforzadoras. En esta condición están, por ejemplo, los cheques y tarjetas de crédito, que se encuentran ligados al dinero y poseen un potente efecto reforzador.

Las contingencias son importantes

En un programa de razón variable, el número de respuestas correctas no es necesario para obtener el refuerzo. La máquina tragamonedas es un buen ejemplo de un programa de razón variable. Puede premiarlo, pero no tiene idea de cuándo lo hará. Puesto que siempre existe la oportunidad de sacar el premio mayor, la tentación de seguir jugando es grande.

La evidencia de que existen pocas diferencias entre el condicionamiento clásico y el operante respecto a fenómenos como la extinción y la generalización, indican que el condicionamiento clásico y el operante podrían ser, simplemente, dos procedimientos distintos para alcanzar el mismo fin (Hearst, 1975). De ser así, la insistencia en las diferencias sería exagerada y se estaría prestando poca atención a las similitudes entre ambos. El aprendizaje ocurre en ambos casos y la naturaleza del aprendizaje permanece abierta a nuevas teorías, algunas de las cuales analizaremos en la siguiente sección.

APRENDIZAJE COGNOSCITIVO

Otros psicólogos enfatizan la importancia de actividades mentales como la atención, la expectativa, el pensamiento y el recuerdo como parte de los procesos de aprendizaje.

En otras palabras, ha aprendido mucho sobre manejar sin haber estado al volante de un automóvil.

Aprendizaje observacional o vicario, consiste en el aprendizaje observando a modelos. Con esta modalidad una persona puede aprender a utilizar una cortadora de pasto, a mostrar afecto, respeto, interés, hostilidad y agresión, entre muchas otras conductas. En ciertas situaciones, al eliminarse el modelo y por tanto, no tener la oportunidad de «verlo», ello puede impedir tal aprendizaje.

Sin embargo, es obvio que no imitamos todo lo que otras personas hacen. La teoría del aprendizaje social (Bandura, 1977, 1986) explica las condiciones que deben cumplirse para que este aprendizaje se concrete:

1. Se debe prestar atención a lo que hace el modelo.
2. La persona debe recordar lo que hizo el modelo.
3. La persona tiene que traducir lo observado en acción.

Este último paso es relevante, puesto que no es posible confirmar que el aprendizaje ha ocurrido si no hay evidencia empírica de cambios a nivel de la conducta de la persona.

El aprendizaje observacional se ve afectado por el refuerzo o el castigo vicario, esto quiere decir que la disposición de la persona para realizar acciones aprendidas por observación, depende, en parte, de lo que le ocurre a la persona que ha estado observando. Una aplicación práctica de lo anterior muestra relación con el aprendizaje que logran los niños cuando ven modelos en la televisión o en películas en las que se recompensa el uso de drogas, una conducta sexual promiscua, la agresión, etc., entre múltiples conductas peligrosas. Ello lleva a tener razones válidas para preocuparse respecto de lo que los niños aprenden cuando ven televisión sin la presencia de adultos, e incluso en ocasiones con la presencia de ellos.

El principal teórico del aprendizaje social es Albert Bandura, quien se refiere a su teoría del aprendizaje como una teoría social cognoscitiva (Bandura, 1986). En un experimento clásico, Bandura (1965) demostró que las personas pueden aprender una conducta sin ser reforzadas por hacerlo y que el aprendizaje de una conducta y su ejecución no son lo mismo. En este experimento Bandura dividió aleatoriamente un grupo de 66 niños de jardín infantil (33 niños y 33 niñas) en tres grupos de 22 niños cada uno. Cada niño fue conducido, individualmente, a una habitación a oscuras en la que veía una película. En esta un modelo adulto caminaba hacia un muñeco de plástico y le pedía que se quitara de su camino, como el muñeco no obedecía, el modelo exhibía una serie de acciones agresivas, tales como poner al muñeco de costado, golpearlo en la nariz, exclamar «¡pum!, directo a la nariz, pum, pum», golpearlo con un mazo de goma, patearlo por toda la habitación y arrojarle pelotas de goma.

La película tenía un final distinto para cada de los tres grupos de niños. Un grupo de niños observaba que el modelo era recompensado por un segundo adulto, que traía muchos dulces, bebidas gaseosas y lo premiaba. Este es un caso de refuerzo vicario: los niños observaron a otra persona que era recompensada por su conducta agresiva.

El segundo grupo de niños observaron al segundo adulto moviendo el dedo, regañando y castigando al modelo por su conducta. Este es un caso de castigo vicario: los niños observan que otra persona es castigada por su conducta agresiva.

Los niños del tercer grupo vieron la misma película, con la diferencia que al final el modelo que actuaba agresivamente no era reforzado ni castigado por su conducta.

Inmediatamente después de ver la película, todos los niños fueron llevados individualmente a una habitación en la que estaban disponibles un muñeco, pelotas de goma, un mazo de goma y otros juguetes. Al niño se lo dejaba por 10 minutos en la habitación, después de lo cual entraba un experimentador y le ofrecía regalos al niño a cambio de imitar o repetir las conductas que el modelo había hecho o dicho al muñeco.

El análisis de los resultados reveló que:

a. Era más probable que los niños que observaron el modelo recompensado ejecutaran la conducta del modelo espontáneamente.
b. Los niños de los tres grupos aprendieron lo mismo sobre cómo atacar al muñeco, puesto que cuando se les ofrecieron recompensas por demostrar lo que habían aprendido, los niños de los tres grupos imitaron la conducta del modelo igualmente bien y de manera exacta.
c. Los niños de este estudio aprendieron la conducta agresiva sin ser reforzados por ello. En la práctica, los niños aprendieron incluso cuando el modelo no fue reforzado ni castigado por comportarse agresivamente. La conclusión que se saca es que a pesar que el refuerzo del mo-

delo no es necesario para que ocurra el aprendizaje vicario, no obstante, ver a un modelo cuando es reforzado o castigado proporciona información que indica si la conducta es adecuada o no, y muestra lo que probablemente podría sucederle a la persona que imite al modelo, lo cual parece incidir en el grado de disposición a replicar la conducta aprendida por observación.

Bandura, además, sostiene que los seres humanos son capaces de fijarse a sí mismos estándares de ejecución y luego recompensarse (o castigarse) por alcanzar (o fracasar) al alcanzar tales estándares, y pueden, por tanto, regular su propia conducta.

¿Pueden las personas aprender a modificar su conducta? Sí, para ello se requiere:

a. Especificar qué conducta se quiere aprender, la llamada «conducta objetivo». Al respecto se ha visto que se logran mejores resultados cuando se enfatiza la nueva conducta por adquirir, más que la conducta por eliminar. Por ejemplo, en lugar de determinar que la conducta objetivo será reducir el número de notas en rojo, podría ser mejorar el promedio de notas.
b. Definir la conducta objetivo con precisión: exactamente ¿qué se entiende por «mejorar el promedio de notas»? Una forma de hacerlo es imaginar situaciones en las que pueda realizar la conducta objetivo y luego describir por escrito estas situaciones y la manera en que responderá a ellas. Para efectos de nuestro ejemplo, podría especificar «cuando tengo pruebas o tareas que entregar en los siguientes días, veo televisión y salgo con mis amigos».

c. Luego debe especificar cómo actuará a futuro en tales circunstancias «reduciré el número de horas que veo televisión a solo un programa por día cuando tenga evaluaciones o entrega de trabajos en el colegio», «comenzaré a preparar las pruebas una semana antes, estudiando 2 horas por días», etc.
d. Luego es preciso monitorear la conducta, idealmente manteniendo un registro diario de las actividades relacionadas con la conducta objetivo.
e. Por último, debe proporcionarse algún refuerzo positivo, que sea contingente a los logros alcanzados en la conducta objetivo.

MEMORIA

Se sabe que el famoso director de orquesta Arturo Toscanini memorizaba cada nota escrita para cada instrumento de alrededor de 250 sinfonías y toda la música y letra de aproximadamente 100 óperas. En una ocasión en la que no podía localizar la partitura del Cuarteto No. 5 de Joachim Raff, se sentó y la reprodujo totalmente de memoria, pese a no haber visto o interpretado la partitura en décadas. Finalmente, cuando encontraron la copia del cuarteto, se descubrió que, a excepción de una nota, Toscanini la había reproducido perfectamente (Neisser, 1982).

La investigación científica sobre la memoria se inició a mediados del siglo XIX con el psicólogo alemán Hermann Ebbinghaus, quien diseñó los primeros experimentos reales de memoria con variables dependientes e independientes definidas y controló variables intervinientes. Aunque Ebbinghaus estudio únicamente sus propios procesos de memoria, muchos de sus hallazgos han sido confirmados por otros experimentos (Stamecka, 1985).

No obstante que el enfoque de Ebbinghaus dominó por varias décadas la investigación de la memoria, los investigadores contemporáneos adoptaron el enfoque del procesamiento de información para estudiar la memoria. Este enfoque plantea que una gran cantidad de información estimula continuamente nuestros sentidos, condición que imposibilita procesarla en su totalidad en forma simultánea, por ello, el procesamiento de la información operaría por etapas, la primera de las cuales implica seleccionar parte de esta información para analizarla, y si resulta apropiada, recordarla.

Existe cierta evidencia de que en el mundo real la información visual desaparece del registro visual rápidamente, al punto que no dura más allá de un cuarto de segundo; en la vida cotidiana nueva información visual continúa llegando y esta reemplaza a la información anterior casi de inmediato, lo cual es necesario, si no de otro modo la información se acumularía en el registro sensorial y se mezclaría, superponiéndose unos datos con otros.

En el caso del oído, la información auditiva se desvanece más lentamente que la información visual, lo cual es necesario dada la naturaleza del habla, en caso contrario difícilmente la persona estaría en condición de recordar frases que duren más allá de un cuarto de segundo.

Dado que la información desaparece de los registros sensoriales tan rápidamente, uno podría preguntarse válidamente ¿cómo recordamos un estímulo más allá de un segundo? En parte ello ocurre porque las personas prestamos selectivamente atención a ciertos estímulos por sobre otros.

Ahora podemos preguntarnos ¿cómo seleccionamos lo que vamos a atender en cualquier momento? Se sabe que atendemos conscientemente a poca información que llega a nuestros registros sensoriales, esta información la seleccionamos y posteriormente se procesa, en un esfuerzo por reconocerla y comprenderla. De cualquier modo, la información no atendida recibe cierto procesamiento inicial, de modo que es factible cambiar nuestra atención para concentrarnos en algún estímulo potencialmente relevante para el perceptor.

Aquella información que logra capturar nuestra atención es la que logra ser procesada a un nivel distinto y activa la llamada memoria de corto plazo, que consiste en una modalidad de memoria que permite almacenar información nueva por un corto período de tiempo y operar con ella.

Existe un límite preestablecido para la cantidad de información que la memoria de corto plazo puede manejar en cualquier momento, este corresponde a tanta información como puede repetirse o repasar entre 1.5 y 2 segundos (Baddeley, 1986; Schweickert y Boruff, 1986). En realidad, la capacidad de la memoria de corto plazo es verdaderamente mayor con la codificación visual que con la auditiva, esto significa que las imágenes visuales tienden a codificarse y descifrarse en forma más eficaz que información auditiva en forma aislada.

Retención y recuperación en la memoria de corto plazo

¿Por qué olvidamos el material almacenado en la memoria a corto plazo? Según la teoría del decaimiento, el solo paso del tiempo provoca que la fortaleza del recuerdo disminuya, por eso resulta más difícil recordar. Estudios posteriores, Shiffrin y Cook (1978) revelan que la interferencia también lleva al olvido de lo memorizado a corto plazo, y este proceso se hace más marcado cuando la nueva información es parecida a la anterior en alguna manera. ¿Por qué recordamos las cosas poco después que han ocurrido, pero las olvidamos con el paso del tiempo? Estudios han revelado que la información desaparece de la memoria a corto plazo en un lapso de 15 a 20 segundos, a menos que ella se repita o practique (Bourrie et al., 1986), lo cual no necesariamente es perjudicial, puesto que este proceso permite que se genere «espacio» en la memoria de corto plazo para nueva información. También permite que las personas no se sientan abrumados con información irrelevante, trivial o no necesaria en el momento presente. ¿Cómo mantener la información en la memoria por más de 15 o 20 segundos?

Repaso por repetición

Si deseamos retener información por uno o dos minutos, el recurso más eficaz es el típico repaso. No es que esta metodología sea la más eficaz para recordar algo en forma permanente, sin embargo, resulta muy útil para recordar algo durante breves lapsos de tiempo. A pesar que una persona no pueda recordar la información posteriormente, es muy probable que sí pueda reconocer la información cuando la escuche o utilice nuevamente.

No obstante la observación anterior, la evidencia empírica confirma que repetir un estímulo frecuentemente no siempre mejora el recuerdo, de hecho ciertos experimentos muestran que no es la cantidad de repaso (número de veces que se repite algo) lo que incrementa el recuerdo, sino el tipo de repaso. En este sentido, pareciera que memorizar de manera mecánica es, en sí mismo, poco eficaz en el largo plazo.

Repaso elaborativo

En consonancia con lo expresado precedentemente, se ha encontrado evidencia que apoya la tesis de que el repaso elaborativo incrementa la probabilidad de que se pueda recordar información por más tiempo (Postman, 1975). Esta modalidad de repaso consiste en relacionar la nueva información con algo conocido, es decir, con algo almacenado en la memoria de largo plazo. En este sentido, el proceso de repaso elaborativo constituye un procesamiento más profundo y significativo que la mera repetición mecánica (Craik y Lockhart, 1972).

MEMORIA DE LARGO PLAZO

Todo lo que conocemos o «sabemos» está almacenado en la llamada memoria de largo plazo, como la dirección donde vivimos, nuestras canciones favoritas, los números de teléfono que utilizamos frecuentemente, entre otros muchos conocimientos adquiridos.

Endel Tulving (1972, 1985) propuso que la memoria de largo plazo puede dividirse en sistemas de memoria separados: memoria semántica y memoria episódica. La primera es aquella parte de la memoria de largo plazo que almacena hechos e información general (¿qué sucedió un 12 de octubre de 1492?); mientras que la memoria episódica es aquella parte de la memoria de largo plazo que almacena información específica y que posee significado personal para las personas (por ejemplo, recordar aspectos de nuestra vida de colegio, cómo fue nuestro cumpleaños número 18, nuestro primer noviazgo, etc.).

Codificación en la memoria de largo plazo

Existe evidencia que sustenta la tesis de que gran parte de la información en la memoria de largo plazo se codifica en función del significado, lo cual puede ser alimentado por imágenes no verbales, tales como olores, sabores, sensaciones experimentadas en la ocasión, etc. (Cowan, 1988).

Mientras más vínculos o relaciones logre establecer una persona entre la información actual y aspectos ya conocidos, entre aspectos personales y otros más generales, entonces será más probable que posteriormente recuerde la nueva información. Este proceso es equivalente a buscar un determinado libro en una biblioteca, el cual será más fácil de encontrar si está catalogado bajo múltiples encabezados que si solo lo está bajo uno o dos.

Un mismo material puede ser repasado o memorizado de diversas maneras, aspecto que usualmente está en relación con el objetivo o propósito que se persigue. Por ejemplo, cuando se debe rendir un examen, si espera que éste sea con preguntas de alternativa, tal vez estudie en forma distinta que si hubiera esperado un examen oral, o una evaluación con preguntas de desarrollo.

Memoria implícita

Muchos de los recuerdos que hemos considerado hasta ahora son cosas que intentaremos recordar al menos en alguna ocasión. Los psicólogos llaman a estos recuerdos memoria explícita. Sin embargo, las personas adquieren una importante cantidad de información que posiblemente nunca han tenido la intención de memorizar para luego recordar, lo cual significa que los recuerdos se formaron sin que la persona se diera cuenta y sin ningún procesamiento elaborado de su parte (Cowan, 1988; Adler, 1990). De igual manera, a veces los recuerdos se evocan de manera espontánea, sin ningún esfuerzo de su parte (Roediger, 1990), a partir de un comentario, una mirada, una situación que nos parece que tiene semejanza con otra situación ya vivida, etc.

De lo anterior se desprende que cuando una persona trata en forma explícita de aprender «algo» de memoria, aunque no lo pretendamos, también estamos aprendiendo de manera involuntaria (en forma implícita) un conjunto de hechos respecto al contexto en que tuvo lugar tal aprendizaje, los cuales pueden servir como señales de recuperación cuando, posteriormente, tratamos de rescatar la información de la memoria explícita.

La existencia de la memoria implícita tiene aplicaciones concretas en la vida diaria. Si tiene dificultad para recordar algo, de ser posible regrese al escenario en que lo aprendió por primera vez; si no es posible, trate de recrear el escenario de manera vívida en su mente con tanto detalle como sea posible, incluyendo los pensamientos y sentimientos que tenía en ese momento.

Almacenamiento y recuperación en la memoria de largo plazo

Para aprender algo exitosamente, es preciso evitar la interferencia entre un aprendizaje y otro, lo cual se logra generando las condiciones para que el nuevo material sea tan distinto como sea posible. Entre más diferente sea el nuevo tema, respecto de otras cosas ya aprendidas, entonces será menos probable que se confunda con el material aprendido.

Las investigaciones demuestran que el material en la memoria de largo plazo cambia con el tiempo, de hecho, es como si a través del paso del tiempo las personas, inconscientemente, rescribiesen los recuerdos de sucesos pasados para ajustarlos a su punto de vista actual o a la visión que desean de ellos mismos.

Esta memoria que reconstruye puede ser utilizada para la autodefensa personal o social, esto es, cuando una experiencia no se ajusta a nuestro punto de vista acerca del mundo o de nosotros mismos, tendemos inconscientemente a ajustarlo o borrarlo completamente de la memoria. Este es el fenómeno general que Freud describió como represión. En casos extremos, la represión provoca amnesia de recuerdos en forma masiva, en otras ocasiones es selectivo.

La idea de que las experiencias y reacciones pasadas pueden afectar la memoria llevó a Frederick Bartlett, en la década de 1930, a plantear su teoría de los esquemas, una teoría acerca de la manera en que las personas se valen de sus experiencias y reacciones pasadas para organizar e interpretar sus percepciones en el presente. La moderna teoría de los esquemas ha perfeccionado las ideas de Bartlett, pero su concepto de esquema sigue siendo considerado clave. Un esquema es como un guión que la experiencia pasada ha empezado a escribir para usted, en el que su experiencia presente le provee de antecedentes para completar tales detalles, los cuales nos ayudan a orientar un determinado monto de atención que le asignamos a un evento específico; también pueden llevar a formarnos estereotipos y nos ayuda a completar la información perdida o a realizar inferencias. Por otro lado, los esquemas también afectan la manera en que la información se recupera de la memoria, puesto que simplifican el proceso de recuperación de información de la memoria, de manera que las personas tienden a recordar solo lo que necesitan saber en una situación particular y filtran recuerdos no pertinentes.

En vista de estos hallazgos de investigación, un autor concluyó que:

> Una de las cosas más interesantes que encontramos es que el simple hecho de intentar recordar las cosas no asegura que su memoria mejorará. La firme decisión de mejorar y el número de horas que dedica a mejorarla son en realidad lo que hace la diferencia. La motivación es mucho más importante que la capacidad innata (Singular, 1982, p. 59).

¿Qué podemos hacer para mejorar nuestra memoria?

A continuación se mencionarán algunos de las variables que, adecuadamente consideradas, pueden ayudarle a acrecentar su memoria.

1. Motivación: Sin un real deseo de aprender o recordar algo, es más probable que no lo logre.

2. Práctica: Para mantener firmes habilidades de memoria, como con cualquier otra habilidad, debe practicarse y utilizarse. Los expertos en memoria recomiendan ejercicios como crucigramas, acrósticos, anagramas, etc.

3. Confianza en sí mismo: Las dudas frecuentes usualmente llevan a la ansiedad, la cual interfiere con la recuperación de la información de la memoria. Ejercicios de relajación pueden mejorar la capacidad para recuperar información de la memoria. Además, si usted está convencido de que no podrá recordar algo, probablemente no pueda hacerlo.

4. Distracción: Aunque algunas personas pueden simultáneamente estudiar para una prueba y al mismo tiempo escuchar la radio, se ha visto que las distracciones externas interfieren en el aprendizaje y el recuerdo de muchas personas. Si usted se distrae, trate de encontrar un ambiente silencioso antes de intentar llevar algo a la memoria.

5. Concentración: Atender a los detalles, concentrarse en lo que rodea al suceso que se desea memorizar, prestar atención a sus emociones y otras variables asociadas al suceso, le ayudarán a recordarlo.

6. Relación entre nuevo material y memoria de largo plazo: Es preciso organizar y codificar el material de manera más eficaz con experiencias y/o conocimientos de la memoria de largo plazo, conversar con otras personas las cosas que se desea recordar, etc. Es decir, mientras más estrechamente la persona pueda relacionar la nueva información con la información ya existente en la memoria de largo plazo, podrá recordarla con mayor probabilidad. Siempre que pueda crear una clave mnemotécnica para ayudarse a recordar algo, hágalo.

7. Uso de imágenes mentales de manera eficaz: Las imágenes son una gran ayuda para recuperar información de la memoria. Siempre que pueda, forme imágenes mentales de artículos, personas, palabras o actividades que quiera recordar. Si tiene una serie de cosas que hacer, imagínese dejando un lugar y dirigiéndose al siguiente. Los oradores griegos y romanos utilizaban una técnica mnémica parecida para memorizar largos discursos. Visitaban casas o templos amplios, y caminaban por las habitaciones en un orden definido, observando dónde estaban colocados dentro de cada habitación objetos específicos. Cuando el orador memorizaba el plano de la construcción y sus contenidos, caminaba por las habitaciones, colocando imágenes del material que quería recordar en diferentes sitios de las mismas. Para recuperar el material en la secuencia correcta durante el discurso, el orador se imaginaba yendo ordenadamente por las habitaciones en orden y, por asociación, recordaba cada punto de su discurso conforme llegaba a cada objeto y a cada habitación.

8. Uso de indicios de recuperación eficaces: Entre mas indicios de recuperación tenga la persona, es más probable que recuerde algo. Una manera de establecer indicios o claves de

recuperación automáticos es crear rutinas. Por ejemplo, cuando usted llega al colegio, toma el libro de clases. Así, cuando se pregunte «¿dónde está el libro de clases?», el hecho de que como parte de su rutina usted tome de entrada el libro de clases, le servirá como indicio de recuperación. Si quiere recordar que tiene que hacer algo antes de retirarse del colegio en la jornada de hoy, puede dejar una nota de gran tamaño con el libro de clases, de modo que cuando vea el objeto extraño eso le ayude a recordar lo que quería hacer antes de retirarse.

9. Depender en exceso de la memoria: Dado que la memoria humana no es perfecta, parece conveniente anotar las cosas que desea recordar, pegar una nota o lista de esas cosas en un lugar visible; si fue testigo de un hecho inusual, anote inmediatamente, en forma tan detallada como pueda, todo lo que haya percibido y/o escuchado, después puede utilizar su informe escrito para refrescar su memoria periódicamente.

5

¿CÓMO PERCIBIMOS A QUIENES NOS RODEAN Y SU REALIDAD?: PERCEPCIÓN

por Jorge Sobarzo

La frase «ver para creer» da por sentado que los sentidos siempre describen la realidad con precisión. En muchos casos esto es cierto, pero en otros nuestros sentidos dan una imagen muy deformada e imprecisa del medio o de la realidad que percibimos. En tales casos, hacemos correcciones por lo que sabemos que son las cosas, es decir, nos basamos en nuestra experiencia y tendemos a hacer caso omiso de lo que nos dicen los órganos de los sentidos porque sabemos que son imprecisos. Otras veces, vemos lo que queremos ver más que lo que en realidad es.

Generalmente, no nos damos cuenta de que hacemos correcciones por la mala información que a veces nos proporcionan los sentidos, pero es una tarea casi continua. Un texto de psicología da el ejemplo de que cuando entramos en un aula, esta parece proporcional y simétrica. La pared trasera del local, situada a cierta distancia de nosotros, parece tan alta como la pared más próxima a nosotros. Sin embargo, sabemos que esto no es así, por la imagen formada en la retina.

Las cosas más alejadas siempre hacen una imagen menor en la retina. Si la percepción fuera determinada simplemente por la actividad de los órganos de los sentidos, ninguna habitación parecería proporcionada cuando la viéramos desde un rincón.

Debido a su experiencia, una persona que entra en una habitación por primera vez sabe que, con toda probabilidad, es simétrica, es decir que todas las paredes son de la misma altura. Sus ojos no le transmiten esta impresión. Su percepción de la habitación es influida considerablemente por su experiencia con tales estímulos.

Así, la percepción es algo más que una imagen refleja del mundo proporcionada por los sentidos. Puesto que participan la comprensión y el significado, es evidente que la experiencia, o lo que el individuo ha aprendido, desempeña un papel muy importante. Consideramos la percepción como un proceso bipolar, es decir, un proceso con dos aspectos principales. Uno relativo a las características de los estímulos que activan los órganos de los sentidos, mientras que el segundo abarca las características del perceptor —su experiencia, sus motivos, actitudes, personalidad, etc.

A todos nos ha pasado también que después de percibir un estímulo no estamos del todo seguros a qué corresponde y tenemos la necesidad de chequear. Por ejemplo, si estamos solos en la casa y escuchamos ruidos que provienen del jardín, nuestra tendencia será pensar y reaccionar a ese ruido con la sospecha de que es un ladrón o un intruso que está en nuestra casa, o con la idea de que se trata de un animal o el viento. En ambos casos nuestro organismo reaccionará igual, demostrando temor, hasta que al cerciorarnos nos convenzamos de que no es lo que más tememos. Aquí hablamos de ilusión versus percepción real. Es *a posteriori* que podemos discriminar si es una ilusión (son errores de interpretación de la sensación) o una percepción real.

LA SENSACIÓN, LA PERCEPCIÓN Y LA REPRESENTACIÓN

Por motivos más bien didácticos dividiremos el proceso de percibir en tres partes: la sensación, la percepción y la representación. Estas están muy relacionadas entre sí de tal manera que la división es por motivos más bien de entender este proceso.

Sensación

Definición:

Se habla de sensación cuando un estímulo que actúa sobre un órgano sensorial llamado receptor es capaz de excitarlo y provocar una reacción de transmisión hacia un centro integrador, que en el caso del hombre es el cerebro. El cerebro registra dicho estímulo como una experiencia que denominamos *sensación.*

Características:

Los receptores tienen una constitución fisiológica diferente para cada estímulo al que son capaces de responder, ondas luminosas en el caso de la visión o vibraciones en caso del oído. La secuencia de eventos que produce una sensación se podría describir de la siguiente manera: cierta forma de energía, ya sea de origen externo o del interior del cuerpo, estimula a una célula receptora en algunos de los órganos de los sentidos. La energía debe ser lo suficientemente intensa porque de otra manera la célula receptora no reaccionará a ella. La célula receptora estimulada envía una señal electroquímica codificada hacia el cerebro. La señal varía de acuerdo con las características del estímulo. Los receptores para la audición son diferentes de los receptores para la vista. Sin embargo todos los receptores tienen algunas características comunes. Responden según la ley del todo o nada, es decir, si el estímulo es lo suficientemente intenso, o sea sobrepasa el umbral mínimo necesario para que el receptor evoque una respuesta, esta respuesta será una despolarización de la membrana (o sensación), siempre de idéntica intensidad, independiente de la fuerza del estímulo. Si no alcanza el umbral mínimo no hay respuesta en absoluto. Al umbral mínimo también llamado umbral absoluto se le define como la cantidad mínima de energía que puede detectar una persona como estimulación el 50 % de las veces. Las diferencias de sensación dependen de las fibras nerviosas en cuestión, de su número, y de la frecuencia de los impulsos transmitidos, más que del estímulo. Podemos decir, que en cierta forma cada experiencia sensorial es una ilusión creada por el cerebro, ya que este se encuentra cerrado dentro del cráneo y es perturbado por una serie de señales sensoriales que son codificadas por los receptores específicos y trasladado el impulso por millones de fibras nerviosas hacia puntos nerviosos específicos donde ocurre el fenómeno de la sensación. La idea de un umbral supone que ciertos eventos que ocurren en mundo real nunca se experimentarán en forma consciente.

Tipos de Sensaciones:

Numeramos los diferentes receptores del hombre y el tipo de excitación que requieren para transmitir un potencial que el cerebro registra como sensación.

Retina (conos y bastones).

Se excitan por ondas electromagnéticas que van de 10-5 a 10-4 cm. La sensación provocada es la de luz y colores. A pesar que la gama de longitud de onda a la que son sensibles los seres humanos es relativamente estrecha, al menos comparada con la totalidad de espectro electromagnético, la porción a la que somos capaces de responder nos permite una gran flexibilidad para percibir el mundo. Una persona con una visión normal de los colores es capaz de discernir no menos de 7 millones de colores distintos. *Órgano de Golgi:* (células de Corti) se excitan por vibraciones mecánicas de 20 a 20.000 Hz. La sensación provocada es de sonidos y ruidos.

Aparato vestibular (células ciliadas)

Se excitan por movimientos de la cabeza. La sensación es de equilibrio y movimiento. Estos dos sentidos se ubican en el oído. Este sentido le permite a las personas caminar por el mundo y conservar una posición erguida sin caer. Junto con la audición, el proceso por el cual las ondas sonoras se traducen en formas comprensibles y dotadas de significado, los sentidos del movimiento y el equilibrio representan las principales funciones del oído.

Células cutáneas (corpúsculos de Krauss Pacini)

Se excitan por ondas electromagnéticas que van de 10-4 a 10-2 cm. La sensación provocada es de frío o calor.

Células cutáneas (corpúsculo de Meissner). Se excitan por presión. La sensación es táctil.

Terminaciones nerviosas libres. Se excitan por aportes de energía intensa. La sensación es de dolor.

Todos los sentidos de nuestra piel —tacto, presión, temperatura y dolor— desempeñan un papel de gran importancia para la supervivencia, indicándonos la existencia de posibles peligros para nuestros cuerpos.

Células gustativas. Se excitan por sustancias químicas en solución acuosa. La sensación es gustativa. Las células receptoras del gusto se localizan en las papilas gustativas, que se distribuyen a lo largo y ancho de la lengua y se especializan en sabores dulce, agrio, salado y amargo. Todos los demás sabores serían una combinación de estas cuatro cualidades básicas.

Células olfativas. Se excitan por substancias químicas en forma gaseosa. La sensación es olfativa. Las células olfativas se encuentran en la cavidad nasal y se han identificado más de mil tipos diferentes.

Receptores propioceptivos. Se excitan por modificaciones químicas y mecánicas del medio interno del cuerpo. La sensación es de presión y tensión.

Percepción

Definición:

Una vez que llega al cerebro la transmisión nerviosa desde el receptor, este registro se somete a una serie de elaboraciones psíquicas hasta convertirse en una *percepción*. Elaboraciones de las cuales habitualmente no estamos conscientes y que nos llevan a llamar a las percepciones como «sensaciones». Sino fuera así, nuestros sentidos nos proporcionarían datos crudos del mundo externo y a menos que interpretemos esta información sin procesar, esta permanecerá como un «ruido o una perturbación sin sentido». Es solo a través de percepción que el dato se nos aparece con carácter de objeto, lo que Jasper llamó «conciencia de objeto» y que se considera la función que más caracteriza a la percepción.

Entonces podemos definir a la percepción como el acto de toma de conocimientos de datos sensoriales del mundo que nos rodea. Esta constituye un mecanismo a través del cual el hombre adquiere el conocimiento del mundo exterior, o de su propio mundo interior. En psicología, se denomina percepción al proceso por el que la conciencia integra las impresiones sensoriales sobre los objetos, acontecimientos o situaciones. Se distingue de la sensación por su carácter activo, ya que la acción perceptiva incluye una elaboración de los datos sensoriales por parte del sujeto. La percepción se relaciona con los objetos externos y se efectúa en el nivel mental, mientras que la sensación es una experiencia subjetiva derivada directamente de los órganos sensoriales.

Organización perceptual:

A principios de siglo, un grupo de psicólogos alemanes, a los que se denomina «psicólogos de la gestalt», emprendieron la tarea de descubrir los principios mediante los cuales interpretamos la información sensorial. La palabra alemana *gestalt* significaría «totalidad», «forma» o «patrón». Los psicólogos de la gestalt creyeron que el cerebro crea una experiencia perceptual coherente que es más que la simple suma de la información sensorial disponible y que lo hace de una manera regular y predecible.

Leyes de la percepción:

El todo es más que la suma de las partes: El conjunto percibido, es más que la suma de las percepciones elementales. La percepción de un paisaje en su conjunto, es cualitativamente distinta a si se percibieran separadamente cada uno de los árboles, cerros y praderas. La totalidad le da un sello a la percepción que la hace incluir las percepciones elementales y agregar la propia del conjunto.

A raíz de esta característica es que se dan los equívocos, al confundir las ilusiones con percepciones reales.

Tendencia a la estructuración: Los elementos perceptivos aislados tienen una tendencia espontánea a la organización de formas o gestalt. Si miramos puntos aislados, por ejemplo las estrellas del cielo, tendemos a estructurarlas en constelaciones. Si miramos una nube detenidamente, los detalles perceptivos se van organizando y llegamos a tener la percepción de una cara, un perfil o un objeto cualquiera.

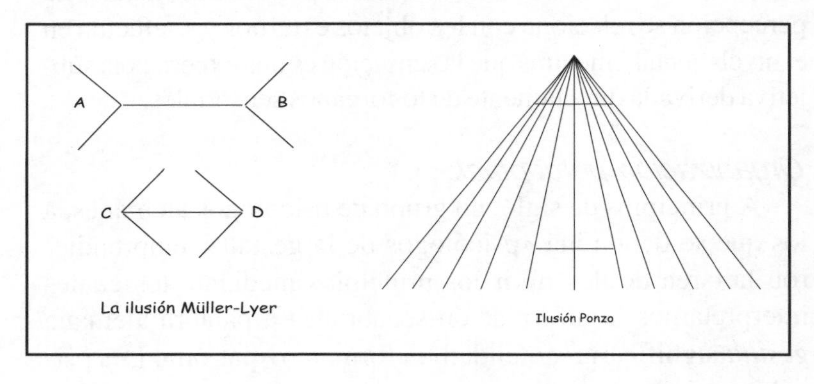

Por ejemplo los trazos A-B se ven diferentes de los trazos C-D en la ilusión de Muller-Lyer. En la ilusión ponzo los dos trazos horizontales se ven diferentes, siendo iguales. Lo que hace la diferencia son los vértices en el primer caso y las líneas que proporcionan la perspectiva de fondo.

En esta estructuración, la figura estructurada en la percepción sobresale al fondo que constituye los elementos no integrados en ésta.

La percepción estructu-rada se denomina *figura*, los elementos no integrados a ella constituyen el *fondo*. Por ejemplo, en la figura anterior podemos estructurar un vaso o pileta si nos fijamos en la imagen blanca o bien dos perfiles de dos rostros que se miran si nos fijamos en las figuras celestes. La distinción entre

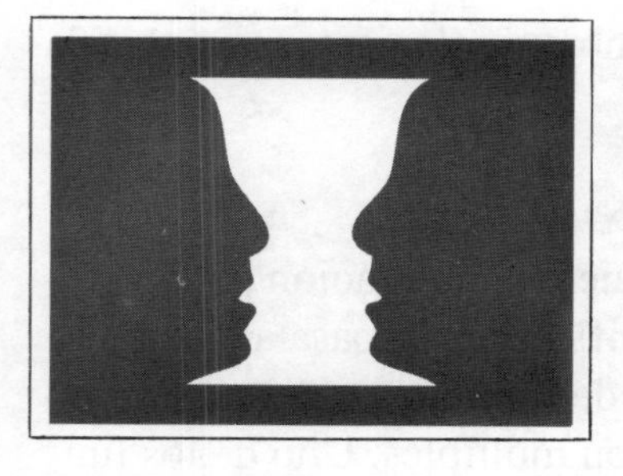

figura y fondo concierne a todos nuestros sentidos, no únicamente a la visión. Podemos distinguir un solo de violín contra el fondo de una orquesta sinfónica, una voz en medio de una ruidosa calle y el aroma de las rosas en un hermoso jardín. En todos estos ejemplos, percibimos una figura separada del fondo que la rodea.

Tendencia a la generalización perceptiva: Cuando percibimos una forma, percibimos simultáneamente un significado. Si percibimos una cruz, posteriormente seremos capaces de reconocerla independiente del tamaño, del contexto o de la ubicación en que esté. Una vez captado el signo, podemos generalizar la percepción.

Tendencia a la pregnancia: La pregnancia es la facilidad con que un objeto es percibido como figura en relación con el fondo. Las figuras simétricas y completas tienen más pregnancia que las asimétricas e incompletas.

Principio de constancia: Las figuras tienden a ser percibidas como simétricas y completas aunque no lo sean. Una melodía tiende a escucharse como armoniosa. Si se modifican algunas notas se percibe como otra melodía, en cambio si solamente se cambia de tono, es percibida como idéntica.

Otros condicionantes de la percepción:

En cuanto lo percibido adquiere significación para nosotros, alcanza un «contenido significativo» y pasa a la categoría de vivencia perceptiva. Los determinantes del contenido significativo de la percepción, son múltiples. Uno de los fundamentales es la afectividad, es decir, el estado emocional, los sentimientos y el estado de ánimo organizan nuestra percepción. En el fondo, «vemos lo que esperamos ver» o «vemos lo que queremos ver». En el mismo sentido la experiencia previa en nuestro ciclo vital o nuestra biografía, condiciona la percepción. Estamos más entrenados para percibir algunas cosas y no otras. De lo percibido, algunos elementos pasan a primer plano y estructuran la figura perceptiva. De lo anterior se deduce que la realidad es aprendida, aprendemos a ver la realidad que nos rodea. Lo postergado del panorama perceptivo, pasa a constituir el fondo que sostiene la figura. La relación entre figura y fondo es un concepto básico de la psicología de la gestalt, que de hecho surgió inicialmente del estudio de la percepción. Pensemos en cuán diferentemente es percibido un bosque por el comerciante en maderas, por el artista que busca un motivo estético o por el ecólogo que busca la integración en la naturaleza. Para el primero la figura pasará a ser la madera potencial, para el segundo la figura destacará un rincón oculto especialmente bello y para el tercero, la proporcionalidad entre flora y fauna pasará a primer plano.

Tipos de percepciones:

Percepción sensorial. Es la percepción real y objetiva que se obtiene y elabora con la observación directa del estímulo que impresiona a los aparatos receptores sensoriales (órganos de los sentidos).

Percepción consecutiva o post-percepción sensorial: Determinada por la persistencia de la imagen sensorial después de desaparecido el estímulo, habitualmente cuando este ha sido muy intenso. Ocupa un lugar intermedio entre lo perceptivo y lo representativo. Por ejemplo un sujeto mira persistentemente un jarrón, luego una pared blanca, y en esta lo percibe con la claridad de una percepción sensorial, aunque no tan nítida como esta. Su duración es corta.

Pareidolias: También llamadas ilusiones fantásticas, consisten en producciones de la fantasía creadora, a expensas de un material sensorial de límites difusos. Por ejemplo; unas rocas en las cuales se ven casas, cuerpos o cualquier figura, siempre con conciencia clara de que se trata de una creación propia y no de una realidad.

La importancia de la percepción en la psicología no puede ser subestimada, porque nuestra conducta es determinada a menudo por la forma en que percibimos el mundo que nos rodea. Además de ayudarnos a comprender la conducta, la percepción nos ofrece un medio para estudiar otras características del individuo, como su personalidad o motivación.

A continuación definiré lo que son las representaciones por la importancia que tienen en la fenomenología de la percepción.

Representaciones

Definición:

Son imágenes surgidas en la conciencia, reconocidas como

un producto de sí mismo, son íntimas, carecen de vivacidad y nitidez, dependen totalmente de la actividad psíquica y se modifican por la voluntad, es decir son hechas por la mente de la persona. Es lo que conocemos como la capacidad de imaginar y es la base del pensar.

Características:

La representación es la materia prima con que trabaja el pensamiento. Los objetos concretos y determinados se viven como percepciones y se actualizan en forma de representaciones. La representación a diferencia de la percepción, se refiere a algo anteriormente percibido, o a algo inventado. Las primeras son las representaciones mnémicas (que recuperamos de la memoria) y las segundas las representaciones de la fantasía. En la representación mnéstica o mnémica, la percepción que el sujeto actualiza, si bien no es idéntica a la percepción que vivió antes, es muy semejante a ella. Es experimentada como un producto real, con la evidencia de que corresponde a algo ya vivido anteriormente. En las representaciones de la fantasía, se aprecia una variación de aquello que fue percibido, reacción que se da en relación con la percepción y no con la sensación primaria vivida en la percepción. El sujeto asocia datos sensoriales con imágenes mnésticas distintas de las que integraron aquella vez la correspondiente percepción primaria. A diferencia de la representación mnéstica, el sujeto la experimenta como un objeto irreal, meramente representado que no había sido vivido anteriormente.

Siempre se presta a confusión la diferencia entre percepción y representación. Jasper sintetiza las diferencias fundamentales entre ambas, de la siguiente manera:

PERCEPCIONES	REPRESENTACIONES
1) Las percepciones son corpóreas.	1) Son incorpóreas.
2) Las percepciones aparecen en el espacio objetivo externo.	2) Aparecen en el espacio subjetivo interno.
3) Las percepciones tienen un diseño determinado, están completas y con todos sus detalles ante nosotros.	3) Tienen un diseño indeterminado, están incompletas y solo con algunos detalles ante nosotros.
4) En las percepciones los diversos elementos de la sensación tienen toda la frescura sensorial.	4) No tienen la frescura sensorial de los elementos de las sensaciones como en la percepción.
5) Las percepciones son constantes y pueden ser retenidas fácilmente de la misma manera.	5) Se descomponen y desmenuzan y deben ser creadas siempre de nuevo.
5) Las percepciones son constantes y pueden ser retenidas fácilmente de la misma manera.	5) Se descomponen y desmenuzan y deben ser creadas siempre de nuevo.
6) Las percepciones son independientes de la voluntad, no pueden ser suscitadas arbitrariamente y no pueden ser alteradas. Son admitidas con un sentimiento de pasividad.	6) Son dependientes de la voluntad, pueden ser provocadas según el deseo y ser modificadas. Son producidas con un sentimiento de actividad.

CARACTERÍSTICAS DE LA PERCEPCIÓN

Hemos definido algunos conceptos que nos serán muy útiles en este capítulo para entender mejor el fenómeno de la percepción. Seguiremos con ubicar el fenómeno de la percepción dentro de un conjunto de variables que la caracterizan.

Concepto del marco de referencia y escala de referencia

La conciencia de la relación mutua entre los factores *externos* e *internos* en la percepción se refleja en el concepto de «marco de referencia». En ciertas situaciones, por ejemplo, podríamos decir que el capital tiene un marco de referencia, mientras que el trabajo tiene otro. Damos a entender que la percepción de los dos grupos difiere debido a distintos motivos y valores. En otras palabras, el mismo estímulo es percibido de manera diferente según los valores o motivos del perceptor.

El juicio y el marco de referencia. Es evidente que elaboramos escalas de valores por la experiencia, de las cuales hacemos uso en el juicio o discriminación. Estas han sido llamadas «escalas de referencia», y sin ellas muchos juicios o distinciones serían imposibles.

¿ Cómo usamos las escalas de referencia?

Consideremos estos usos típicos:

Vemos una película y la llamamos interesante o aburrida sin compararla con alguna película que sirva de norma. Llamamos fuerte o débil a la voz de una persona sin compararla con un nivel normal de voz, etc. Pero aunque podemos juzgar un objeto a la vez, tales juicios son relativos a una escala de respuestas que hemos adquirido en el curso de la vida diaria. Hemos visto un gran número de películas y adquirido así una escala de respuestas personales para calificarlas, que varían desde muy interesantes hasta muy aburridas. Hemos oído muchísimas voces y también hemos adquirido una escala de respuestas personales, que abarca desde muy débiles hasta muy fuertes. Cuando juzgamos un solo objeto, lo situamos, sin hacer una comparación explícita, en algún lugar junto a objetos similares que hemos experimentado.

Es obvio que las escalas de referencia alejan la experiencia del individuo, y puesto que las experiencias de la vida pueden variar mucho, no es sorprendente que dos individuos puedan juzgar el mismo estímulo de diferente forma.

Percepción de estímulos estructurados

En ciertos casos la percepción puede ser determinada principalmente por el estímulo.

Cualesquiera que sean los valores o motivos que pueda usted tener no desempeñarían un papel muy importante en la determinación de lo que percibió usted. Por muy hambriento que estuviera usted, por ejemplo, aun percibiría una maceta con flores como macetas de flores y no como un bistec, un taco, o alguna otra cosa relacionada con el hambre.

Percepción de estímulos ambiguos

Cuando un individuo se enfrenta con un estímulo no estructurado o ambiguo, su percepción es determinada en gran parte por sus características internas como perceptor, o por factores externos como la sugestión. Sus motivos, actitudes, experiencia o lo que otras personas dicen, desempeñan un papel importante en la determinación de su percepción. La estabilidad de la percepción se relaciona con la presencia o ausencia de cambio en la estimulación. En consecuencia, factores internos y factores sociales externos solo pueden afectar a un objeto percibido que tiene una naturaleza inestable.

Papel de los factores *internos.* Examinemos durante un momento la siguiente figura ¿Qué percibe usted? ¿A qué se parece? No podemos predecir realmente con mucha precisión qué podría percibir usted en la figura porque eso depende en gran parte de usted —su experiencia, sus intereses, motivos, actitudes, etc. Esta figura es un estímulo no estructurado, y cuando presentamos tal estímulo y preguntamos qué es lo que percibe usted, aumentamos al máximo el papel de las características internas del perceptor.

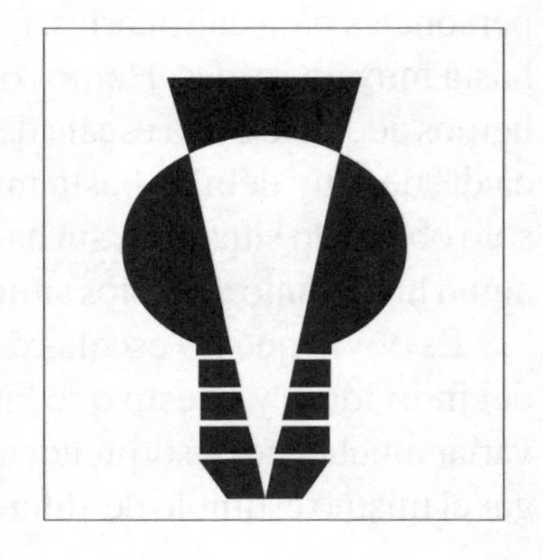

Factores sociales externos. Cuando un individuo se enfrenta con un estímulo ambiguo, es más probable que su percepción sea influida por lo que dicen lo demás, que cuando se enfrenta con un estímulo estructurado.

Así, la percepción de los individuos es influida por la de otros, mucho más cuando se enfrenta con una situación no estructurada común que cuando el estímulo está bien estructurado. Ejemplos de esto no son difíciles de encontrar. Es clásico el ejemplo citado por el libro de psicología del autor Witaker. Dice lo siguiente: al inicio de la Segunda Guerra Mundial inmediatamente después del ataque japonés a Pearl Harbor, se esparcieron los rumores por Hawai. Un rumor afirmaba que era inminente la invasión japonesa por tierra. Otro decía que los japoneses ya habían desembarcado cerca de San Francisco. Y otro más sostenía que las fuerzas de desembarco japonesas habían atacado la costa de California, una cerca de San Francisco y la otra de Los Ángeles. Se suponía que estas dos fuerzas avanzaban para establecer contacto en

California. Alguien oyó que los japoneses habían tomado el Canal de Panamá. Otros informaron haber visto paracaidistas japoneses aterrizando en Oahu. En algunos casos, los estadounidenses disparaban contra otros estadounidenses creyéndoles japoneses.

Los rumores que tanto se esparcieron en aquella fecha representan intentos de imponer significado o estructura a una situación que, en realidad, carecía de estructura o significado. Cuando los individuos se enfrentan con una situación de estímulo no estructurado, hay una tendencia psicológica a imponerle una estructura. A la mayoría de nosotros no nos gusta la ambigüedad, y cuando se nos presenta una situación ambigua tratamos de resolver la falta de claridad. Por ello, somos mucho más susceptibles a la sugestión cuando nos enfrentamos con un estímulo no estructurado.

Hemos de poner atención porque esta tendencia es muy propia de los grupos humanos; en la medida que las cosas no son claras tendemos a darles estructura a través de los rumores, que son intentos de resolver la ambigüedad de ciertos estímulos o situaciones.

LA ATENCIÓN Y LA CONCENTRACIÓN

La atención es la orientación de nuestra actividad psíquica hacia algo que se experimenta, permitiendo así el vivenciar. En la atención el estímulo se acepta indiscriminadamente, en forma pasiva y sin esfuerzos. Este algo que se experimenta puede provenir de situaciones externas (sensaciones, percepciones, etc.) o de situaciones internas (como serían las representaciones o pensamientos, sentimientos, etc.). A través de la atención nos informamos de las modificaciones fisiológicas y patológicas de nuestro medio interno, ya sea físico o mental, que nos permite la elaboración intelectual. La atención puede ser espontánea o voluntaria. En el primer caso, la atención está a merced de los estímulos cambiantes que la impresionan. Hay ciertas características de los estímulos que atraen con más facilidad la atención; entre estas, la mayor intensidad, la repetición, la desaparición del estímulo, la novedad, la variedad y la rareza de este. En la atención voluntaria, la dirección de la atención es gobernada activamente por el sujeto, que voluntariamente dirige la atención.

Cuando la atención permanece orientada en forma persistente hacia una situación determinada, se está llevando a cabo la función de *concentración*. A través de la concentración, la atención crea las condiciones para que una determinada situación pase a ser la más destacada en el campo de la conciencia, otorgando la psique una mayor energía y dedicación a tal asunto, con lo cual el sujeto adquiere mayor noción, exactitud y claridad, con rendimientos más eficientes en el manejo de sí mismo y del mundo que lo rodea.

La atención y concentración son requisitos indispensables para un buen rendimiento intelectual, siendo una condición necesaria para que se lleven a cabo los procesos de asimilación y razonamiento lógico, propios de la inteligencia.

Nuestros sentidos están siendo bombardeados casi continuamente por estímulos de varias clases —la presión de la ropa que llevamos, las voces de otras personas, la visión de varias cosas de nuestro medio. Sin embargo, en cualquier momento somos conscientes de solo un número limitado de estos estímulos. Si miramos televisión, nuestra percepción puede concentrarse en las imágenes de la pantalla. Solo tenemos una noción vaga de las personas que hablan cerca de nosotros. No percibimos claramente a quienes entran en la habitación o salen de ella. No advertimos la temperatura de la habitación. Es evidente que podemos eliminar más o menos ciertos estímulos mientras concentramos conscientemente nuestra atención en otros. Es obvio que ejercemos cierto control sobre aquellos estímulos que llegan a ser el punto focal de nuestra percepción.

Pero, si cuando miramos televisión se produce un fuerte ruido cerca de nosotros, nuestra atención puede desviarse a la fuente del ruido. Si repentinamente las luces de la habitación empiezan a oscilar, dirigimos nuestra atención a ellas. Es evidente, pues, que los determinantes de la atención a veces son internos, y en otros casos, externos.

Por tanto, nosotros determinamos qué es lo que atendemos en ciertos casos, pero en otros, las características de los estímulos que inciden en los sentidos determinan nuestra atención.

Condiciones de los estímulos y atención

Hay algunas características de los estímulos presentados a los sentidos que a menudo determinan nuestra atención. Entre ellas figuran las siguientes:

Cambio de estímulo:

Cualquier cambio en las condiciones del estímulo, como un incremento del ruido o la alteración de la iluminación, con frecuencia atrae la atención. Pero no respondemos a los estímulos aisladamente, por lo que mientras una alteración en el nivel del ruido en una situación puede atraer nuestra atención, la misma alteración en otra situación puede que no la atraiga. Alguien que repentinamente grite en una biblioteca puede atraer mucha atención, mientras que en una fábrica de calderas el mismo grito puede pasar inadvertido.

Movimiento:

El movimiento es otra característica del estímulo que puede atraer la atención. Un movimiento súbito cerca de nosotros cuando nos concentramos en un juego de cartas puede convertirse en el foco de atención. Por el contrario, la *falta* de movimiento en una situación en la que todos los demás objetos se mueven también puede ser una característica del estímulo que atraerá la atención. El hecho concreto es, como en relación con el cambio de estímulo, que el valor de un movimiento específico en cuanto a la atención particular debe ser considerado teniendo en cuenta otros estímulos presentes.

Tamaño:

Es más probable que los objetos grandes atraigan más nuestra atención que los pequeños. Los publicistas, tienen muy presente este factor. Permaneciendo constantes otras cosas, es más probable que un anuncio grande atraiga nuestra atención que uno pequeño. Así, el tamaño es otra característica del estímulo que puede ejercer una gran influencia en la atención.

Repetición:

La repetición es otro factor que a veces ejerce una fuerte influencia en la atención. Podemos encender nuestro tocacintas cuando empezamos a estudiar y encontrar que cuando nuestra atención se concentra más y más en el libro que leemos, la música se desvanece de nuestra conciencia. Sin embargo, al atascarse el casete nuestra atención se desvía rápidamente hacia el tocacinta. Pero debe decirse que aunque la repetición puede ejercer una fuerte influencia en la atención, el papel de la repetición también puede reducir la atención.

¿No hay otros factores que también atraen la atención?

Absolutamente. Hay muchas otras características del estímulo que a menudo ejercen una fuerte influencia en la atención. El prurito en la nariz, por ejemplo, puede convertirse en el centro de nuestra atención. Sonidos de alta frecuencia atraen más la atención que los de baja frecuencia. La novedad a menudo atrae la atención. Aun el zumbido de un mosquito puede llegar a ser el principal centro de atención en una noche de verano cuando tratamos de dormir.

Muchos de estos factores operan en forma interdependiente para influir en la dirección de la atención en cualquier situación dada. Debe hacerse constar también que, como en el caso de la percepción, los factores internos del individuo y las condiciones del estímulo pueden actuar conjuntamente para determinar nuestra atención.

Factores internos y atención

Ya hemos observado que podemos controlar en cierto grado lo que resulta el punto focal de la percepción. De manera consciente y deliberada prestamos atención a un libro, por ejemplo, o a una orquesta sinfónica. Tan conscientemente, quizá, tratamos de eliminar las influencias que nos distraen. Es evidente que hay muchas características del perceptor que determinan su atención.

Motivos:

Si estamos hambrientos, es más probable que los estímulos asociados con este motivo lleguen a ser el centro de nuestra percepción. Es mayor la probabilidad de que atendamos a un anuncio de televisión sobre alimentos inmediatamente antes de cenar, cuando tenemos apetito, que después; estaremos más conscientes de los restaurantes de las ciudades si tenemos hambre que si acabamos de comer. En cierta forma, los motivos hacen que nuestra percepción sea *selectiva,* es decir, atendemos a aquellos aspectos de lo que nos rodea que son relevantes a nuestros motivos particulares.

Intereses y *valores:*

Debe ser obvio para el estudiante que sus intereses y valores tienen mucho que ver con la selectividad de su percepción. Atendemos a aquellos aspectos de nuestro mundo que se relacionan con nuestros intereses.

Lenguaje y percepción:

Es evidente que el desarrollo del lenguaje, básicamente una manifestación de la capacidad del hombre para representar objetos o ideas en manifestaciones simbólicas, trae profundos cambios en la percepción. El conocimiento de los nombres de los objetos no solo hace más fácil el poder discriminar entre ellos, sino que los estudios recientes han llegado a demostrar incluso que la vocalización de las palabras durante el proceso de la percepción altera la manera o eficiencia de la percepción misma (Smith, 1965). A la inversa, se ha demostrado que la insuficiencia auditiva hace también insuficiente la percepción visual.

ASPECTOS SIMBÓLICOS DE LA PERCEPCIÓN HUMANA

Una vez que el niño ha aprendido conceptos abstractos tales como «bien» y «mal» o «bueno» y «malo», estos conceptos desempeñan un papel importante en su percepción. Puede advertir su propia conducta y la de los demás como buena o mala; o la de los otros como hostil o simpática. El mundo en que vive cesa de ser un mundo limitado a los objetos y a los sucesos físicos. Se convierte en un mundo en que el «éxito» puede estar representado por las posesiones materiales de una persona en que la que conduce un Mercedes es considerada como rica e importante, o solo como resultado de la ostentación, mientras que otros sujetos parecen constituir un obstáculo para las actividades propias, o en cambio son de ayuda. En pocas palabras, la capacidad del hombre para formar abstracciones o símbolos modifica su mundo drásticamente desde la niñez hasta la vida adulta.

El adulto, que ejerce sus funciones a un nivel abstracto, advierte el mundo en gran parte como símbolos, es decir, su percepción es mediada por procesos simbólicos. Este no es el caso de la percepción animal.

EL LENGUAJE Y LAS DIFERENCIAS HUMANAS EN LA PERCEPCIÓN

Existen en árabe alrededor de 400 palabras que corresponden a una sola palabra inglesa, *camel* (camello). El árabe que comercia con camellos puede diferenciar o distinguir los camellos por la edad, el sexo y por las cualidades de la casta o de la cría. Un camello hembra preñada es designada por una palabra especial, como lo son las que son empleadas para diferentes objetos. El hombre de la cultura occidental que ve un grupo de camellos puede advertir ciertas diferencias de color y otras características, pero ciertamente no será capaz de hacer todas las distinciones del comerciante árabe. Dos camellos que parecen ser iguales para el ojo del occidental pueden ser advertidos como animales diferentes para el árabe.

Un ejemplo semejante a éste se encuentra en el lenguaje esquimal; existen diversas palabras que corresponden al término «nieve». El esquimal distingue variedades de la nieve que son de difícil diferenciación para nosotros. De manera semejante, las pieles de distinta calidad son fácilmente distinguidas por los esquimales, que poseen vocablos para cada uno de estos grados. Para el ojo no educado, estas pieles son análogas y parecen de la misma calidad.

Las distinciones en el lenguaje se reflejan no tan solo en cualidades tangibles, sino que también en las intangibles como son la percepción del tiempo y del espacio entre los pueblos que viven en diversas partes del mundo. Hace años, la percepción del tiempo era muy distinta de lo que es actualmente, y se relata que en épocas tan recientes como la de 1850, las personas consideraron muy divertida la idea de que una fábrica produjera siete relojes por día. Era difícil para estas personas concebir que pudiera existir demanda para esa cantidad de relojes.

Los conceptos del tiempo en forma de minutos y segundos son desconocidos en muchas partes del mundo, y mientras nosotros concebimos el tiempo en forma de semanas y meses, en partes más primitivas del mundo los intervalos son considerados como los días que transcurren entre uno y otro día de mercado.

Estos casos sirven para ilustrar que la percepción, de hecho, es mediada por el lenguaje en muchas ocasiones.

Sí bien existen muchas semejanzas en la percepción de los pueblos civilizados y primitivos, hay también muchas irregularidades dictadas por bastantes diferencias en el lenguaje.

CONCLUSIÓN

De acuerdo a lo expuesto anteriormente podemos reflexionar sobre el fenómeno de la percepción y plantearnos algunas interrogantes. Tal vez la reflexión sobre este tema nos permita cambiar algunos de nuestros patrones o modelos de la realidad. A estos patrones o modelos se les llama paradigmas. Los paradigmas nos ayudan a poner límites a la realidad percibida y a dar ciertas leyes o reglas dentro de esa realidad, es decir, influyen nuestras conductas de manera poderosísima. Como hemos dicho la posibilidad de experimentar la realidad última o absoluta no es posible, por eso que somos diferentes los unos de otros. Solo tenemos acceso a nuestras sensaciones y a través de ellas por medio del proceso de la percepción nos representamos el mundo que nos rodea organizando la información en un paradigma o modelo. De tal manera que lo que vemos es lo que nuestro modelo del mundo nos permite ver. La realidad objetiva en última instancia no la podemos conocer porque no tenemos acceso a ella. Nuestro cerebro funciona como un gran filtro, gran parte de los estímulos que no alcanzan el umbral mínimo quedan fuera de nuestra percepción, por lo tanto, no somos conscientes de ellos (filtro sensorial). Por las diferencias individuales entre los seres humanos, donde influye los tipos de crianza, experiencias previas, diferencias de ambientes socioculturales, patrones genéticos, etc. nos hacemos paradigmas diferentes de la realidad. ¿Quién percibe la realidad de una manera última y objetiva entre los seres humanos? Más bien creamos nuestra propia realidad, que como dijimos la organizamos de acuerdo a un modelo, por lo tanto podemos decir que la realidad es relativa y depende de cada observador. No habría dos personas que tengan una misma percepción de la realidad, parecida sí pero no idéntica. Este modelo de la realidad podemos compararlo con un mapa, que es lo que nosotros nos representamos como la realidad. Sin embargo, este mapa es diferente del territorio. Por muy completo que sea este mapa, solo representa al territorio, no es el territorio. Mis órganos de los sentidos solo me permiten tener acceso a una parte de este territorio y a partir de esta parte yo construyo y organizo «mi mapa», mi mapa difiere del de otras personas, sin embargo, a pesar de ello podemos tener coherencia en cuanto a nuestras conductas. Esta coherencia nos permite articular una organización social y se da básicamente por el lenguaje y por nuestras emociones. Hablamos de situaciones que podemos reconocer en el lenguaje y que nos permite tener cosas en común los unos con los otros. Compartimos un mundo explicativo. En cuanto a las emociones, la emoción básica es el amor. Con amor podemos entrar en coherencias conductuales los unos con los otros, es decir, a pesar que nuestros mapas sean distintos y nuestras conductas también, podemos entendernos y valorarnos como personas que tienen experiencias legítimas porque el amor nos lleva al respeto del otro y de su realidad y a la aceptación de su experiencia, a pesar de que no concuerde con la mía. Entonces, debemos recordar que como no tenemos acceso a la realidad última, por la forma de operar del sistema nervioso, la única respuesta válida para relacionarnos entre los seres humanos es la «humildad perceptiva». Esta humildad me lleva a respetar al otro y aceptarlo como persona que tiene todo el derecho de ver lo que ve, de sentir lo que siente, de pensar lo piensa y de hacer lo que hace, a pesar de que yo no esté de acuerdo con él. El otro tiene derecho de expresar su realidad y yo tengo el deber de validarlo. De lo dicho anteriormente se desprenden consecuencias prácticas en la comunicación humana que de alguna manera no agregan nada a lo ya dicho por el humilde carpintero de Nazareth, Jesús el Señor.

> Ahora vemos de manera borrosa, como en un espejo; pero un día lo veremos todo tal como es en realidad. Mi conocimiento es ahora imperfecto, pero un día lo conoceré todo del mismo modo que Dios me conoce a mí.
> Apóstol Pablo (1 Corintios 13.12)

6

¿QUÉ NOS IMPULSA EN LA VIDA?: MOTIVACIÓN

por Ricardo Crane

El estudio de la motivación se enfoca en los factores que dirigen y energizan el comportamiento de los seres humanos y de otros organismos. Por lo tanto al estudiar la motivación se busca descubrir las metas particulares deseadas —los motivos—, aquello que subyace al comportamiento y lo impulsa en una determinada dirección.

EXPLICACIONES DE LA MOTIVACIÓN: DISTINTOS ENFOQUES

Aunque el tema de la motivación es complejo y hay enfoques biológicos, cognitivos, y sociales, *todos buscan explicar la energía que guía al comportamiento de las personas en direcciones específicas*. A continuación serán presentadas una síntesis de los principales hallazgos relacionados con la motivación, específicamente se hará una apretada referencia a las principales teorías o modelos explicativos en torno a cómo se genera la motivación.

Somos motivados por instintos

La teoría de los instintos dice que la motivación es el resultado de un patrón innato de comportamiento, determinado biológicamente en lugar de ser aprendido. Los seres humanos y los animales nacemos dotados de diversos conjuntos de comportamientos preprogramados, esenciales para la supervivencia. Así, el instinto de reproducción lleva al sexo, y el instinto de examinar el territorio propio lleva a la conducta exploratoria. Freud sostuvo que las pulsiones instintivas del sexo y la agresividad motivan el comportamiento. Este punto de vista era sostenido por la mayoría de los psicólogos al comienzo del siglo XX. Sin embargo no se podían poner de acuerdo en cuanto a cuáles son los instintos primarios y llegaron a catalogar hasta 5.759 instintos. Esto pareciera que solo facilitaba la rotulación del comportamiento.

La concepción de la motivación basada en los instintos ha sido desplazada por nuevas explicaciones más elaboradas.

Somos motivados por satisfacer nuestras necesidades

Este modelo afirma que se producen pulsiones para satisfacer nuestras necesidades biológicas básicas. Si no satisfacemos la necesidad de sed, por ejemplo, se produce la pulsión de sed. Una *pulsión* es una tensión motivacional, o excitación, que energiza al comportamiento con el fin de satisfacer alguna necesidad. Hay *pulsiones primarias*, que están relacionadas a las necesidades biológicas del cuerpo, tales como el hambre, la sed, el sueño, y el sexo. Y hay *pulsiones secundarias* que se generan a través de las experiencias previas y el aprendizaje. Por ejemplo, si una persona tiene una gran necesidad de obtener éxito, se diría que su necesidad de logro se refleja en una pulsión secundaria que motiva su comportamiento.

Se habla de «reducción de pulsiones» en esta perspectiva por el concepto de la homeostasis. La *homeostasis* es ese proceso por el que un organismo trata de mantener un equilibrio biológico interno, o «estado estable». Mientras más lejos se está del nivel óptimo, o se altera el estado de satisfacción, producto del hambre, por ejemplo, entonces ello llevará a que más pulsiones de hambre se originen. El organismo, por lo tanto, se energiza o motiva como un todo para reducir esas pulsiones y mantener un estado satisfactorio.

El problema con esta teoría es que no explica todas las motivaciones. Hay motivaciones que en vez de reducir una pulsión, mantienen o aumentan un determinado nivel de excitación. Por ejemplo, hay comportamientos que son motivados por la curiosidad. Te excitas por recoger el correo, por ir a conocer un lugar al cual nunca has ido, o por indagar más sobre un chisme que corre por ahí. El que busquemos emociones realizando actividades tales como subir a la montaña rusa o navegar en balsa por los rápidos de un río no se explica por la teoría de reducción de pulsiones. En los casos previamente reseñados, la motivación parece estar en aumentar el nivel general de estimulación y actividad.

Somos motivados por la excitación

El enfoque de la motivación relativo a la excitación se refiere a la creencia de que tratamos de conservar determinados niveles de estimulación y actividad, aumentándolos o reduciéndolos, según se requiera. El nivel óptimo de excitación deseado varía en cada persona, por ello es que algunas personas intentan evitar el aburrimiento buscando situaciones de desafío, constituyéndose estos en los motivadores.

Somos motivados por incentivos

El enfoque de la motivación por incentivos presta atención a los estímulos externos mientras que el de las pulsiones presta atención a estímulos internos. El postre que traen a la mesa, después de una abundante cena, probablemente no resulta tan atractivo para reducir la pulsión de hambre ni por el mantenimiento de la excitación. Por tanto, también somos motivados por incentivos externos que dirigen y energizan al comportamiento.

Algunos psicólogos han observado que los organismos buscan satisfacer necesidades incluso cuando los incentivos no son evidentes. De ahí que hayan concluido que las pulsiones internas y los incentivos externos trabajan conjuntamente para «empujar» y «atraer» al comportamiento. Buscamos satisfacer nuestras necesidades de hambre subyacentes y a la vez somos atraídos por alimentos que parecen apetitosos en particular. Por lo tanto, en lugar de contradecirse entre sí, las pulsiones y los incentivos pueden funcionar de manera conjunta para motivar al comportamiento.

Somos motivados por nuestros pensamientos

El enfoque cognitivo de la motivación se centra en el papel que desempeñan los pensamientos, las expectativas y la comprensión del mundo. Desde un punto de vista cognitivo está la expectativa de que cierto comportamiento nos permitirá alcanzar una meta determinada. El otro punto de vista cognitivo se centra en la comprensión del valor que tiene para nosotros esa meta. La motivación que un estudiante tenga para prepararse para un examen estará determinado por su expectativa sobre la calificación que obtendrá, y del valor que le otorga el hecho de obtener una buena nota. Si la expectativa y el valor son altos, estará motivado para estudiar diligentemente.

Las teorías cognitivas de la motivación hacen una distinción entre motivación intrínseca y la extrínseca. La *motivación intrínseca* nos impulsa a participar en una actividad para nuestro propio gozo, y no por alguna recompensa tangible que se pueda derivar de ella. En contraste, la *motivación extrínseca* nos impulsa en una determinada dirección con el propósito de obtener una recompensa tangible. De acuerdo con investigaciones relativas a ambos tipos de motivación, somos más capaces de perseverar, esforzarnos y realizar trabajos de mejor calidad cuando la motivación para una tarea es intrínseca en lugar de extrínseca (Lepper y Greene, 1978; Deci y Ryan, 1985; Harackiewicz y Elliot, 1993). Algunos autores consideran que ofrecer recompensas para el comportamiento deseado puede provocar una disminución de la motivación intrínseca y un aumento de la extrínseca. Para demostrar este fenómeno, se le prometió una recompensa a un grupo de alumnos de jardín infantil si realizaban dibujos utilizando «marcadores mágicos» (una actividad para la que antes habían mostrado gran motivación). La recompensa sirvió para reducir su entusiasmo ante la tarea, puesto que más tarde mostraron mucho menor interés por dibujar (Lepper y Greene, 1978). Era como si la promesa de la recompensa debilitara su interés intrínseco en el dibujo, convirtiendo en un trabajo lo que antes había sido un juego.

La jerarquía de Maslow: La ordenación de las necesidades motivacionales

Abraham Maslow, un psicólogo humanista, ordenó todas las necesidades motivacionales, partiendo por un nivel de necesidades básicas hasta llegar a las necesidades de orden superior, en una jerarquía (1954). En síntesis, este autor sostiene que antes de estar en condiciones de satisfacer necesidades más complejas y de orden más elevado, es preciso satisfacer determinadas necesidades primarias o más básicas.

Este modelo se ha concebido de acuerdo a la siguiente pirámide:

Las necesidades básicas son las que se describieron como pulsiones primarias: necesidad de agua, alimento, sueño y sexo, entre otras. Para ascender por la jerarquía, una persona debe haber satisfecho estas necesidades fisiológicas básicas. Las necesidades de seguridad del segundo escalón son un ambiente seguro con el fin de funcionar con afectividad. Estos dos escalones conforman las *necesidades de orden inferior*. Maslow dice que solo cuando se han satisfecho las necesidades básicas de orden inferior puede una persona considerar la satisfacción de las *necesidades de orden superior*. El próximo escalón, amor y sentido de pertenencia, incluyen la necesidad de obtener y dar afecto y de contribuir como miembro en algún grupo o sociedad. Después que estas necesidades están cubiertas, la persona busca autoestima. Con esto Maslow se refiere a la necesidad de desarrollar un sentido de valía personal al saber que otros están conscientes de su capacidad y valor. La necesidad de más alto nivel es el de la autorrealización. Este es un estado de satisfacción consigo mismo en el que las personas desarrollan su máximo potencial.

La teoría de Maslow sostiene que los motivos superiores aparecen *únicamente después* de que los más básicos han sido ampliamente satisfechos. Un ejemplo de esto sería que si un hombre está hambriento, probablemente no le importe lo que la gente piense de sus modales en la mesa, o su dignidad o apariencia al pedir limosna en la calle. Pero aunque este modelo es atractivo por la organización de la amplia variedad de motivos que hay, poniéndolos en una estructura coherente, la investigación reciente ha hecho que muchos psicólogos se muestren escépticos con respecto al modelo de Maslow. En 1991 Neher señalaba que en distintas sociedades más sencillas, con frecuencia las personas tienen gran dificultad para cubrir sus necesidades fisiológicas y de seguridad, pero son capaces de formar poderosos lazos sociales y poseen un firme sentido de autoestima. En realidad, indica Neher, la dificultad para cubrir necesidades inferiores puede *fomentar* la satisfacción de necesidades superiores, como cuando una pareja que lucha por establecer una familia hace sacrificios para lograrlo, acercándose cada vez más a su meta como resultado de la experiencia. Además, hay investigaciones que indican que los hombres necesitan tener un firme sentido de su propia identidad (y por ende, un alto grado de autoestima), antes que puedan establecer la clase de relaciones cercanas con otros que satisfacen la necesidad de pertenencia.

LA MOTIVACIÓN Y LAS EMOCIONES

La relación que tiene la motivación con la emoción, es que las emociones pueden motivar nuestro comportamiento y también reflejan nuestra motivación subyacente.

Como los motivos, las emociones también activan y afectan la conducta, aunque es más difícil predecir la clase de conducta que provocarán. Si una persona está hambrienta, podemos asegurar de manera razonable, que buscará alimento. Sin embargo, si esta misma persona experimenta un sentimiento de alegría o sorpresa, no podemos saber, con certeza, cómo se comportará. El próximo capítulo trartará más a fondo este tema.

REFLEXIONES TEOLÓGICAS SOBRE LA MOTIVACIÓN

Como vimos anteriormente en el capítulo 2 «El ser humano psicológico que Dios ha creado», la psicología atea no toma en cuenta los aspectos metafísicos del hombre. Los que creemos en Dios, creemos que nuestra conducta es afectada tremendamente y motivada fuertemente por nuestra relación con Dios. El hombre tiene una necesidad de Dios, tiene una necesidad espiritual. Nuestro ser interior necesita estar conectado con Dios. Esta espiritualidad en el hombre tiene que ver con el tema de la motivación. Hay muchas expresiones de espiritualidad que se han desarrollado a través del tiempo en movimientos y en religiones organizadas. Nosotros nos enfocamos en nuestra concepción de la espiritualidad desde la «revelación especial» que reconocemos expresada en las Escrituras —La Biblia. Desde esta concepción del hombre encontramos que aun aquel que se considera no estar conectado con Dios es motivado espiritualmente. Vamos a entrar, por lo tanto, a ver lo que nos dice la Biblia sobre la motivación.

La motivación y la predisposición del corazón

En Santiago 4.1-3 vemos que las conductas que producen conflicto son síntomas de un problema más profundo: *«¿De dónde vienen las guerras y los pleitos entre ustedes? ¿No es de sus pasiones, las cuales combaten en vuestros miembros? Codician, y no tienen; matan, y arden de envidia, y no pueden alcanzar; combaten y luchan, pero no tienen lo que desean, porque no piden. Piden, y no reciben, porque piden mal, para gastar en sus deleites».*

La Biblia nos enseña que nuestras actitudes, deseos, y motivos detrás de nuestras conductas vienen de nuestro corazón: *«del corazón salen los malos pensamientos, los homicidios, los adulterios, las fornicaciones, los hurtos, los falsos testimonios, las blasfemias»* (Mateo 15.19; Romanos 1.24). Jesús muestra que hay una consecuencia entre un buen árbol y buen fruto y un árbol malo y malos frutos (Lucas 6.43-45). Explica que el buen comportamiento sale de un buen corazón y el mal comportamiento sale de un corazón malo (Lucas 8.11-15; ref. Proverbios 4.23). Por lo tanto, para efectuar cambios duraderos en nuestra forma de vivir, el cambio debe ocurrir primero en el corazón (Efesios 4.22-24). El término «corazón» es descrito en la Biblia como más que sentimientos. Generalmente se refiere a toda la vida interior del hombre, incluyendo sus pensamientos y actitudes —«*las intenciones del corazón*» (Hebreos 4.12, 1 Corintios 4.5). Por lo tanto, cuando la Biblia habla de cambio de corazón, está hablando de un cambio de sentimientos, deseos, creencias, expectativas, pensamientos, y actitudes. Una transformación sobrenatural ocurre en tu corazón cuando Cristo es aceptado como tu Salvador. Dios promete afectar nuestras motivaciones haciendo lo siguiente: «*...seréis limpiados de todas vuestras inmundicias; y de todos vuestros ídolos os limpiaré. Os daré cora-*

zón nuevo, y pondré espíritu nuevo dentro de vosotros; y quitaré de vuestra carne el corazón de piedra, y os daré un corazón de carne» (Ezequiel 36.25b-26; ref. Hebreos 8.10).

El planteamiento bíblico, por lo tanto, nos indica que las motivaciones del hombre varían de acuerdo a la condición de su corazón respecto a Dios. No todos estamos en la misma condición. Hay motivaciones distintas de acuerdo a los estados del hombre. El ser humano al respecto debe ser visto desde un estado de inocencia, pecado, gracia, y gloria.[1]

En su *estado de inocencia* Adán y Eva hacían todo desde un corazón puro y en perfecta armonía con Dios. Estaban motivados por Dios y deseaban agradar a Dios. Como lo dice el Catecismo Menor de Westminster «*El fin principal del hombre es de glorificar a Dios y de gozar de Él para siempre*». (Colosenses 3.17)

La persona motivada por el pecado

En su *estado de pecado* el ser humano ya no desea glorificar a Dios. Su corazón está inclinado al mal y se expresa en forma egoísta desde su nacimiento. La Biblia nos dice que el pecado está «esculpido en la tabla de nuestro corazón» y que es «engañoso y perverso» (Jeremías 17.1,9). Este autoengaño nos lleva a no querer vernos como somos. El Dr. John Miller lo expresó en la frase: «somos peores de lo que pensamos». Pablo en Romanos dice del hombre en este estado que «*no hay justo, ni aun uno; no hay quien entienda, no hay quien busque a Dios... no hay quien haga lo bueno, no hay ni siquiera uno*» (Romanos 3.10-12). Por lo tanto, el corazón del hombre en este estado sin la intervención de Dios es motivado a conductas descritas como «obras de la carne» que son

1 Ver *La Confesión de Fe de Westminster,* cap. 9 sobre «El libre albedrío».

«adulterio, fornicación, inmundicia, lascivia, idolatría, hechicerías, enemistades, pleitos celos, iras, contiendas, disensiones, herejías, envidias, homicidios, borracheras, orgías, y cosas semejantes a estas...» (Gálatas 5.19-21). ¡La lista es espantosa! Sin embargo esta condición humana se demuestra claramente a través de la historia, y la industria cinematográfica ha sacado provecho apelando a estas motivaciones perversas. No obstante, esta condición está controlada por Dios a través de lo que en la teología se denomina «la gracia común». Esto significa que Dios está interviniendo constantemente en el quehacer del ser humano para que su maldad no llegue a tal extremo que perturbe el desarrollo de los propósitos de Dios en el establecimiento de Su Reino (Colosenses 1.13; Mateo 13.24-30,36-43)

La persona motivada por la gracia

En su *estado de gracia* algunas personas (no toda la humanidad) son intervenidas por Dios regenerando su corazón y haciendo que respondan a Dios en fe. Al «nacer de nuevo» los seguidores de Cristo «desean la leche espiritual». Desde un corazón cambiado ya no le es natural pecar y están «crucificados con Cristo» y ya no viven egoístamente. Desean obedecer a Dios. Desean amar a Dios y amar al prójimo. Estas nuevas conductas están motivadas por la obra del Espíritu Santo en el creyente produciendo en él, el fruto del Espíritu. Estas conductas son «*...amor, gozo, paz, paciencia, bondad... mansedumbre, y dominio propio*» (Gálatas 5.22,23). La Biblia es clara en mostrar que la nueva conducta proviene de la relación del creyente con su Dios. «*Nosotros amamos porque Él nos amó primero*» (1 Juan 4.19). «*Deléitate asimismo en Jehová*» nos dice el salmista, «*y Él te dará las peticiones de tu corazón*»(Salmos 37.4). «*Si andamos en luz como Él está* *en luz, comunión tenemos juntos*» (1 Juan 1.7). Nuestros deseos y nuestras relaciones se ordenan y motivan desde una relación personal con Dios. Jesús dijo «*más buscad primeramente el reino de Dios y su justicia, y todas estas cosas os serán dadas por añadidura*» (Mateo 6.33). En este estado de gracia el cristiano adquiere y aprende a desarrollar su conducta desde otra jerarquía de motivaciones diferente a las que plantea Maslow. Dios advierte contra la idolatría. Condena el que el hombre haga de cualquier cosa creada su dios. «No solo de pan vivirá el hombre» le dice Jesús a Satanás después de 40 días de no comer, sino «de toda palabra que sale de la boca de Dios». El ayuno se plantea en la Biblia con el fin de probar nuestras lealtades y ordenar nuestras motivaciones. Dios en su gracia nos invita a controlar nuestras necesidades y no ser víctimas de ellas. No somos víctimas a pulsiones internas ni débiles ante los incentivos externos. Tal como con Su pueblo israelita en el desierto, Dios quiere demostrarse proveedor de nuestras necesidades y pide confianza de parte de sus hijos.

En el estado de gracia el cristiano es motivado por Dios a vivir, (conducirse) por la fe. El autor a los Hebreos, después de definir la fe diciendo que «*es la certeza de lo que se espera, la convicción de lo que no se ve*» (Hebreos 11.1), prosigue con una lista de hombres y mujeres que *cambiaron su conducta motivados por la fe en Dios*. Conductas transcendentes, como las mencionadas en Hebreos 11.33ss: «*por fe conquistaron reinos, hicieron justicia, alcanzaron promesas, taparon bocas de leones, apagaron fuegos impetuosos, evitaron filo de espada, sacaron fuerzas de debilidad,... recibieron sus muertos,... fueron atormentados,... experimentaron vituperios y azotes, y más de esto prisiones y cárceles... fueron apedreados, aserrados, puestos a prueba, muertos a filo de espada,... anduvieron... pobres, angustiados, maltratados; de los cuales el mundo no era digno...»* Este *factor de fe en la motivación* de la conducta humana no se ha visto reflejado en la mayoría de los libros de psicología respecto a este tema. Desde un punto de vista humanista no cristiano se explicaría esta motivación como altruista y «autorrealizante». Lo explicarían como madurez en la «bondad innata» del corazón del hombre, y no como una intervención de la gracia de Dios actuando en nosotros poderosamente *«para hacer todas las cosas mucho más abundantemente de lo que pedimos o entendemos»* (Efesios 3.20)

El creyente en Dios en este estado de gracia, está en un proceso de cambio. Su naturaleza pecaminosa va muriendo más y más y su nueva vida en obediencia a Cristo va haciéndose más y más visible. La Biblia habla de este proceso como «despojarse del viejo hombre y revestirse del nuevo» (Colosenses 3.5-17 y Efesios 4.22-24). Habla de «hacer morir las obras de la carne» y escoger diariamente una respuesta a Dios en obediencia. Por lo tanto, vemos que en este estado de gracia hay una lucha entre dos motivaciones del corazón. Pablo lo describe así: «*...queriendo yo hacer el bien, hallo esta ley: que el mal está en mí. Porque según el hombre interior, me deleito en la ley de Dios; pero veo otra ley en mis miembros...*» (Romanos 7.7-25).

El teólogo Pablo Ridderbos habla de este período de tiempo como *el ahora ya pero todavía no*. El cristiano experimenta la realidad de la inauguración del reino de Dios como primeros frutos de una obra que Dios va a completar cuando Cristo regrese en gloria. Otro teólogo, Eldon Ladd, habla de esto como «la presencia del futuro». Pablo le escribe a los fieles hermanos en Cristo en Colosas lo siguiente *«dando gracias al Padre que nos hizo aptos para participar de la he-*

rencia de los santos en luz; el cual nos ha librado de la potestad de las tinieblas, y trasladado al reino de su amado Hijo… [A ustedes] *Dios quiso dar a conocer las riquezas de la gloria... que es Cristo en vosotros, la esperanza de gloria*» (Colosenses 1.11-13,27). En él «*ahora vemos por espejo, oscuramente; mas entonces veremos cara a cara. Ahora conozco en parte; pero entonces conoceré como fui conocido*» (1 Corintios 13.12).

La persona motivada por la gloria venidera

El ser humano entra a su *estado de gloria* después de su muerte y es resucitado. Ahí será transformado totalmente teniendo un corazón y motivaciones que *solo* desean agradar a Dios (1 Corintios 15). Desde esta perspectiva *el futuro motiva el presente.* Pablo termina este capítulo sobre la resurrección animándonos en conductas presentes: «*así que, hermanos míos amados, estad firmes y constantes, creciendo en la obra del Señor siempre, sabiendo que vuestro trabajo en el Señor no es en vano*» (15.58).

La motivación y nuestro sentido de misión – *telios*

Este futuro que motiva el presente para el cristiano se describe con la palabra «*telios*», y se traduce como «perfecto» o «maduro». El ser humano está motivado télicamente, es decir, es impulsado hacia adelante, hacia la madurez espiritual. «*Hasta que todos lleguemos a la unidad de la fe y del conocimiento del Hijo de Dios, a un varón perfecto (téleiov), a la medida de la estatura de la plenitud de Cristo*» (Efesios 4.13). Cristo se nos presenta como la meta. Se nos motiva a ser como Él. Pablo lo dice así: «*porque a los que antes conoció, también los predestinó para que fuesen hechos con-*

formes a la imagen de su Hijo, para que él sea el primogénito entre muchos hermanos» (Romanos 8.29). Tal como al visitar una nueva construcción de departamentos, se observa primero el departamento piloto para saber como van a ser los demás departamentos que están a medio construir. Así también Cristo es el hombre «piloto» que se presenta completo (pleno) para motivarnos a ser como Él. Un breve repaso del uso de la palabra «telios» en la Biblia nos da a entender como esta visión de ser como Cristo, de transformarnos a su imagen, es una fuerte motivación de la conducta para el cristiano.[2] La realización del Reino de Dios, como lo dice el padre nuestro «venga tu reino, hágase tu voluntad, aquí en la tierra como en el cielo», es un fuerte motivador para el Hijo de Dios madurado por la obra del Espíritu Santo en su vida. Este «buscar primeramente el reino de Dios y su justicia», que mencionamos anteriormente, es desear que nuevos valores, nuevas normas, nuevas reglas del juego, se hagan realidad en la comunidad cristiana donde el Reino se muestra en carne y hueso a través de la iglesia auténtica.

La motivación y el amor

Para terminar esta reflexión bíblica sobre la motivación, quisiera tornar nuestra atención a un aspecto más de lo dicho del hombre en el estado de gracia.

La Biblia dice que fuimos creados como objetos del amor de Dios. Dios nos hizo para amarnos. Fuimos creado para el propósito de tener una relación con Él, y como resultado, lo más importante que podemos saber en la vida es el hecho de que Dios nos ama. Y lo más importante que podemos hacer en la vida es amarlo de vuelta. Jesús dijo en Mateo 22.37-38

2 Ver «Características de la madurez cristiana» al final del capítulo.

«*Amarás al Señor tu Dios con todo tu corazón y con toda tu alma y con toda tu mente*» y en otro pasaje encontramos lo siguiente «*Escucha, Israel: Jehová nuestro Dios, Jehová uno es. Y amarás a Jehová tu Dios con todo tu corazón, con toda tu alma y con todas tus fuerzas. Estas palabras que yo te mando estarán en tu corazón*» (Deuteronomio 6.4-6).

El amor de Dios provoca en nosotros un amor responsivo. O sea, Dios nos motiva para amar. Dios toma la iniciativa en amarnos. Nosotros amamos, porque él nos amó primero *(1 Juan 4.19). Dios toma la iniciativa y nosotros respondemos a su amor. Nosotros no lo buscaríamos. Nuestra naturaleza pecadora nos hace incapaces de desear a Dios. Esta relación amorosa con Dios no es muy popular ni apetecible a la mente secular y humanista. El Dr. David Jones en su libro* Ética bíblica cristiana», *cita a Paul Curta* diciendo «¿no es preferible la vida de un hombre libre e independiente al de un hombre esclavo a Dios eternamente? *Como dijo Bertrand Russell* «el cantar himnos en alabanza a Dios y el tomarnos de la mano eternamente sería mero aburrimiento. Para el hombre libre, dice, el infierno no podría ser peor».[3] *Para Kurtz, estar con Dios no es apetecible. Para él, estar en el cielo es estar en el infierno. ¿Qué decimos a esto? Que es la experiencia de la maravillosa gracia de Dios que crea en nosotros el deseo de cantar sus alabanzas por toda una eternidad. Como dijo Jonathan Edwards* «un hombre deberá primero amar a Dios, o tener su corazón unido a él, antes que estime la bondad de Dios como propio, y antes que desee el glorificar y gozar de Dios como su contentamiento».[4]

3 Paul Kurtz, *The Fullness of Life.* Citado por David Jones en *Biblical Christian Ethics*, p.37.
4 Jonathan Edwards, *Tratado concerniente a los afectos religiosos.* Citado por David Jones en *Biblical Christian Ethics,* p.37.

¿Cómo nos ama Dios? ¿Cómo reconocemos en Él este amor hacia nosotros?

La Biblia dice que Dios nos ama desde la eternidad. «nos escogió en él desde antes de la fundación del mundo, para que fuésemos santos y sin mancha delante de él. En amor nos predestinó por medio de Jesucristo para adopción como hijos suyos, según el beneplácito de su voluntad, para la alabanza de la gloria de su gracia, que nos dio gratuitamente en el Amado» *(Efesios 1:4-6). También entendemos el amor de Dios en la entrega de su único hijo para que Él muera en nuestro lugar.* «Pero Dios demuestra su amor para con nosotros, en que siendo aún pecadores, Cristo murió por nosotros» *(Romanos 5.8).* «En esto hemos conocido el amor: en que él puso su vida por nosotros. También nosotros debemos poner nuestras vidas por los hermanos» *(1 Juan 3.16).*

Reconociendo que Dios capacita a sus hijos para amarlo, los autores del nuevo testamento se dirigen a ellos en el indicativo como a aquellos que ya pueden amar a Dios. El que puede amar, el que ha sido amado por Dios primero, es aquel que ama a Dios.: «Y sabemos que Dios hace que todas las cosas ayuden para bien a los que le aman, esto es, a los que son llamados conforme a su propósito» *(Romanos 8.28).* «Más bien, como está escrito: Cosas que ojo no vio ni oído oyó, que ni han surgido en el corazón del hombre, son las que Dios ha preparado para *los que le aman.» (1 Corintios 2.9).* «Pero si alguien *ama a Dios,* tal persona es conocida por él». *(1 Corintios 8.3).* «La gracia sea con todos *los que aman* a nuestro Señor Jesucristo con amor incorruptible» *(Efesios 6.24);* «Bienaventurado el hombre que persevera bajo la prueba; porque, cuando haya sido probado, recibirá la corona de vida que Dios ha prometido a *los que le aman*». «Amados hermanos míos, oíd: ¿No ha elegido Dios a los pobres de este mundo, ricos en fe y herederos del reino que ha prometido a *los que le aman?» (Santiago 1.12; 2.5); «A él le amáis,* sin haberle visto. En él creéis; y aunque no lo veáis ahora, creyendo en él os alegráis con gozo inefable y glorioso» *(1 Pedro 1.8).*

¿Y qué es amor a Dios?, ¿cómo lo describiríamos?, ¿cómo lo reconoceríamos en nosotros?. Francisco de Sales, un líder en la contra-reforma y Arzobispo de Ginebra desde 1602 hasta 1622 lo dijo así: «Expresamos nuestro amor a Dios principalmente en dos maneras: espontáneamente (afectivamente) y deliberadamente (efectivamente)... En la primera de estas crecemos en nuestro aprecio por Dios, de lo que a Él le gusta; y en el segundo servimos a Dios, hacemos lo que él quiere. La primera nos une a la bondad de Dios, la segunda nos insta a cumplir su voluntad».[5]

John Murray lo dice así: «El amor a Dios es tanto emotivo como motivo; el amor es sentimiento y nos impulsa a la acción… es intensamente preocupado de Él, quien es el objeto supremo y por lo tanto intensamente activo en hacer su voluntad». [6]

El amor de Dios provoca un amor «afectivo». Tomás Watson dijo: Amor por Dios «es fuego santo que ha prendido en nuestros afectos, por lo cual un cristiano es llevado fuertemente hacia Dios como el bien supremo»[7] El amor a Dios involucra un deleite santo. Es estar satisfecho en el ser de Dios. Este aspecto afectivo del amor a Dios lo vemos mucho en los Salmos:

5 *Tratado sobre el amor de Dios*, p.217. Citado por David Jones en *Biblical Christian Ethics*, p.45.
6 *Principles of Conduc*t pp. 22-23. Citado por David Jones en *Biblical Christian Ethics,* p.45.
7 *The Ten Commandments,* p.6. Citado por David Jones en *Biblical Christian Ethics*, p.44.

«Te amo, oh Jehová, fuerza mía»; «Como ansía el venado las corrientes de las aguas, así te ansía a ti, oh Dios, el alma mía. Mi alma tiene sed de Dios, del Dios vivo» *(Salmo 18.1; Salmo 42.1). Este Salmo se ha transformado en un cántico usado en la adoración a Dios en las iglesias: «Como el ciervo, clama por las aguas, así clama mi alma por ti, Señor. Día y noche yo tengo sed de ti, y solo a ti buscaré. Lléname, lléname Señor. Dame más, más de tu amor. Yo tengo sed solo de ti. Lléname Señor». En otros Salmos leemos:* «Porque mejor es tu misericordia que la vida; mis labios te alabarán»; «¿A quién tengo yo en los cielos? Aparte de ti nada deseo en la tierra»; «Amo a Jehová, pues ha escuchado mi voz y mis súplicas» *(Salmo 63.3; 73.25, 116.1).*

El amor de Dios provoca en nosotros un amor de servicio. El amor a Dios involucra un deleite santo o estar satisfecho en el ser de Dios, y también el deseo de hacer su voluntad —el de seguirle, caminar en sus caminos, el ser conformados a la imagen de Él. Juan 14.15 (ref. Éx 20.6) nos dice: «Si me amáis, guardaréis mis mandamientos». *Esta no es una equivalencia es un proceso, un resultado. Él que se deleita en el amor de Dios querrá como consecuencia hacer la voluntad de Dios:* «Pues éste es el amor de Dios: que guardemos sus mandamientos. Y sus mandamientos no son gravosos»*(1 Juan 5.3);* «Me deleitaré en tus mandamientos, los cuales he amado» *(Salmo 119.47);* «¡Cuánto amo tu ley! Todo el día ella es mi meditación»*(Salmo 119.97);* «El hacer tu voluntad, oh Dios mío, me ha agradado; y tu ley está en medio de mi corazón» *(Salmo 40.8).*

CARACTERÍSTICAS DE LA MADUREZ CRISTIANA

1. En primer lugar vemos que Dios el Padre y Cristo son modelos de madurez. En Mateo 5.48 leemos *«...sed pues, vosotros perfectos (téleioi),como vuestro Padre que está en los cielos es perfecto (téleiós)»* y en Efesios 4.13: *«hasta que todos lleguemos a la unidad de la fe y del conocimiento del Hijo de Dios, a un varón perfecto (téleiov) , a la medida de la estatura de la plenitud de Cristo».*

2. En segundo lugar, la madurez se alcanza a través del seguimiento de Cristo: *«Jesús le dijo: Si quieres ser perfecto («téleios»), anda, vende lo que tienes, y dalo a los pobres, y tendrás tesoro en el cielo; y ven y sígueme»* (Mateo 19.21). Pablo también se presenta como modelo al decir en *«Sed imitadores de mí, así como yo de Cristo»* (1 Corintios 11.1).

3. La madurez es necesaria para adquirir sabiduría y discernimiento 1 Corintios 2.6 *«Sin embargo, hablamos sabiduría entre los que han alcanzado madurez (teleíois); y sabiduría, no de este siglo, ni de los príncipes de este siglo, que perecen...»* (Hebreos 5.14) *«...pero el alimento sólido es para los que han alcanzado madurez («teleíwv»), para los que por el uso tienen los sentidos ejercitados en el discernimiento del bien y del mal».*

4. La madurez no es opción, es un mandato. Es un llamado a responsabilidad Mateo 5.48a: *«... sed pues, vosotros perfectos (téleioi),...* [como vuestro Padre que está en los cielos es perfecto (téleiós)]».

5. La madurez se desarrolla en relación al *otro*:
   a. La madurez es alcanzada colectivamente. Efesios 4.13: *«hasta que todos lleguemos a la unidad de la fe y del conocimiento del Hijo de Dios, a un varón perfecto (téleiov) a la medida de la estatura de la plenitud de Cristo».*

   b. La Escritura y los dones de los hermanos dentro de la iglesia se nos han dado como herramienta para crecer en la madurez. Efesios 4.7-13: «*Sin embargo, a cada uno de nosotros le ha sido conferida la gracia conforme a la medida de la dádiva de Cristo. Por esto dice: Subiendo a lo alto, llevó cautiva la cautividad y dio dones a los hombres. Pero esto de que subió, ¿qué quiere decir, a menos que hubiera descendido también a las partes más bajas de la tierra? El que descendió es el mismo que también ascendió por encima de todos los cielos, para llenarlo todo. Y él mismo constituyó a unos apóstoles, a otros profetas, a otros evangelistas, y a otros pastores y maestros, a fin de capacitar a los santos para la obra del ministerio, para la edificación del cuerpo de Cristo, hasta que todos lleguemos a la unidad de la fe y del conocimiento del Hijo de Dios, a un varón perfecto (téleiov), a la medida de la estatura de la plenitud de Cristo*».

   c. La madurez se expresa en nuestro pensamiento y actitud hacia el otro. Filipenses 3:15 dice: «*Los que son «téleioi» tengan este pensar*»; 1 Corintios 14.20: «*Hermanos, no seáis niños en el modo de pensar, sino sed niños en la malicia, pero maduros (téleioi) en el modo de pensar*». El contexto de esta frase es el hecho que algunos en la iglesia insistían en hablar en lenguas sin tomar en cuenta al simple oyente en la iglesia que no entendía lo que decía. Pablo le dice que la madurez se expresa en el pensamiento y actitud respecto al otro que tengo al lado en la iglesia y se preocupa más en edificarlo que en desplayarse en cuanto a sus propios dones espirituales.

d. La madurez se alcanza y demuestra en hechos de amor que requieren desprenderse de sí mismo. Mateo 19.21: *«Jesús le dijo: Si quieres ser perfecto («téleios»), anda, vende lo que tienes, y dalo a los pobres, y tendrás tesoro en el cielo; y ven y sígueme»*. Para el joven rico esto era muy difícil, hasta imposible (vv. 22-26).

e. La madurez cristiana se manifiesta en actos de amor hacia el otro que van más allá de la capacidad de nuestra naturaleza pecaminosa. Mateo 5.43-48 *«Habéis oído que fue dicho: Amarás a tu prójimo y aborrecerás a tu enemigo. Pero yo os digo: Amad a vuestros enemigos, y orad por los que os persiguen; de modo que seáis hijos de vuestro Padre que está en los cielos, porque él hace salir su sol sobre malos y buenos, y hace llover sobre justos e injustos. Porque si amáis a los que os aman, ¿qué recompensa tenéis? ¿No hacen lo mismo también los publicanos? Y si saludáis solamente a vuestros hermanos, ¿qué hacéis de más? ¿No hacen eso mismo los gentiles?... sed pues, vosotros perfectos (téleioi), como vuestro Padre que está en los cielos es perfecto (téleiós)»*.

f. La madurez es un motivo de intercesión entre los hermanos. *Colosenses 4.12: «Os saluda Epafras, el cual es uno de vosotros, siervo de Cristo, siempre rogando encarecidamente por vosotros en sus oraciones, para que estéis firmes, perfectos y completos (téleioi) en todo lo que Dios quiere».*

BIBLIOGRAFÍA

Jones, David Clyde. *Biblical Christian Ethics*. Grand Rapids: Baker Books.

7

¿QUÉ LE DA SABOR A NUESTRA VIDA?: EMOCIONES

por Vladimir Rodríguez

En la primera parte de este capítulo, revisaremos los conceptos generales asociados con las emociones, su origen e impacto en la vida de los seres humanos. En la segunda parte profundizaremos en la intrincada relación que existe entre las emociones y sus manifestaciones en la sala de clases.

¿QUÉ SABEMOS SOBRE LAS EMOCIONES?

Mucho escuchamos sobre el efecto que las emociones tienen en nuestras vidas: sentirnos amados, enojarnos con alguien que nos atiende mal, estallar de felicidad al lograr lo anhelado. En nuestra cultura latina —sobretodo— sería muy extraño que alguien afirmara «no tengo emociones». Es notorio el gran mercado asociado a la explotación comercial de las emociones: cine, revistas, telenovelas, programas de radio de consulta amorosa, sitios en Internet para encuentros de parejas, etc.; sin embargo, es curioso que, a pesar de la amplia bibliografía, no se presente una definición formal de qué se entiende, con exactitud, por emoción.

Definiciones generales

Todos experimentamos sentimientos intensos que se relacionan tanto con las experiencias extremadamente agradables (recibir un gran regalo), como con aquellas muy desagradables (enterarse de la muerte de un ser querido, por ejemplo). Además, experimentamos este tipo de reacciones de un modo menos intenso en situaciones más cotidianas (el agrado de un abrazo espontáneo de un hijo, llorar ante una película triste, avergonzarse luego de romper un jarrón que no era nuestro, etc.). En este contexto, podemos definir las emociones como *sentimientos de diverso tipo e intensidad, que tienen un efecto en la fisiología de nuestro cuerpo, en nuestros pensamientos y que influyen de modo variable en la conducta.*

Las emociones se expresan tanto en las acciones como en la experiencia subjetiva de las personas. Así, es posible manifestar dos tipos de respuesta emocional: la respuesta externa o explícita, que se realiza hacia el medio externo y una respuesta interna, que tiene una correlación en el funcionamiento de nuestro cuerpo. Cuando experimentamos una emoción, podemos comprender su naturaleza en base a dos dimensiones: si esta experiencia nos tensa o relaja, o si nos agrada o desagrada; y estas dimensiones se puedan manifestar con diversos matices entre sí. Podemos ser selectivos al experimentar una emoción, es decir, somos capaces de concentrarnos en ciertos estímulos desechando otros, de modo que nuestra experiencia consciente se enfoque en una emoción específica.

Las emociones tienen no solo un carácter individual, sino que también pueden ser sociales, pueden ser transmitidas de una persona a otra e incluso a grandes grupos. Esta transferencia emocional tiene un gran efecto en situaciones en las que la ambigüedad de la información está presente y no se tiene claro qué está sucediendo, dejando que los rumores intenten explicar lo que sucede. Si alguien entra abruptamente a la sala de clases corriendo, agitando los brazos y gritando «¡incendio, incendio!», es altamente probable que esta emoción se contagie a los alumnos de la sala y estos se asusten y salgan corriendo.

Las emociones permiten enfrentarnos satisfactoriamente a situaciones en que nuestro bienestar está en peligro, cuyo mecanismo opera en tres formas:

- *Ayudándonos a maximizar el uso de la energía en cortos períodos de tiempo*; por ejemplo, dando un gran salto si nos percatamos que un perro nos quiere morder.
- *Mantener la ejecución de una actividad durante un período de tiempo más largo de lo común*; por ejemplo, correr a gran velocidad por cuadras y cuadras para escapar de este perro que nos quiere morder.
- *Disminuyendo la sensibilidad al dolor y al cansancio*; por ejemplo, no sentir tan fuerte la mordedura del perro, si finalmente este nos alcanzó.

No obstante lo anterior, no siempre las emociones juegan de nuestro lado, puesto que incluso pueden llevar a la persona a situaciones de peligro. Por ejemplo, cuando la intensidad de nuestras emociones sobrepasa un límite, la conducta puede volverse ineficaz, e incluso paralizar a la persona. Las emociones fuertes nos ayudan a enfrentarnos a situaciones inesperadas, de emergencia, sin embargo, cuando esta emoción es de gran intensidad, ello puede llevar a que la persona se vea impedido de emitir una conducta, al punto de inhabilitarse. Por ejemplo, una persona puede quedar paralizada de miedo ante un perro que ladra furiosamente. La situación anterior se relaciona con el principio de Yerkes-Dobson, el cual plantea que la ansiedad mejora el desempeño de una conducta o el aprendizaje hasta un cierto punto. Si el límite de ansiedad o tensión se sobrepasa, la consecuencia es que el desempeño decae significativamente. Un ejemplo de lo anterior podemos encontrarlo en la sala de clases: si un alumno se encuentra motivado y ansioso por una determinada asignatura, es muy probable que el aprendizaje se incremente; si la ansiedad y tensión relacionada con esta asignatura continúa acentuándose (en un examen final), ello puede llevar a que el alumno «se quede en blanco» y no rinda de acuerdo a lo que se esperaba, es decir, aquí la tensión sobrepasó el límite de la eficacia, hasta volverse ineficaz.

En muchas ocasiones, las emociones por sí mismas sirven de motivador para la realización de una acción específica; por ejemplo, si un niño experimenta un miedo intenso a que lo llamen a la pizarra, es probable que lo único que desee sea huir de la sala. En otras situaciones, las emociones acompañan a las motivaciones; por ejemplo, cerca de la hora del almuerzo, un niño en clase puede sentir hambre y por causa de esta experimentar emociones desagradables de enojo, frustración y manifestarse agresivo y desconcentrado a los ojos de un profesor.

Para estudiar las emociones desde una perspectiva científica, se han investigado los cambios fisiológicos que ocurren en las personas cuando experimentan situaciones perturbadoras. La mayor parte de lo que se conoce actualmente sobre el efecto de las emociones en la conducta proviene de la observación de estos cambios en el organismo. Los cambios que típicamente se conocen son: cambios en la resistencia eléctrica de la piel, incremento de la presión arterial, aumento en la frecuencia cardiaca, respiración más agitada, dilatación de la pupila y disminución de la secreción de saliva entre otros. Casi todos estos cambios son producidos por el sistema nervioso autónomo, específicamente por una activación simpática. La evidencia señala que la adrenalina juega un papel importante en la manifestación de las emociones. Esta sustancia, secretada por las glándulas suprarrenales, genera el efecto de propiciar una rápida y enérgica respuesta del organismo.

El centro activador y regulador de nuestras emociones se encuentra en el cerebro. En la corteza cerebral y el hipotálamo se localizan los centros que ejercen un control en la manifestación de nuestras emociones. Junto al efecto del cerebro y las glándulas suprarrenales asociadas a las emociones, también es importante considerar el rol que cumple el factor cognitivo, es decir, determinar qué efecto producen en las personas sus pensamientos frente a situaciones específicas. Por ejemplo, una persona puede sentirse muy asustada al darse cuenta que «algo» ruge detrás de ella, y este miedo probablemente se expresará mediante: la piel se volverá sudorosa, los pelos estarán «de punta», la boca se secará y se dilatarán las pupilas. Si esta persona se da vuelta y ve que el perro estaba jugando con un papel detrás de mí, podrá interpretar esta situación como «el perro no va a atacarme», y por tanto ahora se relaja.

Las emociones, por su correlación fisiológica, están íntimamente ligadas a la salud que presente una persona. En algunas situaciones los trastornos psicológicos producen síntomas en el organismo que pueden ser imaginarios o reales, contribuyendo a desencadenar y/o agravar una enfermedad en nuestro cuerpo. Los trastornos biológicos que se generan como consecuencia de factores psicológicos se les conoce como enfermedades psicosomáticas, las más conocidas son las úlceras en el aparato digestivo, trastornos en la piel (alergias y psoriasis), caída del cabello, dolores en la espalda, etc. En estos casos la enfermedad es considerada secundaria al trastorno emocional, por tanto, los esfuerzos terapéuticos deben considerarse junto al tratamiento médico.

La totalidad de las emociones que podemos experimentar es producto del largo proceso de desarrollo como personas. Los bebés manifiestan solo una excitación generalizada y las emociones más específicas se desarrollan con posterioridad, en función de la maduración y del aprendizaje, que nos señala las ocasiones en que podemos manifestar nuestras emociones y cómo hacerlo.

Funciones de las emociones

Si no tuviéramos la capacidad de sentir y expresar nuestras emociones, posiblemente la vida sería muy aburrida. La felicidad, la vergüenza, el gozo, los remordimientos, el afecto y muchas otras emociones hacen que la vida sea interesante, le dan diversidad, son como «los condimentos de la vida». No obstante lo anterior, las emociones además sirven para:

1. Prepararnos para la acción
   Ya hemos mencionado su importancia cuando nos encontramos en una situación de peligro.

2. Encauzar nuestro comportamiento futuro
   Las emociones sirven para promover el aprendizaje en determinadas situaciones y así emitir respuestas adecuadas en situaciones parecidas en el futuro; por ejemplo, ya sabemos cual es el lado de la calle en la cual vive el perro que nos atacó, por tanto, lo evitamos. También las

emociones agradables favorecen el aprendizaje, operando como reforzadores; por ejemplo, el orgullo y la satisfacción de terminar un curso, así como las buenas notas que obtenga en el curso, reforzarán la conducta de estudio perseverante de un alumno.

3. Facilita nuestra interacción social
Dado que las emociones las manifestamos voluntaria e involuntariamente a través del lenguaje verbal y no verbal. Estas conductas actúan como señales para las personas con las que interactuamos, permitiéndoles comprender de modo más completo nuestro sentir. Además, promueve una interacción social más adecuada; por ejemplo, en una situación de examen un profesor percibe la cara aterrorizada de algunos alumnos, a quienes puede calmar y motivar, favoreciendo su rendimiento en esta evaluación.

Clasificación de las emociones

Muchos psicólogos han tratado de clasificar las emociones y aún no hay un acuerdo definitivo para determinar cuáles son las emociones que podemos considerar como básicas o fundamentales. Algunos autores plantean que ocho son las emociones que pueden considerarse como primarias, las cuales incluyen a otras expresiones emocionales más específicas, ellas corresponden a:

1. **Ira:** ultraje, resentimiento, cólera, exasperación, indignación, aflicción, acritud, animosidad, fastidio, irritabilidad, hostilidad, violencia y odio patológico.
2. **Tristeza:** congoja, pesar, melancolía, pesimismo, pena, autocompasión, soledad, abatimiento, desesperación, y depresión.

3. **Temor:** ansiedad, aprensión, nerviosismo, preocupación, consternación, inquietud, cautela, incertidumbre, pavor, miedo, terror, fobia y pánico.
4. **Placer:** felicidad, alegría, alivio, contento, dicha, deleite, diversión, orgullo, placer sensual, estremecimiento, embeleso, gratificación, satisfacción, euforia, extravagancia, éxtasis y manía como extremo.
5. **Amor:** aceptación, simpatía, confianza, amabilidad, afinidad, devoción, adoración, infatuación, amor espiritual.
6. **Sorpresa**: conmoción, asombro, desconcierto.
7. **Disgusto:** desdén, desprecio, menosprecio, aborrecimiento, aversión, disgusto, repulsión.
8. **Vergüenza:** culpabilidad, molestia, disgusto, remordimiento, humillación, arrepentimiento, mortificación y constricción.

Esta breve lista no pretende abarcar todas las combinaciones que se desprenden de las mencionadas como emociones básicas, las que son consideradas universales. Debemos considerar además, lo que se conoce como estados de ánimo, los que a diferencia de las emociones, son menos intensos y duraderos que estas.

Expresión de las emociones

Cuando nos sentimos incómodos ante alguien y apenas estamos conscientes de ello, generalmente se debe a que no sabemos qué piensa ni siente, no sabemos cuáles son sus emociones en ese momento. Es comprensible que en ocasiones ocultemos nuestras emociones y pensamientos como una medida de protección de nuestra imagen y persona ante situaciones sociales, laborales y otras; pero casi siempre dejamos entrever algunas señales que comunican a los otros cómo nos sentimos.

1. La comunicación verbal
   La manera más fácil de saber qué está sintiendo otra persona es preguntándole, pero no siempre obtenemos una respuesta sincera o correcta. ¿Cómo están para el examen? —pregunta la profesora—, ¡Súper bien, listos para la buena nota! —contestaron los alumnos, aunque en sus caras se refleja el susto ante la hoja en blanco; sus caras dirían «estamos aterrorizados porque no sabemos esta materia y si nos va mal, reprobaremos».
   Debido al desconocimiento, temor u otras razones, usualmente no sabemos o no estamos dispuestos a explicar qué es exactamente lo que estamos sintiendo. Es frecuente que no sepamos expresar qué es lo que sentimos; por ejemplo, un profesor puede hablar muy duramente a sus alumnos, a pesar de sentir un gran cariño por ellos.
   En otras ocasiones disminuimos la intensidad de las emociones, no obstante tener clara conciencia de cómo nos sentimos; por ejemplo, al preguntar a una alumna que llora desconsoladamente cómo se siente, ella puede decir que está «un poco apenada», aunque llore porque la ha dejado su novio.
   En otro tipo de situaciones, tendemos a negar completamente nuestros sentimientos, especialmente si son negativos. Por ejemplo, un niño puede decir que el niño más agresivo del curso no le ha robado el almuerzo (cuando realmente ha sido así) y que no tiene nada con él, cuando siente una profunda frustración y rabia por haber sido pasado a llevar.

En suma, el lenguaje verbal no siempre es suficiente para tener un acceso directo al corazón de las emociones, es necesario recurrir a otros indicios para completar la lectura de información.

2. Lenguaje no verbal
«Los hechos hablan más fuerte que las palabras» dice el refrán, e ilustra que nuestro cuerpo, con sus movimientos, posturas y gestos, está entregando continuamente información a nuestro interlocutor, estemos conscientes de ello o no. Por ejemplo, un profesor puede preguntar a su alumno si está atendiendo a la clase, él puede responder afirmativamente mientras está prácticamente acostado en la silla, con los brazos cruzados y bostezando continuamente; observando el lenguaje del cuerpo del alumno, el profesor ya tiene la respuesta.
El lenguaje no verbal se manifiesta a través de las *expresiones faciales*. Las básicas son fácilmente distinguibles en el rostro, incluso se considera que su expresión de las emociones básicas es innata y universal; por ejemplo, sabemos fácilmente cuando alguien está alegre con solo mirar su rostro, ya que está riendo. El *lenguaje corporal* nos aporta información sobre las emociones de la persona a través de sus posturas y movimientos. Por ejemplo, sabemos con facilidad cuando un alumno está nervioso ya que refleja una postura tensa, realiza movimientos repetitivos, rápidos y sin mucho sentido. La *distancia* que se mantiene en relación a las personas también comunica. En Latinoamérica cuando se mantiene una lejanía con las personas, ello podría interpretarse como evitación; en cambio si la persona se muestra muy cercana a otra, ello podría interpretarse como seducción o agresividad. Las *ac-*

ciones también son señales no verbales, así si un niño repetidamente no trae la tarea, puede indicarnos desinterés, problemas de aprendizaje u otras razones. Los *gestos* nos dicen mucho sobre lo que sentimos; si mientras ayudo a resolver una tarea a un alumno y coloco mi mano en su hombro, en muchas culturas esta conducta será interpretada como apoyo; si luego que termina con éxito su trabajo le estrecho firme y sostenidamente la mano, esta conducta posiblemente será interpretada como felicitaciones.

Diferencia de género en la expresión de las emociones

¿La experiencia emocional es vivida de modo distinto por hombres y por mujeres, o es que la expresión emocional de las experiencias es distinta para hombres y mujeres?

En general, podemos afirmar que los hombres experimentan las emociones igual que las mujeres. La gran diferencia es que los hombres tienden a inhibir cualquier expresión emocional, mientras que las mujeres se permiten ser más francas y estar en contacto con sus afectos.

Culturalmente, se considera que muchas emociones son impropias para un hombre, tales como: melancolía, tristeza, empatía, ternura, en otras culturas, los hombres son entrenados desde pequeños en el modelo de «los hombres no lloran». Esto deja una gama muy limitada para la expresión emocional masculina: ira, enojo y alegría, las cuales son socialmente aceptadas. Cuando los hombres están enojados, tienden a interpretar la causa como algo externo a ellos, por tanto usualmente vuelcan la expresión de su rabia hacia fuera de ellos (sobre otras personas, objetos o situaciones en las que se han sentido agredidos, traicionados o criticados). En cambio, las mujeres se violentan, en promedio, cuatro veces menos que los hombres ante las misma situaciones, tendiendo más bien a deprimirse como respuesta emocional, sintiéndose dolidas, tristes o decepcionadas, es decir, expresando la emoción sobre sí mismas.

Teorías sobre las emociones

¿Cuántas teorías de las emociones hay? Muchas, porque las emociones son un fenómeno tan complejo que ninguna teoría ha sido capaz de dar cuenta de todos los aspectos que implica la experiencia emocional. Podemos mencionar como principales teorías sobre las emociones a las de James-Lange, Cannon-Bard y Schachter-Singer.

1. Teoría de James-Lange
   Esta es una de las primeras explicaciones que fueron acuñadas sobre las emociones. Proponía que la experiencia emocional es una reacción ante sucesos fisiológicos que la anteceden, los cuales, a su vez se producen como respuesta automática a sucesos ocurridos en el medio que rodea a la persona. Desde este modelo «sentimos tristeza porque lloramos» (James, 1890).
   Para cada emoción importante existiría una reacción fisiológica específica, esta respuesta visceral nos lleva a reconocer la experiencia emocional como un tipo específico de emoción.
   Sin embargo, esta teoría tiene sus limitaciones, si se considera que para que funcione cada cambio visceral debería tomar fracciones de segundo, y en la realidad no es el caso. Además, podemos experimentar las emociones incluso antes de que se generen los cambios fisiológicos. Por esta lentitud de los cambios fisiológicos, se torna cuestionable que las emociones tengan su fuente en estos cambios.

Por otro lado, podemos experimentar determinados cambios fisiológicos sin que necesariamente se manifieste una experiencia emocional determinada. Así, podemos sentir agitada nuestra respiración, acelerado el ritmo cardíaco, la piel sudorosa, y no tener la experiencia o la emoción de miedo, puesto que también estas mismas reacciones pueden ser las respuestas fisiológicas normales luego de correr un tramo para alcanzar un autobús. La experiencia demuestra que no hay una correspondencia directa y unívoca entre una emoción y un cambio visceral, ya que estos por sí solos parecen ser insuficientes para generar emociones y un mismo cambio fisiológico (que son limitados) acompaña a una gran gama de emociones.

2. Teoría de Cannon-Bard
   Una perspectiva alternativa a James-Lange indicaba que las emociones producían como consecuencia cambios fisiológicos. Sus postulados se resumen en la idea de que la excitación fisiológica y la experiencia emocional son producidas simultáneamente por el mismo impulso nervioso, el que provendría del tálamo (zona del cerebro) y estimularía simultáneamente las vísceras que generarían la respuesta fisiológica y la región del cerebro que generaría la emoción (lo cual hasta el momento no ha sido demostrado).
   Actualmente se sabe que el hipotálamo y el sistema límbico están mucho más relacionados con las emociones que el tálamo.

3. Teoría de Schachter-Singer
   Las emociones serían etiquetas ya que en función del contexto en que nos encontremos, identificamos la emoción

en base a nuestro entorno y la comparación de nosotros mismos con las demás personas en la misma situación. Entonces, en determinadas circunstancias, las experiencias emocionales son una función conjunta de la excitación fisiológica y de la identificación de ésta. Cuando la fuente de excitación no es clara, podemos acudir al entorno para determinar qué es lo que estamos sintiendo.

LAS EMOCIONES EN LA SALA DE CLASES

¿Qué está sucediendo? Cada día es más frecuente ver en televisión a niños que disparan armas de fuego sobre sus propios compañeros de clase; nos enteramos de profesores agredidos por sus alumnos; alumnos que destrozan su colegio; alumnos violados; niñas embarazadas; consumo y tráfico de drogas, y la lista puede continuar. Esta oscura mirada puede dejarnos con una visión pesimista sobre el futuro en la sala de clases. En este capítulo aprenderemos que sí podemos hacer algo, para ello mostraremos algunos elementos que orientan sobre el manejo adecuado de nuestras emociones.

Antecedentes

Nadie está exento de lo mencionado anteriormente, nuestros tiempos se caracterizan porque la mayoría de las familias tienen cada vez más apremios económicos, los padres trabajan largas jornadas, muchas veces los niños quedan solos o al cuidado de alguien no siempre muy competente, y expuestos a largas horas de televisión; también son frecuentes los niños que carecen de la presencia de uno de sus padres producto de la separación. El cansancio y agobio atentan incluso con los pocos minutos en que pueden estar juntos como familia. Pero cabe preguntarnos ¿por qué a algunos niños no les va tan mal como a otros?, ¿qué los protege, si todo lo que les rodea es igual para ellos y sus padres? Podemos pensar que el incentivo de adecuadas aptitudes emocionales constituyen la base para que puedan desarrollarse exitosamente como personas.

La agresividad

Todos podemos recordar los frustrantes episodios con el niño agresivo del colegio, a quien evitábamos tanto como fuera posible.

Si indagamos en la vida de un niño catalogado como «matón», sin duda encontraremos que su vida no es muy fácil; padres ausentes o bien padres inconsistentes con su disciplina, y si la aplican, con frecuencia se han mostrado muy severos con sus castigos. Esto puede llevar a que estos niños constantemente estén a la defensiva y se muestren peleadores. Es una característica de estos niños que sobre reaccionen ante cualquier estímulo que consideren una burla, desprecio o injusticia. Más aun, tienden a ver a sus compañeros como más hostiles de lo que realmente son, se caracterizan por percibir erróneamente las conductas de los otros y verse a sí mismos como las víctimas. Su tolerancia emocional es baja, lo que los hace vulnerables a cualquier molestia y progresivamente por más cosas y con mayor frecuencia.

El germen de la violencia y la criminalidad se encuentra en estos niños agresivos, dado que su precaria capacidad de control influye negativamente en su rendimiento escolar, generando una mala imagen ante ellos mismos y los demás. Son considerados casos perdidos, son rechazados y difícilmente hacen amigos; tienden a unirse a otros «apartados», siendo presa fácil de la delincuencia, la vagancia, el alcoholismo y las drogas.

Desde esta perspectiva, lamentablemente, muchas veces los varones se trasforman en delincuentes; las niñas en cambio se transforman en madres solteras, dado que el embarazo parece ser una consecuencia casi inevitable en estas condiciones.

Sin embargo, lo anteriormente descrito *no es inevitable*, muchos programas de ayuda se han desarrollado para enseñar a los niños a reinterpretar como neutras o amistosas las conductas que ellos creían hostiles. Pueden aprender a colocarse en el lugar de otros y a imaginar cómo es que los ven, cómo sienten los otros cuando ellos son agresivos, etc. *Lo clave es enseñarles a reconocer sus sentimientos y los cambios físicos que en ellos se producen*, connotándolos como una señal para detenerse y reconsiderar un ataque. Para esto, los niños pueden ser entrenados en el autocontrol, enseñándoles por ejemplo, a contar hasta diez antes de responder, participando de teatralizaciones de situaciones que les molestan, entre otras alternativas. La clave de este entrenamiento está en la constancia y frecuencia.

Depresión en clase

Si abordamos la depresión desde una perspectiva emocional, veremos que la capacidad para relacionarse socialmente y la interpretación que se hace de los problemas son las principales causas de este trastorno cada vez más común en los alumnos.

Factores externos como el individualismo, la decadencia de las creencias y valores, la falta de modelos adecuados, la ausencia de apoyo en la familia y comunidad, hacen que un fracaso específico se transforme en algo permanente y magnificado, contribuyendo a un sentimiento generalizado de desesperanza.

En la escuela, los niños aprenden conductas exitosas imitando a quienes les ha ido bien; lamentablemente, los niños deprimidos tienden a aislarse o a juntarse con otros abandonados. Su tristeza y resentimiento les hace evitar el contacto con otros compañeros, lo cual es interpretado por estos como una señal de hostilidad, lo que ratifica la percepción de ambos y consolida un círculo vicioso.

Este aislamiento les impide aprender habilidades sociales propias del juego y la interacción, además estas emociones interfieren en el aprendizaje, en su concentración, memorización, en su capacidad de prestar atención y motivarse por conocer nuevas cosas.

Usualmente el pensamiento de estos niños favorece su trastorno depresivo, dado su actitud pesimista y su supuesta incapacidad para hacer, a través de sus propios medios, que las cosas mejoren. Los niños optimistas, en cambio, tienden a plantearse como capaces de resolver sus problemas y pedir ayuda, si la requieren.

Los episodios traumáticos como la muerte de un ser querido, el abandono o la separación de los padres, la pobreza, entre otros factores, tienden a desconcertar a los niños y fomentar su depresión.

Estas actitudes negativas pueden ser reformuladas por un entrenamiento, en el cual se enseñe a los niños que los estados de ánimos negativos (tristeza, ansiedad y rabia) pueden ser controlados mediante lo que uno piensa. Al mismo tiempo, se puede trabajar su autoestima enseñándole a manejar los desacuerdos, a pensar antes de actuar y a tomar decisiones efectivas como estudiar más para una prueba, en vez de alimentar el pensamiento de que no son capaces. Para generar este hábito, nuevamente se requiere tiempo y constancia.

Los solitarios

Como ya sabemos, los niños socialmente rechazados no hacen una buena lectura de las señales sociales y emocionales. Además, tienen una gama muy pobre de respuestas.

La hostilidad y timidez favorecen el aislamiento, muchas veces su torpeza social incomoda a sus compañeros, quienes tienden a abandonarlo. En lugar de aprender cómo hacer amigos, tienden a repetir lo que no les ha funcionado. Dado que son apartados, pierden la oportunidad de aprender las claves que permiten una eficiente interacción. Para quienes rodean a estos niños también se les hace complicado interactuar con ellos, puesto que no saben qué hacer con un niño que no es divertido como los otros. Si la situación se mantiene sin ninguna intervención, es muy probable que esta penosa condición tienda a agravarse con el tiempo.

La experiencia muestra que fomentar las amistades y el juego cooperativo, favorece el aprendizaje de las habilidades sociales y emocionales necesarias, las que a su vez le servirán para sus relaciones futuras como adulto.

Aprendiendo a hacer amigos:

En experiencias realizadas por profesionales de la salud mental, se entrenó a niños a «como hacer que los juegos sean más entretenidos», a través de mostrarse «amistosos, divertidos y agradables».

Para esto se designó a los niños catalogados como solitarios con el rol de «observadores», quienes debían informar al profesional las cosas que hacían los otros niños para que sus juegos resultaran entretenidos.

A través de este *aprendizaje vicario* (revisado más en detalle en el capítulo de aprendizaje y memoria), los niños identificaron y posteriormente implementaron las conductas emitidas por los niños considerados como populares, estas conductas pueden sintetizarse en: entregar alternativas de soluciones; comprometerse con nuevas reglas del juego en vez de pelear; recordar que debían conversar con quien estaban jugando, interesarse y hacerle preguntas; prestarle atención a lo que el otro hace; realizar comentarios agradables, sonreír, hacer preguntas y ofrecer ayuda.

También los niños pueden ser entrenados en protocolos sociales básicos a través de la grabación en video de sus conductas habituales, luego esta grabación es expuesta y analizada desde la perspectiva de lo que es posible mejorar en la expresión de sus sentimientos. Una vez que identifican lo que quieren optimizar, escogen otro compañero con el cual practican esta nueva habilidad.

En base a este entrenamiento metódico y sostenido, es altamente probable que los niños se incorporen a círculos de amigos, dejando de ser estigmatizados como ineptos y aburridos.

Destrezas emocionales a desarrollar

El autoconocimiento, la identificación, la expresión y manejo de los sentimientos, el control de los impulsos, el posponer la gratificación, el manejo del estrés y la ansiedad son habilidades generales que nos permiten relacionarnos adecuadamente con los demás.

Que el niño sea capaz de tomar decisiones, luego de controlar los impulsos, es fundamental para encontrar soluciones alternativas a los conflictos.

Las habilidades sociales consideran la adecuada interpretación de los estímulos provenientes de los otros, prestar atención y ponerse en el lugar de ellos, ser capaces de resistir a influencias negativas y comprender cuál es la respuesta adecuada en una determinada situación. Todas estas son tareas que los niños pueden y deben aprender en su interacción con otros, en la medida que desarrollen estas habilidades, ellas les ayudarán a su inserción en la sociedad en las distintas etapas de su crecimiento.

¿Cómo educar sobre emociones?

En este segmento revisaremos una serie de técnicas e ideas que facilitarán la labor del profesor al abordar el aprendizaje emocional. No pretendemos hacer un manual sobre el tema, sin embargo, se presentarán algunas sugerencias tipo. Considere aplicar estas técnicas de modo progresivo, según su numeración.

1. Pasando lista a las emociones
   Este ejercicio tiene como objetivo contactar a los alumnos con el estado de ánimo presente, facilitando su identificación, tanto por parte de los niños emocionalmente complicados como por parte de sus compañeros.
   Con este propósito, al inicio de la clase, en vez de pasar la lista de modo tradicional, mencione el nombre de los alumnos y consúltele a cada uno cómo se siente hoy. El alumno debe indicar el grado de su estado de ánimo, indicando 1 como mínimo y diez como máximo). Por ejemplo:
   - Juan: Me siento en nueve, hoy estoy muy feliz pues es mi cumpleaños.
   - Pedro: Hoy me siento en cinco, estoy nervioso porque no alcancé a estudiar mucho para la prueba.
   - Diego: Estoy en dos, tengo mucho sueño.

2. Enseñando el afecto
   Cuando enseñe sobre el manejo de las emociones, no solo enseñe sobre el afecto y las emociones, *enseñe a sentir, a*

reaccionar y vibrar con su propio ejemplo. De este modo su enseñanza será consistente y tendrá un efecto profundo en sus alumnos. Por ejemplo:

- Si Juan ha logrado terminar un trabajo difícil para él, no solo diga ¡qué bien!, puede abrazarlo o colocar su mano sobre el hombro de él.
- Si María está triste y desanimada, colóquese a su lado, a su altura, abrácela e invítela a contarle lo que sucede.

3. Repetición, paciencia y más repetición

No se preocupe si su intervención es modesta y sencilla, el verdadero valor está en la constancia y la repetición de los mensajes y conductas emocionales adecuadas. Esto porque, al repetir una y otra vez, nuestro cerebro lo registrará como un camino conocido y fortalecido; son secuencias neurológicas que se aplicarán automáticamente en situaciones de problemas, rabia o pena. Por ejemplo:

- Diego ha recibido un entrenamiento que consiste en contar hasta diez, lentamente, antes de responder a lo que él interpreta como un insulto. Esto será lo normal para él, evitándose muchos problemas en situaciones reales.
- Pedro (catalogado como niño hostil) practica el «encontrar una cosa buena» en cada niño con el que interactúa y verbalizarlo.

4. Cooperación

Si bien la competencia es un motivador, el logro del equipo también lo es. Para enseñara a trabajar en equipo, las tareas cooperativas son un buen recurso. Por ejemplo:

Invite a grupos pequeños a armar rompecabezas iguales para todo los grupos. El grupo que termina primero es felicitado e invitado a ofrecer su ayuda a quienes claramente lo requieran. El objetivo es terminar exitosamente el rompecabezas, no quien lo hace primero.

5. Desacuerdos
   Es natural que se presenten desacuerdos entre los niños, en los cuales se intercambian acaloradamente ideas, sentimientos y hasta insultos. Este es el momento preciso para enseñarles sobre el autocontrol a ellos y a sus compañeros. Por ejemplo:
   - Ante un conflicto no refuerce las suposiciones y conclusiones previas.
   - Refuerce la expresión de puntos de vista que no agravan el conflicto.
   - Requiera que cada parte se haga cargo de su punto de vista (mensajes «yo»); ejemplo «a mí me parece que...».
   - Fomente conductas de «escucha activa», como mantener un contacto visual.

   Recuerde que todos necesitamos algo de ayuda cuando nos sentimos molestos, los niños no son la excepción.

6. Enseñando a colocarse en el lugar del otro
   La empatía o ponernos en el lugar de otra persona es una habilidad que se aprende practicando. Fomentar que los niños hablen de sus problemáticas y de cómo se sienten, permite que quienes están a su alrededor se identifiquen con él más fácilmente.
   - Forme un círculo con los niños y recuerde el ejercicio 1 «pasando lista a las emociones».

- Elija las que tienen menos puntuaciones e invite al alumno a expresarse con mayor detención, preguntando ¿por qué te sientes así?
- Promueva a los otros niños a preguntar más sobre cómo se sienten.
- Consulte si alguien se ha sentido así alguna vez y qué han hecho para sentirse mejor.

7. Mis fortalezas y mis debilidades
Una adecuada conciencia de sí mismo, ser capaz de reconocer los propios sentimientos y asociarlos a los pensamientos, sentimientos y acciones, enseñará que el *cómo nos sentimos* tiene consecuencias positivas o negativas. Para esto:

- Plantee una situación imaginaria, pero cercana, como por ejemplo: a Roberto (un niño de otro colegio) otro niño lo pasó a llevar y su almuerzo se le cayó.
- Pregunte ¿cómo se sentirían ustedes?
- Invite a identificar las mejores respuestas (fortalezas) y las no tanto (debilidades).
- Promueva un diálogo sobre cómo mejorar las catalogadas como debilidades.
- Importante: *no califique* como «bueno» o «malo» las opiniones recibidas.

8. Identificando emociones
Identificar sentimientos y emociones en otros, darles un nombre y discriminar entre ellas es una de las claves de la aptitud emocional, evitando mal interpretar las claves recibidas. Previo a la clase, solicite que traigan recortes de revistas o diarios de personas expresando emociones, luego:

- Forme grupos de trabajo.
- Escriba en la pizarra el nombre de algunas emociones y deje que los niños elijan una.
- En una hoja grande deberán pegar los recortes que han traído, ordenando la intensidad de la emoción de menor a mayor.
- (Una variación de este ejercicio puede ser el observar un video (una película, un reportaje, etc.) sin sonido e invitando a que los niños identifiquen qué están sintiendo los actores).

9. ¿Cómo son mis emociones?
   Al igual que el ejercicio anterior, la idea es reconocer las propias reacciones físicas que acompañan una emoción. Puede jugar a lo siguiente:
   - Preparar tarjetas de papel con diversas emociones (alegría, susto, rabia, frustración, desgano, placer, etc).
   - Por medio de un «sorteo» entregue las tarjetas (que pueden ir dentro de un sobre) a cada niño.
   - Cada uno de ellos deberá «actuar» su emoción y los demás deberán adivinar qué emoción representa.
   - Luego de cada presentación, cada «actor» explicará qué se siente estar «feliz», por ejemplo, y qué le pasa a su cuerpo ante esto.
   - Los demás pueden complementar su descripción.

10. El buzón de las emociones
    Con el propósito de aplicar en la realidad las habilidades emocionales aprendidas, se sugiere:
    - Implemente una caja de cartón a modo de buzón de correos.
    - Invite a que los alumnos, de modo anónimo, depositen

sus experiencias, quejas, problemas y sugerencias respecto a la clase, la escuela, su familia, etc.
- Saque uno o dos papeles y sin mencionar los nombres de los involucrados lea el contenido.
- Invite al grupo a debatir y a pensar en maneras de abordarlos.
- Recalque que todos pasamos por estos problemas en uno u otro momento.

11. El semáforo de las emociones

En la medida que los niños interactúan con sus compañeros, sus relaciones adquieren más importancia, y sus amistades progresivamente serán de mejor calidad al ser más empáticos, controlar sus impulsos y al manejar el enojo.
- Prepare una hoja grande y visible con un semáforo, con la siguiente leyenda: el color rojo = Detente, cálmate y piensa antes de actuar. El color amarillo = Cuenta cómo te sientes, sé positivo, piensa en soluciones y piensa en las consecuencias posteriores.
- El color verde = Adelante, pon en práctica el mejor plan.
- Implemente juegos de simulación, en los cuales requiera una acción como respuesta. Solicite que el niño verbalice los pasos representados por el semáforo.

Es importante repetir una y otra vez este ejercicio durante mucho tiempo.

12. Preparando mediadores

El considerar la violencia como inútil para resolver conflictos y el favorecer la búsqueda de soluciones alternativas, son habilidades que le servirán a los alumnos para siempre. Muchas veces se requerirá un mediador que facilitará el proceso de soluciones. Con el propósito de entrenarlos, se sugiere:

- Solicite a sus alumnos que hagan una pequeña representación de un problema común, por ejemplo una pelea con un hermano.
- En la representación deben identificar un momento en que la tensión les impida encontrar una solución adecuada y deben solicitar la ayuda de un mediador.
- Este mediador deberá consultar sobre lo sucedido, procurando ser imparcial.
- Deberá sentarse con los involucrados y hacer que cada uno hable a la vez y que el otro escuche sin interrumpir.
- En todo momento deberá solicitar que los diálogos se expresen lo más calmadamente posible.
- Deberá solicitar que el otro repita lo que ha escuchado y pedirá una confirmación de su interlocutor.
- Solicitará a ambas partes soluciones, de las que se elegirá una de común acuerdo. Si es posible, se dejará por escrito y ambas partes la firmarán. Este acuerdo se expondrá en un sector de la sala habilitado para tal efecto.
- Este ejercicio podrá ser aplicado con casos reales solo cuando el grupo tenga la madurez para hacerlo, previo a esto se sugiere que el profesor oficie de mediador.

Es importante considerar que las personas no cambiamos de un día para otro, tampoco los niños. A medida que éstos avanzan en su «educación emocional» se observarán mejoras en la sala de clases y por sobre todo en su madurez y crecimiento como personas.

BIBLIOGRAFÍA

Davidoff, Linda. *Introducción a la psicología.* México: Ed. Mc Graw Hill, 2ª. Edición, 1984.

Feldman, Robert. *Psicología con aplicaciones a los países de habla hispana*. México: Ed Mc Graw Hill, 1998.

Goleman, Daniel. *La inteligencia emocional.* México: Ed. Javier Vergara, 1996.

Morris, Charles. *Psicología.* México: Ed. Prentice Hall, 1999.

Sprinthall, Norman; Sprinthall Richard y Oja Sharon. *Psicología de la educación*. Madrid: Ed. Mc Graw Hill, 1996.

Whittaker, James y Sandra. *Psicología*. México: Ed. Interamericana, 4ª. Edición, 1985.

3

¿CÓMO LLEGAMOS A SER LO QUE SOMOS?: PERSONALIDAD

por Jorge Sobarzo

CUESTIONES SOBRE LA DEFINICIÓN

¿Qué es la personalidad? Esta pregunta es fácil de plantear, pero difícil de responder incluso teniendo en cuenta que, como idea, la personalidad tiene miles de años de antigüedad. Desde el punto de vista histórico, la palabra personalidad deriva del término griego *persona,* que originalmente representaba la máscara utilizada por los actores de teatro; sin embargo, su significación ha cambiado a lo largo de la historia. Como tal, la máscara sugería una pretensión de apariencia, o sea, la posesión de otros rasgos, además de los que normalmente caracterizaban al individuo que había tras la máscara, es decir, uno era el personaje representado y otro distinto la persona que estaba tras de ella. Un actor puede enfermar, viajar, o morir y el personaje permanece, pudiendo ser reemplazado para que lo represente otro actor.

Con el tiempo, el término *persona* perdió la connotación de ilusión y pretensión, y empezó a representar no a la máscara, sino a la persona real, sus características aparentes, explícitas y manifiestas. De estos dos rasgos esenciales, la máscara y el actor, se deriva lo que hoy llamamos persona y personalidad: a saber, el fenómeno de la permanencia a través del tiempo y la dialéctica entre identidad de sí mismo e identidad de rol.

El tercer y último significado que ha adquirido el término personalidad va más allá de lo que se aprecia en la superficie y se centra en las características psicológicas más internas, ocultas y menos aparentes del individuo. Por tanto, a través de la historia el significado de este término ha cambiado desde la ilusión externa a la realidad aparente y finalmente a los rasgos internos menos visibles. Este tercer significado es el más cercano a su uso contemporáneo. Hay que tomar en cuenta que en rigor uno no «tiene personalidad» sino «es una personalidad».

Clásicamente se ha distinguido entre el temperamento, el carácter y la personalidad, yendo de lo más biológico a lo más espiritual; sin embargo no es fácil aislar uno del otro. Las palabras carácter y temperamento se han usado con frecuencia como términos intercambiables en la literatura de la personalidad. Al hablar del *temperamento* se pone el énfasis en lo genético, en lo biológico y constitucional, que es parte de lo heredable de la personalidad y sería lo menos alterable de ella. Actualmente el término temperamento se ha visto restringido a la disposición constitucional de un individuo para la actividad y reactividad emocional. En el *carácter* se subraya la influencia del medio ambiente y, en especial, de las experiencias de relación interpersonal temprana con los padres, la familia y luego, con la sociedad. Esta sería la parte que más se modificaría de la personalidad.

El término carácter, derivado del vocablo griego «grabar», se utilizó inicialmente para identificar las características distintivas que constituían la «marca» de la persona y se ha utilizado de dos maneras: una hacía referencia a las características de la persona y se parecía al concepto de personalidad, y la otra se ha asociado a las características morales de la persona, cómo la persona ha incorporado los preceptos y las costumbres sociales de su grupo cultural. Los factores temperamentales y caracterológicos —a través de secuencias dinámicas de interacciones que tienen especial relevancia en la niñez y adolescencia— llevan a la formación de una estructura progresivamente estable, que en el adulto joven alcanza una definición más clara y perdurable. La mayor parte de los individuos muestra una combinación de múltiples rasgos de carácter que origina una personalidad balanceada. Esta personalidad la podríamos definir como aquel conjunto estable de modos de comportarse, vivir y pensar de un individuo a lo largo del tiempo. También es la personalidad la que lleva a actuar de modo consistente y predecible en situaciones diversas, así como a lo largo de períodos prolongados.

La personalidad puede definirse como la *totalidad de los rasgos emocionales y de conducta que caracterizan a una persona en su vida diaria en condiciones normales*; es por lo tanto, relativamente estable y predecible. Existiría entonces la probabilidad de que la personalidad, como otras áreas de la vida psíquica, se enferme. A esta condición se le llama trastornos de la personalidad. Un trastorno de la personalidad supone una variante de estos rasgos, que van más allá de lo que normalmente presenta la mayoría de las personas. Solo cuando los rasgos de personalidad son inflexibles e incapaces de adaptarse y, causan un deterioro funcional significativo o bien un malestar subjetivo, constituyen un trastorno de la personalidad. Los pacientes con este tipo de trastornos presentan patrones de relación y percepción de sí mismos y del ambiente inflexibles, faltos de adaptación y muy arraigados. Se dice, que estas personas sufren y hacen sufrir a los demás.

Quisiera además recalcar que desde la antigüedad han existido intentos de clasificar modos de ser o variantes de personalidad. Por ejemplo, Hipócrates y luego Galeno desarrollaron la teoría humoral, según la cual las enfermedades surgían de excesos de sangre, bilis amarilla, bilis negra o flema; excesos que a su vez determinaban las cuatros disposiciones temperamentales básicas: sanguínea, colérica, melancólica y flemática. Durante el siglo XIX, los frenólogos (estudiosos del sistema nervioso como se les llamaba en aquel entonces) relacionaron ubicaciones y deformaciones craneales específicas con treinta y siete rasgos individuales, tales como memoria, confianza, ambición, fidelidad, interés sexual, etc. Todas estas teorías actualmente han sido descartadas. Sin embargo, se ha corroborado la idea de la relación que existiría entre la arquitectura física y determinados rasgos de la personalidad. Kretschmer describió distintos tipos físicos, como el atlético, asténico, y displástico, y los correlacionó con los caracteres ciclotímicos (extrovertidos), epilépticos, esquizoide y un grupo final misceláneo. Otro autor, Sheldon, relacionó la predominancia de las conformaciones corporales con las diferentes capas del desarrollo embriológico. Al endomorfo, mesomorfo y ectomorfo los relacionó con los caracteres viscerotónico, somatotónico y cerebrotónico, respectivamente.

Hay que mencionar que Freud relacionó rasgos como puntillosidad, parsimonia y obstinación con el predominio del erotismo anal en un individuo. Después se agregó la descripción de un carácter oral, caracterizado por la dependencia en el amor y en el cuidado de los demás, por una actitud optimista y confiada en exceso hacia la vida, y una reacción de angustia, frustración y rabia fáciles cuando la fuente externa de apoyo o seguridad les falla. Más adelante se elaboró el concepto psicoanalítico de «neurosis del carácter», por Wilhelm Reich, que agregó a los caracteres preedípicos o pregenitales, los de carácter genital o postedípico; que caracterizan la conducta de individuos maduros, con capacidad de amar y trabajar productiva y creativamente. Carl Jung describió, a su vez, dos tipos básicos de personalidad: el introvertido y el extrovertido. El primero se centra y repliega en sí mismo, comunicándose poco con el medio; son más bien personas parcas y de pocas palabras que pueden presentar predisposición a desarrollar esquizofrenia, si las características previamente señaladas se manifiestan en forma extrema. Por su parte, los extrovertidos muestran mayor predisposición a la enfermedad bipolar; son individuos alegres, habladores y «dicharacheros» y estando bien, tienen excelentes relaciones interpersonales.

En los párrafos anteriores, hemos presentado las características de la personalidad a través de la historia. En los puntos siguientes expondremos varios enfoques o teorías de la personalidad. Comenzaremos por la teoría más amplia y comprensiva: la teoría psicoanalítica de Freud, luego presentaremos teorías que enfocan la personalidad como un conjunto de comportamientos aprendidos y enfoques conocidos como teorías humanistas, que destacan los aspectos humanos únicos de la personalidad. Ninguna de estas teorías por sí mismas explican todo lo complejo del tema, en conjunto permiten que nos hagamos una idea del concepto de la personalidad en el ser humano.

ENFOQUES PSICOANALÍTICOS DE LA PERSONALIDAD

Según los psicoanalistas, el comportamiento humano (su conducta) es impulsado en gran medida por fuerzas poderosas del interior de la personalidad de las que no somos conscientes, es decir, su influjo es imperceptible para nuestros sentidos. Estas fuerzas ocultas, moldeadas por las experiencias de la infancia, desempeñan un papel importante para energizar y darle dirección a nuestro comportamiento cotidiano.

Sigmund Freud médico neurólogo austriaco, fue el fundador del psicoanálisis a fines del siglo XIX y principios del siglo XX.

La teoría psicoanalítica de Freud

Probablemente a todo nos ha pasado que nos hemos sorprendido haciendo o diciendo cosas que no podemos explicar y que delatan una parte nuestra de la cual no estamos conscientes. Seguramente también nos ha pasado que hemos cometido errores en circunstancias muy especiales, los cuales dejan entrever un deseo más profundo del cual no somos del todo concientes. Desde soñar ciertas cosas, hasta sin querer, decir cosas que nos delatan y nos sorprenden. Se trata de una expresión de emociones y pensamientos sentidos en forma muy profunda, ubicados en una parte de nuestra mente que es no es evidente para nosotros y que se llama, desde la perspectiva de este modelo: el *inconsciente*. El inconsciente es una parte de la personalidad de la cual las personas no nos damos cuenta. El inconsciente contiene *impulsos instintivos:* anhelos infantiles, deseos, demandas y necesidades que están ocultos de la conciencia. La razón para que permanezcan ocultos es debido a los conflictos, dolor y vergüenza que causarían si fueran parte de nuestras vidas cotidianas. Muchas de las experiencias de la vida son dolorosas y el inconsciente nos ofrece un refugio «seguro» para ocultar el recuerdo de tales sucesos. Los recuerdos desagradables pueden permanecer en nuestro inconsciente sin molestarnos de forma constante.

Probablemente, el descubrimiento más importante y duradero de Freud fue la influencia de la realidad psíquica sobre el desarrollo y la formación de conflictos. Freud descubrió que el desarrollo y la formación de conflictos dependía de la experiencia subjetiva de los acontecimientos vividos en la infancia (es decir, la realidad psíquica de los acontecimientos) más que de la verdadera presencia o ausencia de esos sucesos.

Para Freud, la experiencia consciente solo es la punta del «iceberg psicológico». Como la masa que no se ve de aquellos cuerpos de hielo, el material que se encuentra en el inconsciente es mucho más grande que el que se ve. Se considera que gran parte del comportamiento cotidiano de las personas es motivado por fuerzas inconscientes. Por ejemplo, la preocupación de una niña que no puede complacer a sus estrictos y exigentes padres puede provocarle una escasa autoestima en la edad adulta, aun cuando pudiese ser muy exitosa. Además, en un nivel consciente puede recordar su niñez con mucho placer, pero es en su inconsciente donde se conservan los recuerdos dolorosos, y a pesar de no recordarlos concientemente tienen la fuerza de provocarle una autoevaluación baja.

Para comprender mejor la personalidad, de acuerdo con Freud, es preciso esclarecer y exponer lo que existe en el inconsciente. Pero, como este disfraza el significado del material que conserva, no puede ser observado de modo directo.

Por tanto, se precisa interpretar sus claves —errores al hablar, fantasías y sueños— con el fin de comprender los procesos inconscientes que dirigen el comportamiento.

La estructuración de la personalidad: ello, yo y super yo

Para describir la estructura de la personalidad, Freud desarrolló una vasta teoría. Esta sostiene que la personalidad está integrada por tres componentes distintos que interaccionan entre sí: el **ello** (o *id*), el **yo** (o *ego)* y el **super yo** (o *superego).* Freud sugirió una representación gráfica de tres estructuras con el fin de mostrar cómo se relacionan con el consciente y el inconsciente.

A pesar de que Freud describió los tres componentes de la personalidad en términos muy precisos, es importante decir que no se trata de estructuras físicas ubicadas en una parte del cerebro. Por el contrario, representan concepciones abstractas de un *modelo* general de la personalidad que describe la interacción de diversos procesos y fuerzas internas de la personalidad del individuo, que motivan su comportamiento. Sin embargo, a pesar de esta observación, las actuales investigaciones en neurociencia han afirmado que existiría una zona ubicada en el sistema límbico, la amígdala, donde radicarían las emociones básicas para enfrentar la vida. Esta zona respondería al principio del placer, es decir, la gratificación inmediata. Esta zona podría asimilarse como el *asiento del ello*. También existe una zona en el cerebro que está encargada del discernimiento de la realidad, la zona prefrontal, que se podría asimilar con las funciones descritas por Freud para el yo y el super yo.

Si la personalidad solo consistiera de deseos y anhelos primitivos e instintivos tendría exclusivamente un componente: el ello. El *ello* es la parte de la personalidad primitiva, no organizada y heredada, presente desde el momento del nacimiento. El único objetivo del *ello* es la reducción de la tensión generada por pulsiones primitivas relacionadas con el hambre, el sexo, la agresividad y los impulsos irracionales. Estos impulsos son abastecidos por la «energía psíquica» o libido, como la llamó Freud. Por tanto, el ello funciona siguiendo el *principio del placer,* que tiene como meta la reducción inmediata de la tensión y la maximización de la satisfacción.

Por desgracia para el ello —pero por fortuna para las personas y la sociedad— la realidad evita que se satisfagan en la mayoría de los casos las exigencias del principio del placer. En lugar de esto, el mundo produce restricciones: no siempre podemos comer cuando tenemos hambre y solo es posible descargar nuestros impulsos sexuales cuando lo permiten el tiempo, el lugar y la pareja. Para conceptualizar este hecho de la vida, Freud postuló un segundo componente de la personalidad, al que llamó «yo».

El *yo* amortigua las relaciones entre el *ello* y las realidades objetivas del mundo exterior. A diferencia de la naturaleza del ello, buscadora de placer, el yo actúa con base en el *principio de realidad,* que restringe la energía instintiva con el fin de conservar la seguridad del individuo y ayudarlo a integrarse a la sociedad. Por tanto, en cierta forma, el yo es el «ejecutivo» de la personalidad: toma decisiones, controla las acciones y permite el pensamiento y la solución de problemas de orden superior a las que puede lograr el ello. Al mismo tiempo, el yo es el asiento de las capacidades cognitivas superiores, como la inteligencia, la reflexión, el razonamiento y el aprendizaje.

El *super yo*, el aspecto de la personalidad que se desarrolla en último término, representa lo que se debe y lo que no se debe hacer en sociedad, tal como lo transmiten los padres y los diferentes agentes de socialización de los niños. Se integra a la personalidad en la infancia, cuando se aprende a distinguir el bien del mal, y continúa desarrollándose conforme las personas incorporan a sus propios patrones los principios morales amplios de la sociedad en la que viven.

El super yo tiene dos componentes: la *conciencia* y el *yo ideal.* La conciencia nos impide realizar acciones que infringen la moral y el yo ideal nos motiva a realizar lo que es moralmente correcto. El super yo ayuda a controlar los impulsos provenientes del ello y propende a que nuestro comportamiento sea menos egocéntrico y más virtuoso.

A pesar de que en apariencia el super yo parece ser contrario al ello, ambos componentes de la personalidad comparten una característica importante: los dos son poco realistas en tanto que no toman en cuenta las realidades prácticas impuestas por la sociedad. Así, el super yo incita a la persona hacia una mayor virtud: si no se le vigilara de cerca, generaría seres perfeccionistas, incapaces de asumir los compromisos que implica la vida. De modo similar, un ello sin restricciones generaría a un individuo primitivo y desconsiderado que solo se inclinaría al placer por tratar de satisfacer —sin demora alguna— todos sus deseos. Por tanto, el yo debe equilibrar, mediante concesiones, las exigencias del super yo y las del ello, permitiéndole a una persona resistirse a la obtención de parte de la gratificación perseguida por el ello, al mismo tiempo que vigila al moralista super yo para que no impida que la persona obtenga alguna gratificación.

La personalidad en desarrollo: un enfoque por etapas

Freud ofreció también una perspectiva acerca de cómo se desarrolla la personalidad a lo largo de una serie de etapas que ocurren en la infancia (para más detalle ver el Capítulo 3 referente a las Etapas del desarrollo). La importancia de la secuencia que propuso, radica en su explicación acerca de cómo las experiencias y dificultades acontecidas durante una etapa específica de la infancia pueden predecir clases particulares de idiosincrasias en la personalidad del adulto. Esta teoría también es única porque relaciona cada una de las etapas con una función biológica de importancia, la cual Freud asumía como centro de placer en un período determinado.

Etapa	Edad	Características principales
Oral	Del nacimiento a los 12-18 meses	Interés en la gratificación al chupar, comer y morder.
Anal	De los 12-18 meses hasta los 3 años	Gratificación al expeler y retener las heces fecales. Aceptación de las exigencias sociales relativas al control de esfínteres.
Fálica	De los 3 años a los 5-6 años	Interés en los genitales. Solución del complejo de Edipo que conlleva a la identificación con el progenitor del mismo sexo.
Latencia	De los 5-6 años hasta el inicio de la adolescencia	Preocupaciones sexuales casi sin importancia.
Genital	De la adolescencia hasta la edad adulta	Resurgimiento de los intereses sexuales y establecimiento de relaciones sexuales maduras.

Al primer período de desarrollo se le denomina etapa oral y es cuando la boca del bebé es el centro del placer. En el lapso que va de los primeros 12 a 18 meses de vida, los niños llevan a su boca, para chupar o morder cualquier cosa que les quede cerca. Para Freud, este comportamiento sugería que la boca era el sitio de localización de un tipo de placer sexual. Si los bebés son tratados con una permisividad excesiva (como puede ser el caso cuando se les proporciona alimento cada vez que lloran) o se les frustra en su búsqueda de gratificación oral, puede ser que permanezcan fijados en esta etapa. Cuando un adulto exhibe una fijación significa que este muestra rasgos de personalidad característicos de una etapa previa del desarrollo debido a un conflicto no resuelto derivado durante ese periodo. Por ejemplo, la fijación en la etapa oral podría generar en un adulto, que se interese con exceso en actividades típicamente orales —comer, hablar, fumar— o que exhibiera intereses orales simbólicos: ser «mordazmente» sarcástico o sumamente crédulo (que se «traga» cualquier cosa).

Se estima que entre los 12 y 18 meses y hasta los tres años de edad —en la cultura occidental es el período donde se pone énfasis en el adiestramiento para ir al baño— el niño pasa por la etapa anal. En este momento la principal fuente de placer se desplaza de la boca hacia la región anal, por lo cual los niños obtienen un gran placer tanto de la retención como de la expulsión de las heces. Si el adiestramiento para ir al baño es muy exigente, se puede producir una fijación. Al respecto Freud sugirió que cuando esto ocurre los adultos llegan a exhibir un orden exagerado, mucha rigidez y puntualidad; o lo extremo, desorden o desorganización.

Alrededor de los tres años comienza la etapa fálica y la fuente primaria de placer del niño se desplaza. El interés se centra en los genitales y los placeres que origina su manipulación. En esta etapa, de acuerdo con la teoría freudiana, surge uno de los elementos más importantes en el desarrollo de la personalidad: *el complejo de Edipo*. Al mismo tiempo en que los niños centran su atención en los genitales, las diferencias existentes entre la anatomía femenina y la masculina adquieren mayor preponderancia. Por otro lado, Freud creía que en este momento el niño comienza a desarrollar interés sexual por su madre, el cual lo lleva a percibir a su padre como un rival, y siente deseos de matarlo —como lo hizo Edipo en la antigua tragedia griega—. Sin embargo, la poderosa imagen paterna lo obliga a reprimir sus intenciones y lo atemoriza de tal manera que le provoca una «ansiedad de castración». Dicho temor aumenta su intensidad hasta que el niño finalmente reprime el deseo que siente por su madre y al desplazarlo escoge identificarse con su padre y trata de parecérsele lo más posible.

El proceso es distinto en el caso de las niñas. Freud propuso que ellas comienzan a experimentar atracción sexual hacia sus padres —en un planteamiento que vino después a generar serias acusaciones en el sentido de que Freud concebía a las mujeres como seres inferiores a los hombres— y a sentir una *envidia del pene*. En esta etapa las niñas desean tener la parte anatómica que parece claramente «faltarle» a ellas, por lo menos según Freud. Cuando las niñas culpan a sus madres por la carencia de pene de aquellas, llegan a creer que sus madres son las responsables de su «castración». Sin embargo, al igual que ocurre con los niños, comprenden que para resolver sentimientos tan poco aceptables deben identificarse con el progenitor del mismo sexo, comportarse como sus madres y adoptar sus actitudes y valores. De este modo se concreta la identificación de una niña con su madre.

Cuando los pequeños logran esta identificación, el complejo de Edipo se ha resuelto y se asume, desde la perspectiva de la teoría freudiana, que tanto los niños como las niñas pasan a la siguiente etapa del desarrollo. Si esto no sucede así y surgen dificultades durante este periodo, se piensa que se produce todo tipo de problemas, que incluyen un comportamiento inadecuado en cuanto al papel sexual e incapacidad para desarrollar una conciencia.

Después de la solución del complejo de Edipo, que suele producirse entre los cinco y seis años, los niños ingresan al periodo de latencia, que abarca hasta la pubertad. Según Freud, a lo largo de este periodo suceden pocas cosas de interés. Los intereses sexuales disminuyen, incluso en el inconsciente. Después, ya durante la adolescencia resurgen los deseos sexuales, lo cual señala el inicio del periodo final, la etapa genital que dura hasta la muerte. El centro del placer durante la etapa genital se ubica en la sexualidad madura y adulta, la cual Freud definió como la de las relaciones sexuales.

Mecanismos de defensa

Los esfuerzos de Freud por teorizar acerca de la dinámica subyacente a la personalidad y su desarrollo y por describirla fueron motivados por problemas de orden práctico que aquejaban a sus pacientes, los cuales debían enfrentar la ansie*dad:* una experiencia emocional intensa y negativa. Freud identificó la ansiedad como una señal de peligro para el yo. Aunque esta puede producirse por temores realistas —como ver un perro rabioso que está a punto de atacar—, también se puede padecer de *ansiedad neurótica:* forma en la que impulsos irracionales provenientes del ello amenazan con desbordarse y se vuelven incontrolables. Debido a que la ansiedad es molesta por naturaleza, Freud creía que las personas desarrollaban una serie de mecanismos de defensa para enfrentarla. Los mecanismos de defensa son estrategias inconscientes utilizadas para reducir la ansiedad al ocultar ante el propio individuo y ante los demás el origen de esta.

El principal mecanismo de defensa es la *represión.* Mediante ella los impulsos inestables o desagradables provenientes del ello son devueltos hacia el inconsciente. La represión es la forma más directa para tratar con la ansiedad; en lugar de manejar un impulso productor de ansiedad en el nivel consciente, lo que se hace, sencillamente, es ignorarlo. Por ejemplo, un estudiante universitario que experimenta odio hacia su padre podría reprimir estos sentimientos inaceptables desde el punto de vista personal y social. Por tanto, quedarían atrapados en el interior del ello, puesto que reconocerlos le produciría ansiedad. Sin embargo, esto no significa que esos sentimientos carezcan de efectos: los verdaderos sentimientos pueden revelarse mediante sueños, errores al hablar o, de modo simbólico, en alguna otra forma. Por ejemplo, el estudiante podría tener dificultades al relacionarse con aquello que represente autoridad, como los maestros, y tener un mal desempeño escolar. O podría enrolarse en el ejército, donde podría impartir órdenes severas a los demás sin que estos pudieran cuestionarle su actitud.

Si la represión no es eficaz para controlar la ansiedad, pueden entrar en juego otros mecanismos de defensa. Por ejemplo, se podría utilizar la *regresión,* en donde las personas se comportan como si se encontraran en una etapa previa del desarrollo. Al actuar como si se estuviera en una edad anterior —como quejarse con amargura y hacer berrinches— podrían lograr tener menos exigencias. Por ejemplo, un estudiante abrumado por los exámenes podría actuar de manera inmadura e infantil para escapar de sus responsabilidades.

Quien se haya enfurecido en alguna ocasión por ser víctima de la injusticia de un profesor y después encuentre a un compañero suyo y le grite, sabe en qué consiste el desplazamiento. Mediante el *desplazamiento,* la expresión de un sentimiento o pensamiento indeseable se dirige de una persona amenazadora y poderosa a una persona más débil. Ejemplo clásico de este comportamiento es el jefe que da gritos a su secretaria después de que lo ha regañado el gerente.

Otro mecanismo de defensa es la *racionalización,* y se da cuando deformamos la realidad al justificar lo que nos sucede. Elaboramos explicaciones que nos permiten proteger nuestra autoestima. Si alguna vez escuchó a alguien expresar su despreocupación respecto a ser plantado en una cita argumentando que en realidad debía estudiar mucho en esa ocasión, es muy probable que haya presenciado un acto de racionalización.

Mediante la *negación* la persona simplemente se rehúsa de inmediato a reconocer o aceptar una información que le produce ansiedad. Por ejemplo, cuando se notifica a un hombre que su esposa ha muerto en un accidente automovilístico, al principio puede tratar de negar la tragedia, asegurando que debe tratarse de un error. Solo más tarde, cuando la realidad se imponga, aceptará gradualmente de manera consciente que su esposa ha muerto. Existen casos extremos en que la negación perdura; el hombre puede seguir esperando que su esposa regrese a casa.

Mediante la *proyección* el individuo busca defenderse atribuyéndoles a otros sus impulsos y sentimientos desagradables. Por ejemplo, un hombre con un sentimiento de insatisfacción respecto a su desempeño sexual puede acusar a su mujer de ser *ella* quien tiene problemas sexuales.

Por último, la *sublimación* es un mecanismo de defensa que fue considerado por Freud como saludable y aceptable en sentido social. Mediante la *sublimación* las personas desvían impulsos no deseables hacia pensamientos, sentimientos o comportamientos que cuentan con la aprobación de la sociedad. Por ejemplo, una persona con fuertes tendencias agresivas puede convertirse en jugador de fútbol americano o instructor de karate. La sublimación le permite a las personas no solo aliviar la tensión psíquica, también les da la oportunidad de hacerlo de un modo socialmente aceptado.

Según la teoría freudiana todos utilizamos, en distinto grado, mecanismos de defensa, pudiendo servir para un propósito útil al protegernos de información desagradable Pero algunas personas los emplean en tal medida que deben usar un alto grado de energía psíquica para ocultar y canalizar sus impulsos no aceptables. Cuando ocurre esto la vida cotidiana se dificulta. En estos casos el resultado es lo que Freud llamó «neurosis»: un trastorno mental producido por la ansiedad.

Al evaluar la teoría de la personalidad propuesta por Freud uno encuentra que más que ninguna otra teoría psicológica, ella presenta un conjunto elaborado y complejo de propuestas que resultan difícil de digerir o aceptar porque se alejan bastante de las explicaciones cotidianas que se dan acerca de las cosas que le ocurren al ser humano. Tanto los legos como los entendidos critican la validez de sus postulados. Entre las objeciones más importantes está la pregunta de si el psicoanálisis es o no una teoría científica. Como toda teoría, se espera que pueda estar fundamentada sobre datos científicos y que sea factible predecir un acontecimiento, y que mediante la experimentación pueda replicarse. Nada de esto es posible en el psicoanálisis. Esto se debe, en parte, a que Freud basó su teoría respecto a la personalidad en conceptos abstractos que no son observables. Por lo tanto genera una historia interesante que permite explicar acontecimientos pero no nos permite elaborarlos de acuerdo al método científico. También se critica a Freud por elaborar sus teorías a partir del estudio de una población muy limitada, mujeres austriacas de clase alta que vivieron en una época estricta y puritana. A partir de ellas se hace una extrapolación que resulta difícil de aceptar, por lo que se considera que sus aseveraciones no son aplicables a todas las culturas y todas las épocas.

No obstante lo anterior, a pesar de todas las críticas, la teoría freudiana ha tenido una enorme influencia en el campo de la psicología y en buena parte del pensamiento occidental. Su visión acerca del inconsciente, la ansiedad, los mecanismos de defensa y los problemas infantiles que causan las dificultades psicológicas de los adultos, han sido incorporados a las concepciones generales que tienen las personas sobre el comportamiento humano, incluyendo su comprensión de las causas de la propia conducta.

ENFOQUE DE ORIENTACIÓN COGNITIVO CONDUCTUAL DE LA PERSONALIDAD

Este enfoque surge primero como el desarrollo de teorías conductuales y después cognitivas acerca de la personalidad. Sin embargo, se expresan en forma inversa por la importancia de lo cognitivo sobre la conducta, una depende de la otra.

El conductismo es una corriente dentro de la psicología que, en su momento, representó la revolución más radical en el enfoque del psiquismo humano. Nace en un momento histórico (Siglo XX) dominado por el introspeccionismo y en su posición manifiesta que lo que es objeto de estudio es la conducta y no la conciencia. Para más detalle, ver el capítulo 4 referido al Aprendizaje.

Su fundamento teórico está basado en que a un estímulo le sigue una respuesta, siendo esta el resultado de la interacción entre el organismo que recibe el estímulo y el medio ambiente.

El nacimiento del conductismo suele centrarse en J. B. Watson (1913). Desde sus inicios esta corriente estuvo muy relacionada con la psicología experimental. Influenciado por Pavlov, quien consideraba que los actos de la vida no eran más que reflejos, y por Betcherev, que se interesaba especialmente por los reflejos musculares, el condicionamiento empieza a ocupar un lugar central en la teoría conductista.

El principio del condicionamiento surge al describir que en el organismo existen respuestas incondicionadas ante determinadas situaciones. Pero con el desarrollo se irían asociando estas respuestas incondicionadas a situaciones específicas y se harían condicionadas a dichas situaciones. Estudiando los procesos de condicionamiento se podrían detectar unidades o patrones muy precisos de estímulos y de respuestas, pudiéndose definir mejor la interacción entre organismo y ambiente. Así, se suponía que los comportamientos humanos complejos eran el resultado de una larga historia de condicionamientos. Y a través de estas conclusiones, comenzó a adquirir importancia el estudio del aprendizaje que comienza en el hombre desde su infancia.

Los aportes de Pavlov y Skinner —los padres del condicionamiento clásico y del operante, respectivamente—, fueron especialmente importantes pues en ellas se consolidan las nociones más elementales del conductismo y en ellas, además, están basadas la mayoría de las terapias puramente conductuales en la actualidad.

La teoría del aprendizaje social sostiene que los niños aprenden mediante la observación e imitación de modelos y que la conducta aprendida se refuerza mediante un sistema de recompensas y castigos. El teórico más destacado del aprendizaje social es Albert Bandura. Difiere del conductismo en que toma al aprendiz como un sujeto activo de su propio aprendizaje. De acuerdo a este modelo, las personas aprenden en un contexto social y el aprendizaje humano es más complejo de lo que permite el simple condicionamiento. Además considera las influencias de los procesos cognitivos sobre el aprendizaje a diferencia del conductismo.

La aplicación de la teoría cognitiva–conductual y la teoría del aprendizaje social a la personalidad se puede resumir de la siguiente manera:

Como hemos visto anteriormente los métodos básicos de los estudios de la corriente cognitivo-conductual se pueden aplicar a los modos o estilos en que los padres socializan a sus hijos y que de esa manera moldean la personalidad del niño. En la crianza básicamente son dos los métodos básicos como el niño aprende: el refuerzo (conocido por los especialistas como *condicionamiento operante*), que se basa en el principio de que una persona tenderá a repetir una conducta que es seguida de una experiencia satisfactoria (llamada recompensa) y no repetirá la conducta que es seguida de una experiencia no satisfactoria (llamada castigo); y la observación de modelos (llamada teoría del aprendizaje social), que sostiene que los niños aprenden mediante la observación e imitación de modelos y que la conducta aprendida se refuerza entonces mediante un sistema de recompensas y castigos.

La observación y el estudio de las formas de crianza han permitido ver que las variables involucradas incluyen la presencia o no de autoridad y la variable de la calidad afectiva en la relación. Por lo tanto, según este modelo, tan importante como el tener una autoridad es la relación afectiva que se tiene con esa autoridad. Si los ponemos en un cuadro nos quedará un esquema de la siguiente manera:

ESTILOS DE SOCIALIZACIÓN Y SU EFECTO EN LOS NIÑOS

AUTORIDAD
(estrictez)

ACTITUD SOBREPROTECTORA
REF. (+) Y (-)

Los niños tienden a ser:

Sumisos - dependientes
Corteses - pulcros
Dependientes, no amistosos
Poco creativos
Máxima docilidad

APRENDEN A SER BÁSICAMENTE INDOLENTES

Padres sobreprotectores

ACTITUD COERCITIVA
REF. (-)

Los niños tienden a:

Mayor cantidad de problemas de relación con sus padres
Socialmente retraídos, poco confiados en si mismos
Tímidos, inseguros, poca iniciativa
Máxima tendencia de asumir el rol de adulto
Neuróticos

APRENDEN LA DESESPERANZA

AFECTO
(calidez)

RECHAZO
(hostilidad)

ACTITUD FORMATIVA
REF. (+)

Los niños tienden a ser:

Activos socialmente
Creativos
Sanamente agresivos
Autónomos, espontáneos
Fácilmente asumen rol de adulto
Independientes, amistosos
Baja hostilidad encubierta
Mínima tendencia a la autoagresión
Usan la inducción, escuchan, toman decisiones consultando

Padres participativos

ACTITUD DE INDIFERENCIA
REF. ( )

Los niños tienden a:

Grandes problemas emocionales
Agresivos
Desobediencia y mínimo acatamiento de reglas, poco adaptados
Inmaduros
Delincuentes
Psicópatas

APRENDEN EL ABANDONO

Padres permisivos

PERMISIVIDAD
(tolerancia)

De acuerdo a este esquema se puede resumir cuatro estilos de interacción entre los seres humanos y que en el caso de los niños determina o moldea su personalidad:

Comenzando por el cuadrante superior derecho, tenemos la *actitud coercitiva* autoritaria, propia de padres que utilizan un esquema autoritario de interacción (juntar autoridad y el rechazo afectivo u hostilidad). En este cuadrante la interacción entre padres e hijos consiste en destacar principalmente las actitudes indeseables más que las deseables en el niño. Se refuerza principalmente y exclusivamente lo negativo. Se tiende a destacar más la conducta negativa que la positiva. Ejemplos: «Otra vez lo hiciste...», «hasta cuando ...», «siempre haces lo mismo..., la nota que trajiste del colegio podría haber sido mejor si te esforzaras más». Esta se logra por medio de la corrección de las conductas del niño.

El supuesto o creencia subyacente en esta actitud consiste en suponer que: *La ausencia o déficit de una conducta deseada se debe a la presencia de una conducta indeseada.* Ejemplo: «... para que este niño sea más estudioso, tengo que acabar con su flojera». De tal manera que el disciplinar consistirá en recordarle lo flojo que es, para que deje de hacerlo. Es decir, la estrategia para producir el cambio en el niño, consistirá en castigar las conductas indeseables para que así aparezcan las deseables. Sin embargo los hallazgos experimentales demuestran *que lo único que logra aprender el niño por medio del castigo, es la evitación del castigo.*

Los niños producto de este esquema de crianza tienen las características siguientes:

- Mayor cantidad de problemas de relación con sus padres
- Socialmente retraídos, poco confiados en sí mismos
- Tímidos, inseguros, poca iniciativa

- Baja autoestima
- Máxima tendencia a la autoagresión en hombres
- Baja capacidad de asumir el rol de adulto
- Neuróticos (mal manejo de la angustia y de la ansiedad)
- *Aprenden la desesperanza*

Lo más grave es que aprenden la desesperanza, es decir, la sensación de que hagan lo que hagan nunca llenarán las expectativas de sus padres. Esta sensación afecta mucho el autoestima de los niños, puesto que nunca se siente enteramente valorados por lo que son sino que su valía personal depende de los resultados de lo que hacen.

Actitud sobreprotectora es la que está representada en el cuadrante superior izquierdo que resulta de juntar la *autoridad y el afecto*. En este cuadrante se dan refuerzos positivos y negativos. Esta actitud consiste en reaccionar con similar probabilidad tanto ante lo deseable como a lo indeseable del niño. Se reacciona (refuerza) con alabanzas frente a lo deseable y con críticas frente a lo indeseable. Por ejemplo, si una mamá alaba las conductas apropiadas de un niño y también lo reta frente a un error, entonces la actitud de la mamá será de sobreprotección. El supuesto implícito de la mamá es que refuerza los comportamientos buenos y los malos, en consecuencia, cuando el niño este a solas se confundirá y hará lo que le dé la gana. Esta actitud termina provocando *indolencia aprendida*, el niño haga lo que haga recibe retroalimentación. La personalidad del niño se caracterizará por lo siguiente:

- Sumisos – dependientes
- Corteses – pulcros

- Dependientes, no amistosos
- Poco creativos, poco espontáneos
- Máxima docilidad
- *Aprenden a ser básicamente indolentes*

Actitud de indiferencia (Laissez-Faire), en el cuadrante inferior derecho esta esquematizada esta actitud. Sin duda que es la más patológica (o disfuncional) de todas. Consiste en no destacar nada de lo que hace el niño, la expresión que la justifica a veces es «con su deber nomás cumple». Bajo esta actitud el niño no tiene forma de orientar su conducta en una dirección que sea aprobada por su ambiente social, puesto que si no se destaca o no reacciona a ninguna clase de conducta que presente, finalmente él no sabrá que hacer. Usando una analogía de la luz, se podría imaginar que bajo una actitud de indiferencia, la persona está a oscuras, pues nadie ilumina (reacciona, refuerza) nada de lo que él hace. El niño está «abandonado a su suerte», y seguirá el camino que le resulte más fácil o inmediato. Esta actitud termina provocando el *abandono aprendido*. Las consecuencias en el niño son nefastas. Es la actitud de los padres que, en un terreno predispuesto, provoca la mayoría de las enfermedades mentales.

Los niños tienden a:

- Grandes problemas emocionales: fobias, trastornos ansiedad, trastornos conductuales severos
- Agresivos: alto monto de agresividad en sus relaciones interpersonales
- Carencia de empatía
- Desobediencia y mínimo acatamiento de reglas, poco adaptados

- Inmaduros emocionalmente, con bajo monto de inteligencia emocional
- Delincuentes
- Trastornos de personalidad antisocial
- *Aprenden el abandono*

Actitud formativa, la encontramos en el cuadrante inferior izquierdo. De acuerdo a los estudios esta actitud promueve y fortalece el desarrollo de conductas adaptables. Consiste en destacar lo normal, o dicho de otra manera lo no anormal que presenta el niño. Se centra más en lo positivo que en lo negativo. La retroalimentación se da principalmente a las conductas valoradas como normales, deseables o «buenas», mientras que simultáneamente se extinguen las conductas anormales, indeseables o «malas» (porque no se refuerzan).

El supuesto implícito en esta actitud es que: «*la presencia de una conducta indeseable se debe a la ausencia de una conducta deseable*». Por lo tanto la estrategia formativa consiste en fomentar o desarrollar la conducta deseable, lo que entonces asegura la disminución o incluso la eliminación de la conducta indeseable. Por ejemplo, en una reunión de jóvenes fomentando la conducta participativa, disminuirá la conducta retraída.

Asumir una actitud formativa en la relación con alguien es una cuestión de *amor*, pues solo amando a la persona estamos en condiciones de destacar lo positivo de ella y no atacar lo que juzgamos como negativo.

Intentamos en esta actitud antes que nada proteger al niño en *su ser* y corregir con amor *su hacer*, reforzando más que ninguna cosa lo positivo de sus conductas.

Los niños socializados en este esquema tenderán a tener más de las siguientes características:

- Activos socialmente
- Creativos y espontáneos
- Sanamente agresivos
- Autónomos
- Fácilmente asumen rol de adulto
- Independientes, amistosos
- Baja hostilidad encubierta
- Mínima tendencia a la auto agresión
- Usan la inducción, escuchan, toman decisiones consultando

El resumen anterior nos muestra cómo la forma de interaccionar entre los seres humanos provoca refuerzos y castigos en el otro. El niño es potencialmente frágil a la interacción con los demás, esta fragilidad es una vulnerabilidad que tiene el ser humano principalmente durante los primeros años de vidas. Es por este motivo que la corriente cognitivo-conductual hace un aporte al estudio de la personalidad, al considerar la influencia que tiene el medio ambiente en la personalidad del niño. Sin embargo, se le hace la crítica que no considera los aspectos genéticos y heredados del niño. A John Watson (1878-1958) se le atribuye las siguientes palabras: *«Denme doce niños saludables, bien formados y mi propio mundo especial para criarlos en él y les garantizo que tomaré cualquiera al azar y lo entrenaré para ser cualquier tipo de persona que yo elija, doctor, abogado, artista, jefe de mercadeo y —¿por qué no?— mendigo y ladrón, sin tener en cuenta su talento, afición, tendencias, habilidades, vocaciones o razas de sus ancestros»*. Juegan un poco «a ser Dios» controlando las conductas de las personas, lo cual acarrea todo un problema ético.

PERSPECTIVA HUMANISTA Y SU INFLUENCIA EN LA TEORÍA DE LA PERSONALIDAD

En 1962 un grupo de psicólogos reaccionó contra el mecanicismo (conductismo) y contra lo que consideraban eran las creencias esencialmente negativas que conllevan las teorías conductistas y psicoanalíticas. Sostuvieron que la naturaleza humana es neutral o buena y que las características negativas son el resultado del daño infligido en el *yo* en desarrollo. La perspectiva humanista, con influencia del organicismo (Piaget), considera que la gente tiene la habilidad de hacerse cargo de su vida y manejar su propio desarrollo.

Enfatizan que las personas tienen la habilidad de hacerlo en forma saludable y positiva a través de las cualidades específicamente humanas de selección, creatividad y autorrealización. Uno de los psicólogos humanistas más importantes fue Abraham Maslow. Maslow consideró el conductismo ortodoxo y el psicoanálisis demasiado rígidos teóricamente y su mayor preocupación fue la enfermedad mental; por lo que desarrolló una teoría de la motivación que describe el proceso por el que el individuo pasa de las necesidades básicas, como alimentarse y mantener relaciones sexuales, a las necesidades superiores o trascendentes. A este proceso lo denominó autorrealización y consiste en el desarrollo integral de las posibilidades personales. Abraham Maslow identificó una jerarquía de necesidades que impulsan el comportamiento humano, estas necesidades funcionan sobre un número de niveles, que van desde la simple supervivencia hasta la cima de la satisfacción psicológica.

Primero, la gente debe enfrentar sus necesidades más elementales antes de intentar enfrentar las del siguiente nivel y así sucesivamente, hasta alcanzar el orden más alto de necesidades. Por ejemplo, la gente con desnutrición e inanición tomará grandes riesgos para obtener la comida y una vez que sabe que va a vivir, puede preocuparse por la seguridad personal. Al estar a salvo, piensa en su necesidad de amor y a así sucesivamente. A medida que va superando una etapa apunta a la etapa siguiente. Una persona autorrealizada, lo que significa que realiza sus propios deseos, muestra niveles altos de las siguientes características: Percepción de la realidad, aceptación de sí misma, de otros y de la naturaleza, espontaneidad, habilidad para resolver problemas, autodirección, desinterés y deseos de privacidad, naturalidad en la apreciación y riqueza de reacción emocional, frecuencia de experiencias muy valiosas, identificación con otros seres humanos, relaciones satisfactorias y cambiantes con otras personas, una estructura democrática de carácter, creatividad y un sentido de valores. Nunca nadie se halla completamente realizado, pero la persona que está desarrollándose de manera saludable siempre está subiendo a niveles que producen mucha más realización.

El humanismo es una manera positiva y optimista de ver al ser humano opuesto al punto de vista Freudiano —más negativo— y al conductismo. Va mucho más allá que el conductismo considerando los factores internos como los sentimientos, valores y esperanza, y se opone a limitar la realidad del ser humano tan solo a la conducta observada. La crítica que se le hace a esta perspectiva es que es muy subjetiva, no desarrolla una teoría sólida por la falta de claridad en las definiciones que se dan y es difícil de utilizar como base de investigación.

COMENTARIOS FINALES

De acuerdo a lo que hemos visto hasta ahora —diferentes teorías permiten explicar la formación de la personalidad en el desarrollo humano—, nos podemos hacer una idea de lo complejo que resulta explicar la conformación de la personalidad. No basta una sola explicación sino que necesitamos integrarlas y complementarlas unas con otras. El concepto de personalidad, como ya vimos, ha sido cuestionado por cuanto el ser humano cambia de acuerdo a su ambiente, por lo tanto, no existiría una forma única de ser que perdure en el tiempo. A pesar de estos cuestionamientos es útil mantener el concepto de que, nuestros modos de ser tienden a mantenerse más o menos estables en el tiempo y que están influidos por nuestras experiencias tempranas de la infancia y por nuestros genes.

Los aportes de la neurobiología y neurociencia nos ayudan a entender más sobre la importancia del amor en todo proceso de desarrollo. Al nacer el sistema límbico, (el corazón de nuestro cerebro, encargado de las emociones y sentimientos) sufre una descompensación química (frío, baja de la glucosa, baja de la temperatura, etc.) que requiere de la relación o vínculo estrecho con la madre para volver a equilibrarse a través de la comodidad y afecto que ella le entrega. El niño necesita desde pequeño que le ayuden a restablecer su equilibrio interno. De esta manera, a un niño que se le satisface en forma adecuada sus necesidades, poco a poco aprende a buscar su propio equilibrio interno, buscando por sí mismo a las demás personas a través del juego y de las relaciones interpersonales más formales. Hasta que esta persona crece y es capaz de autosatisfacer su desequilibrio interno, encuentra placer al vincularse con otros y ayuda a que otros satisfagan su necesidad de vinculación.

Lo que han hecho las modernas teorías biológicas es confirmar la necesidad de amor entre los seres humanos expresados en la aceptación y respeto al otro. No es posible un sano desarrollo sin este componente esencial. El individuo siente que llega a ser persona en cuanto ha logrado desarrollar, por medio del amor que ha recibido, la capacidad para encontrar la paz o seguridad de su sistema límbico y puede amar a otros sin esperar recibir nada a cambio. La pregunta es ¿dónde encontramos a esta persona? ¿Existirá una persona así que haya recibido tanto amor para darse enteramente por los demás, que sea lo suficientemente desarrollada y madura? La historia señala una vez más al humilde carpintero de Nazareth, Jesús, quien amó hasta lo sumo y se dio entero por los demás.

Guía de Estudio

PSICOLOGÍA

Conceptos psicológicos prácticos para el obrero cristiano

Ricardo Crane, Felipe Cortés,
Vladimir Rodríguez y Jorge Sobarzo

Guía preparada por Alberto Samuel Valdés

Contenido

Cómo obtener un curso acreditado por FLET

Si el estudiante desea recibir crédito por este curso, debe:

1. Llenar una solicitud de ingreso y enviarla a la oficina de FLET.
2. Proveer una carta de referencia de su pastor o un líder cristiano reconocido.
3. Pagar el costo correspondiente. (Ver «Política financiera» en el *Catálogo académico*.)
4. Enviar a la oficina de FLET o entregar a un representante autorizado una copia de su diploma, certificado de notas o algún documento que compruebe que haya terminado los doce años de la enseñanza secundaria (o educación media).
5. Hacer todas las tareas indicadas en esta guía.

Nota: Ver «Requisitos de admisión» en el *Catálogo académico* para más información.

Cómo hacer el estudio

Cada libro describe el método de estudios ofrecido por esta institución. Siga cada paso con cuidado. Una persona puede hacer el curso individualmente, o se puede unir con otros miembros de la iglesia que también deseen estudiar.

En forma individual

Si el estudiante hace el curso como individuo, se comunicará directamente con la oficina de la Universidad FLET. El alumno enviará su examen y todas sus tareas a esta oficina, y recibirá toda comunicación directamente de ella. El texto mismo servirá como «profesor» para el curso, pero el alumno podrá dirigirse a la oficina para hacer consultas. El estudiante deberá tener a un pastor o monitor autorizado por FLET para tomar su examen (sugerimos que sea la misma persona que firmó la carta de recomendación).

En forma grupal

Si el estudiante hace el curso en grupo, se nombrará un «facilitador» (monitor, guía) que se comunicará con la oficina. Los alumnos se comunicarán con el facilitador, en vez de comunicarse directamente con la oficina de FLET. El grupo puede escoger su propio facilitador, el pastor puede seleccionar a algún miembro del grupo que cumpla con los requisitos necesarios para ser guía o consejero, o los estudiantes pueden desempeñar este rol por turno. Sería aconsejable que la iglesia tenga varios grupos de estudio y que el pastor sirva de facilitador de uno de los grupos; cuando el pastor se involucra, su ejemplo anima a la congregación entera y él mismo se hace partícipe del proceso de aprendizaje.

Estos grupos han de reunirse semanalmente, o según el plan de estudios seleccionado, en la iglesia bajo la supervisión del facilitador para que juntos puedan cumplir con los requisitos de estudio (los detalles se encontrarán en las próximas páginas). Recomendamos que los grupos (o «peñas») sean compuestos de 5 a no más de 10 personas.

El facilitador seguirá el manual para el facilitador que se encuentra al final del libro. El texto sirve como «profesor», mientras que el facilitador sirve de coordinador que asegura que el trabajo se haga correctamente.

Cómo establecer un seminario en su iglesia

Para desarrollar un programa de estudios en su iglesia, usando los cursos ofrecidos por la Universidad FLET, se recomienda que la iglesia nombre a un comité o a un Director de Educación Cristiana. Luego, se deberá escribir a Miami para solicitar el catálogo ofrecido gratuitamente por FLET.

El catálogo contiene:

1. La lista de los cursos ofrecidos, junto con programas y ofertas especiales,
2. La acreditación que la Universidad FLET ofrece,
3. La manera de afiliarse a FLET para establecer un seminario en la iglesia.

Luego de estudiar el catálogo y el programa de estudios ofrecidos por FLET, el comité o el director podrá hacer sus recomendaciones al pastor y a los líderes de la iglesia para el establecimiento de un seminario o instituto bíblico acreditado por FLET.

Universidad FLET
14540 S.W. 136 Street No 202
Miami, FL 33186
Teléfono: (305) 378-8700
Fax: (305) 232-5832
e-mail: admisiones@flet.edu
Página web: www.flet.edu

El plan de enseñanza FLET

El proceso educacional debe ser disfrutado, no soportado. Por lo tanto no debe convertirse en un ejercicio legalista. A su vez, debe establecer metas. Llene los siguientes espacios:

Anote su meta diaria: ______________________
Hora de estudio: ______________________
Día de la reunión: ______________________
Lugar de la reunión: ______________________

Opciones para realizar el curso

Este curso se puede realizar de tres maneras. El alumno puede escoger el plan intensivo con el cual puede completar sus estudios en un mes y entonces, si desea, puede rendir el examen final de FLET para recibir acreditación. Si desea hacer el curso a un paso más cómodo lo puede realizar en el espacio de dos meses (tiempo recomendado para aquellos que no tienen prisa). Al igual que en la primera opción, el alumno puede rendir un examen final para obtener crédito por el curso. Otra opción es hacer el estudio con el plan extendido, en el cual se completan los estudios y el examen final en tres meses. Las diversas opciones se conforman de la siguiente manera:

Plan intensivo: un mes (4 sesiones)	Fecha de reunión
Primera semana: Lecciones 1-2	___________
Segunda semana: Lecciones 3-4	___________
Tercera semana: Lecciones 5-6	___________
Cuarta semana: Lecciones 7-8, y Examen final de FLET	___________

Plan regular: dos meses (8 sesiones)	Fecha de reunión
Primera semana: Lección 1	___________
Segunda semana: Lección 2	___________
Tercera semana: Lección 3	___________
Cuarta semana: Lección 4	___________
Quinta semana: Lección 5	___________
Sexta semana: Lección 6	___________
Séptima semana: Lección 7	___________
Octava semana: Lección 8, y Examen final	___________

Plan extendido: tres meses (3 sesiones)	Fecha de reunión
Primer mes: Lecciones 1-3	___________
Segundo mes: Lecciones 4-6	___________
Tercer mes: Lecciones 7-8, y Examen final	___________

Descripción del curso

Este curso introduce al obrero cristiano a varios conceptos psicológicos prácticos que le ayudarán en su ministerio. Explica la historia y disciplina de la psicología y como ésta se entiende desde el punto de vista de la fe cristiana. Explica cómo se desarrolla un niño, cómo una persona aprende y percibe el mundo que le rodea, y cómo operan las emociones, la motivación y se forma su personalidad.

Metas y objetivos

Metas:

1. Cognitiva: El estudiante conocerá los conceptos y principios fundamentales de la psicología y entenderá como estos se perciben desde una cosmovisión bíblica.
2. Afectiva: El estudiante tendrá el deseo de usar correctamente los conocimientos de la ciencia a la luz de la Biblia, abrazando con entusiasmo este mundo de conocimiento que Dios ha creado.
3. Volitiva: El estudiante aplicará el conocimiento adquirido a su vida personal y familiar, y mejorará sus habilidades en su área de trabajo.

Objetivos:

El alumno demostrará que ha logrado las metas al hacer lo siguiente:

1. Cognitivo: El alumno demostrará su conocimiento de la materia completando los requerimientos de las tareas y contestando las preguntas del examen correctamente.
2. Afectivo: El alumno evidenciará su deseo y entusiasmo a través de sus respuestas a las preguntas de reflexión de cada capítulo.
3. Volitivo: La guía de lectura y el Ensayo que el alumno entregará, demostrará la integración de estos conocimientos a su conducta y ministerio.

Tareas

El alumno:

1. Deberá leer completamente el texto *Psicología* y contestar las preguntas de repaso que corresponden a cada capítulo. (La comprensión de su lectura será evaluada en

el examen final). Mantendrá un cuaderno de trabajo (o archivo) en el que registrará estas preguntas y sus respuestas. Después de haber realizado la lectura apropiada para cada lección y haber contestado las preguntas respectivas, el estudiante deberá hacer las siguientes *tareas específicas* de cada lección. (Estas tareas también las deberá desarrollar en su cuaderno):

a. *Una pregunta propia por lección*: Esta porción de la tarea se relaciona a la lectura del alumno y su interacción con las «Preguntas de repaso». El estudiante debe escribir, por lo menos, *una* pregunta propia concerniente a la lección (y que no ha sido tratada o desarrollada ampliamente por el autor). Estas preguntas deben representar aquellas dudas, observaciones, o desacuerdos que surgen en la mente del estudiante a medida que vaya leyendo el texto de estudio (o reflexionando después sobre el contenido del mismo). De manera que las preguntas deben, en su mayoría, salir a relucir naturalmente en la mente del alumno mientras lee y procesa la información en el texto. Se espera que el estudiante además comience a tratar de solucionar su pregunta o duda. Es decir, el estudiante debe hacer un esfuerzo en buscar la respuesta a la pregunta hecha (por lo menos explorando alternativas o respuestas posibles). Este ejercicio ayudará al alumno a aprender a pensar por sí mismo y tener interacción con lo que lee. Así, se permite que el estudiante exprese su desacuerdo con el autor, mientras que explique las razones que defiendan su punto de vista.

b. *Cuatro conceptos de los cuadros*: Esta parte de la tarea se relaciona con la sección de los «Dibujos explicativos» provistos en cada lección. El estudiante deberá escribir una verdad aprendida de cada dibujo, expresándola en *una sola oración*. El propósito de esta tarea es asegurar que el estudiante está aprendiendo el contenido del libro y a cómo comunicarlo de manera precisa, concisa, y relevante.

c. *Un Principio:* Esta faceta se relaciona a la sección «Expresión» que aparece en cada lección. El estudiante redactará por un principio transferible, esto es, una enseñanza derivada de la lección que sirvan de provecho y edificación tanto para el estudiante como también para otros. Este principio o enseñanza se debe expresar en forma concisa, preferiblemente en *una sola oración* (e.g.: «El creyente debe defender la sana doctrina aun a gran costo personal»).

El estudiante debe haber completado la primera lección antes de la reunión inicial

2. Realizará la lectura adicional de 300 páginas que ha de seleccionarse de la lista de libros recomendados más adelante en esta guía. Entregará a las oficinas de FLET en su país un informe por cada libro leído de lectura adicional usando el formulario de «Informe de lectura» que también se proporciona más adelante. Este informe no debe ocupar más de las dos páginas del formulario que se provee.

3. Entregará un ensayo de 10-15 páginas escritas a máquina según las "Pautas para escribir un ensayo" dados más adelante en esta guía. Este ensayo debe comunicar maneras específicas, concretas y prácticas en que se puedan emplear los conocimientos, conceptos y principios comunicados en el texto *Psicología,* en su ministerio, profesión u oficio actual o futuro. Debe ser un trabajo original que presente la perspectiva del estudiante. Además, debe incluir una respuesta a las siguientes preguntas y consideraciones de integración:

   a. ¿Cómo discierne si los conceptos de la psicología se conforman o no a los estándares de las Escrituras? ¿Hay aspectos tratados en el texto que le parecen estar en conflicto con la Biblia? ¿Por qué? ¿Cómo se trata con asuntos que la Biblia no trata de manera explícita?

   b. ¿Cuáles son los principios propuestos en el texto que han sido de mayor ayuda para el trabajo que el estudiante realiza? (El estudiante debe enumerar estos principios.)

   c. ¿De qué manera específica los principios propuestos prestan ayuda a la realización del trabajo actual (o futuro) del alumno.

En resumen, este debe ser un trabajo práctico que demuestre que el alumno comprende cómo evaluar conceptos a la luz de las Escrituras, cómo decidir qué conceptos pueden ser de provecho para su trabajo, y de qué manera específica son útiles dichos conceptos o principios para la realización de su labor actual (o futura). Recuerde que debe escribir el ensayo de acuerdo con las instrucciones detalladas más adelante en la sección «Pautas para escribir un ensayo».

4. **Rendirá un** examen final. **Este examen puede incluir varios tipos de preguntas (tales como selección múltiple, verdadero y falso, preguntas que requiere un ensayo breve o también preguntas de desarrollo).**

Nota

El estudiante debe leer las secciones del texto que corresponden a la tarea de cada lección *antes de contestar las «Preguntas de repaso»*. Después, como una manera de repasar la materia, debe contestar las preguntas de repaso. ¡Que no forme el hábito malo de leer las preguntas primero e inmediatamente después buscar las respuestas en el libro de texto! Eso no sería una buena manera de aprender. El estudiante mismo se perjudicaría. Así que, deberá contestarlas por sí solo, y solo después verificará que estén correctas acudiendo primero al libro de texto y luego a las respuestas que se encuentran en el Manual para el facilitador. No es suficiente la simple memorización de las respuestas que están en el Manual para el facilitador para estar preparado para el examen. El examen puede incluir otras preguntas del texto y puede expresar las preguntas de una manera distinta.

Si el alumno está estudiando como individuo, el supervisor o monitor será el encargado de administrar el examen final. El alumno deberá escribir a la oficina de FLET para pedir aprobación para el supervisor o monitor que administrará el examen final, y para pedir que envíen la copia del examen final a este supervisor. Sugerimos que esta persona sea la misma que recomendó al alumno. Si el alumno está estudiando en un grupo, el facilitador será el encargado de administrar el examen final.

Entrega de tareas:

A mediados del curso:

Para poder evaluar el progreso del alumno, este deberá presentar las siguientes tareas inmediatamente después de la cuarta lección:

- Cuaderno de trabajo con las respuestas a las preguntas de repaso y las tareas específicas correspondientes a las lecciones 1—4.

A fines del curso:

El alumno deberá presentar las siguientes tareas en la última clase:

- Cuaderno de trabajo con las respuestas a las preguntas de repaso y las tareas específicas correspondientes a las lecciones 5—8.
- Informe de la lectura adicional
- Ensayo completo.

Si el alumno está estudiando en forma individual, debe enviar estas tareas por correo electrónico a tareas@flet.edu o por correo postal a la oficina de la Universidad FLET de su país.

Si el alumno está estudiando en forma grupal, debe entregar las tareas al facilitador.

Calificación

La nota final será calculada de acuerdo a los siguientes porcentajes:

Cuaderno de trabajo	20%
Informe de lectura adicional	20%
Ensayo	30%
Examen final	30%
Total	100%

Libros recomendados para lectura adicional

El alumno puede seleccionar entre los siguientes textos para su lectura adicional. También puede pedir autorización de la oficina de FLET para leer otros textos. [Nota: La Universidad FLET no necesariamente comparte la opinión de los autores.] (Ver también la Bibliografía al final de los capítulos en el texto)

Adams, Jay E. *Manual del consejero cristiano*. Grand Rapids, Michigan: Editorial Portavoz, 1987.

Adams Jay E. *Vida cristiana en el hogar*. Grand Rapids, Michigan: Libros Desafío.

Clinebell, Howard J. *Asesoramiento y cuidado pastoral*. Grand Rapids/Buenos Aires: Eerdmans/Nueva Creación, 1995.

Collins, Gary (adapt. Mijangos, Sergio). *Consejería cristiana efectiva.*. Grand Rapids: Editorial Portavoz, 1992.

Crabb, Larry. *De adentro hacia afuera*. Miami: Editorial Unilit, 1992.

Dobson, James. *Enciclopedia de problemas familiares*. Editorial CLIE, 1993.

Dobson, James. *Atrévete a disciplinar*. Miami: Editorial Vida, 1976.

Hendricks, Howard. *El cielo puede ayudar*. Puebla, México: Ediciones Las Américas.

Meier, Paul; Minirth, Frank; Hemfelt, Robert y Sneed Sharon. *Hambre de amor*. Nashville, Tennessee: Betania, 1995.

Minirth, Frank; Newman, Brian; Warren, Paul. *El libro del padre*. Miami: Editorial Betania 1994.

Meier, Paul y Minirth, Frank. *¡Elige ser feliz!* El Paso, Texas: Casa Bautista de Publicaciones, 1987.

Narramore, Clyde. *Enciclopedia de problemas psicológicos*. Barcelona: Editorial CLIE, 1987.

Stamateas, Bernardo. *Aconsejamiento pastoral.* Barcelona: Editorial CLIE, 1995.

Stamateas, Bernardo. *Iglesia, sé sana.* Barcelona: Editorial CLIE, 1999.

Stamateas, Bernardo. *Juegos sucios.* Barcelona: Editorial CLIE, 1999.

Tripp, Tedd. *Cómo pastorear el corazón de su hijo.* Editorial Shepherd Press.

Tournier, Paul. *Personaje y la persona*. Barcelona, España: Editorial CLIE, 1997.

Tournier, Paul. *Técnica psicoanalítica y fe cristiana*. Barcelona: Editorial CLIE, 1999.

Tournier, Paul. *Medicina de la persona*. Barcelona: Editorial CLIE, 1997.

Wright, H. Norman. *Cómo aconsejar en situaciones de crisis*. Barcelona, España: Editorial CLIE, 1990.

Internet:
Recursos para ayuda en crisis y desastres
http://amauta.org/BIBVIRT/bibvirtdam.html

Pautas para la lectura

Una vez le preguntaron al presidente de la prestigiosa *Universidad de Harvard*, ¿Qué deseaba encontrar en los alumnos nuevos que llegaran a su universidad? ¿Qué quiere que sepan antes de comenzar? Su respuesta fue simplemente: «Quiero que sepan leer». Uno de los frutos del estudio independiente de FLET es aprender a leer bien. Recomendamos las siguientes pautas de buena lectura:

1. Revise el libro entero primero.
   1.1. Examine el contenido, hojee el libro, eche un vistazo para familiarizarse con él. Mire las ilustraciones, o las tablas.
   1.2. Hágase preguntas. ¿De qué se trata el libro? ¿Cuál será el enfoque? ¿Por qué debo interesarme en este tema?
2. Revise el primer capítulo en general, antes de leerlo con cuidado.
   2.1. Lea los títulos principales.
   2.2. Hágase preguntas acerca del contenido. Abra su apetito por leerlo. Si no puede convencerse que está interesado, la lectura será aburrida y lenta.

3. Lea el primer capítulo con cuidado.
   3.1. No lea ni demasiado lento ni demasiado rápido. En los dos casos, se pierde el hilo de la lectura y se distrae.
   3.2. Marque con un lápiz palabras, frases, o puntos importantes. Marque en el margen con símbolos («x», «!», «?», o cualquier símbolo que usted mismo invente y que le sea útil) puntos importantes que quisiera recordar. Escriba notas para usted mismo en el margen.
   3.3. Cuando haya terminado de leer el capítulo, vuelva a repasarlo, revisando sus propias anotaciones, y reflexionando sobre el contenido.
   3.4. Pregúntese si ha entendido el capítulo. ¿Cómo explicaría el contenido a otra persona?
   3.5. Haga un resumen del capítulo, y anote comentarios, preguntas, o elabore un bosquejo, en la última página del capítulo. Escriba lo que le ayude a recordar en forma rápida lo más importante del capítulo.
4. Repita los pasos 2 y 3 con los siguientes capítulos.
5. Cuando haya terminado todo el libro, haga un repaso de todo el libro.
   5.1. Revise sus propias notas al final de cada capítulo.
   5.2. Haga un resumen del libro, y anote comentarios, preguntas, o elabore un bosquejo, en las últimas páginas del libro. Escriba lo que le ayude a recordar en forma rápida lo más importante del libro.

INFORME DE LECTURA

DATOS BIBLIOGRÁFICOS

Lectura: ____________________________________ Capítulo:________ Págs.:________

Autor (es):_________________________ Tomado de Libro/revista/?):______________________

Editorial:____________________ Ciudad ___________________ Año _____________

BOSQUEJO	BREVE RESUMEN (haga una **síntesis** de lo que dice el autor, sin sus comentarios)

EVALUACIÓN CRÍTICA

(Elabore su opinión de lo que dice el autor —¿Es claro, preciso, confuso, bien documentado, fuera de contexto, muy simple, muy profundo, antibíblico, muy técnico, etc. etc.? Respalde su opinión)

PROVECHO PERSONAL Y MINISTERIAL

(¿Qué impacto tuvo esta lectura sobre mí y mi ministerio? ¿Cómo me ayudó? ¿Me gustó, no me gustó, por qué? Sea concreto.)

PREGUNTAS QUE SURGEN DE LA LECTURA

NOMBRE:________________________________ FECHA: ______________

CURSO DE FLET: ____________ LUGAR: __________ FACILITADOR: ____________

PROFESOR : ____________________ CALIFICACIÓN: ____________

Pautas para escribir un ensayo

La Universidad FLET exige un nivel *universitario* en las tareas escritas. Si los ensayos no cumplen con los requisitos, serán reprobados. Las siguientes pautas deben ser seguidas estrictamente. Para mayor información, consulte el libro *Un manual de estilo*, por Mario Llerena (Unilit/Logoi). Además del texto principal del curso, el estudiante debe leer otros materiales acerca del tema para aumentar su conocimiento del tema y para mejorar la calidad del ensayo. De esta manera, el alumno también cumple con el requisito de lectura adicional.

Pautas generales:

1. Exprese una idea propia

Un ensayo debe ser la expresión de la idea de su autor, y no simplemente una recopilación de ideas de otros. El autor debe tener algo en mente que él o ella quiere comunicar, idealmente un solo concepto principal. Por ejemplo, el ensayo podría tener el propósito de convencer al lector que Cristo es suficiente para nuestra salvación, o que Agustín era el teólogo más importante de su época, o que Génesis 3 explica todos los problemas de la humanidad. Por supuesto, el autor toma en cuenta las ideas de otros, pero utiliza estas fuentes para apoyar su teoría, o bien para mostrar el contraste con ideas contrarias. Las distintas partes del ensayo presentan evidencia o argumentos para apoyar la idea central, para mostrar ideas contrastantes, o para ilustrar el punto. El lector debe llegar a la conclusión sabiendo cuál fue la idea principal del ensayo. El alumno debe mostrar, no solo el conocimiento del tema, sino también la capacidad creativa de discernir la importancia de este tema en relación con su propia situación actual, haciendo una aplicación práctica.

2. No use demasiado las citas bíblicas

Un buen ensayo no debe citar pasajes bíblicos largos, simplemente para llenar las páginas requeridas. Una cita bíblica de más de diez versículos es demasiado larga. En el caso de referirse a un texto extenso, es mejor poner la referencia bíblica solamente. No más del 25% del ensayo debe ser citas bíblicas. Por supuesto, el argumento debe estar basado en la Biblia, pero si hay muchas citas, el autor debe poner simplemente las referencias de algunas, para reducirlas a un 25% del contenido del ensayo.

3. Indique sus fuentes

Cuando el autor utiliza ideas de otras fuentes, es absolutamente necesario indicar cuáles son esas fuentes. Si el autor no lo hace, da la impresión de que las ideas citadas sean de él, lo cual no es honesto y es llamado «plagio». Si el autor menciona una idea contenida en otro libro o artículo que haya leído, aunque no sea una cita textual, debe colocar un número al final de la misma, ligeramente sobre la línea del texto (volado) [1], y una nota al pie de la página, con la información del texto empleado, usando el siguiente formato:

1 Autor [nombre primero, apellido después], *Nombre del libro* [en letra cursiva] (lugar de publicación: editorial, año) [entre paréntesis, con doble punto y una coma, tal como aparece aquí], la página, o páginas citadas.

Ofrecemos el siguiente ejemplo:

2 Federico García Lorca, *Bodas de Sangre* (Barcelona: Ayma, S.A., 1971), p. 95.

Vea Mario Llerena, *Un manual de estilo*, para otros posibles tipos de nota, por ejemplo cuando hay varios autores, o cuando la cita corresponde a un artículo de una revista.

Cuando cite directamente, la cita debe estar entre comillas, y también debe poner una nota al pie de la página con la información de la fuente.

4. Organice bien sus ideas con un buen bosquejo

El buen ensayo siempre está bien organizado, y las ideas que contiene siguen algún orden lógico. Por tanto, haga un buen bosquejo para asegurar una buena organización. El ensayo debe tener divisiones principales, y estas a su vez subdivisiones que contengan ideas subordinadas al tema de la división mayor. Las divisiones principales deben estar en paralelo, ya que son distintas en contenido pero iguales en importancia. El sistema tradicional de enumeración es usar números romanos para las divisiones principales, letras mayúsculas para las primeras subdivisiones, y números árabes para las segundas subdivisiones. En los ensayos de FLET, que no contienen más de 15 páginas, no es conveniente dividir los bosquejos en secciones menores que estas. Por ejemplo, un posible bosquejo de la Carta a los Romanos sería así:

La Carta a los Romanos

I. Doctrina
- A. El pecado
    1. La ira de Dios contra el pecado
    2. Todos los hombres son pecadores
- B. La justificación por la fe
- C. La santificación por la fe
- D. La seguridad eterna

II. Exhortaciones prácticas
    A. El amor
    B. La sumisión a las autoridades
    etc.

La introducción y la conclusión del ensayo no llevan numeración.

Introducción
I.
    A.
        1.
        2.
    B.
II.
III.
Conclusión

5. Use buenos párrafos

El párrafo es la unidad clave de un ensayo. Revise cada párrafo para asegurarse de que:

a. Tiene varias oraciones. Si hay una oración sola, debe ser incluida con otro párrafo.
b. Todas las oraciones del párrafo tratan el mismo tema.
c. La idea central del párrafo está en la primera o en la última oración.
d. Las demás oraciones contribuyen al tema central del párrafo, o apoyando o mostrando contraste o dando ilustraciones.

No tenga cuidado en eliminar oraciones que no estén relacionadas con el tema del párrafo. Posiblemente estén mejor en otro párrafo, o quizás deba empezar un nuevo párrafo.

6. Incluya una bibliografía

Al final del ensayo, se debe incluir una bibliografía, una lista de todas las fuentes (libros y artículos) utilizadas en su investigación. El formato para la bibliografía es un poco distinto del formato de la nota al pie de página. Por ejemplo:

García Lorca, Federico. *Bodas de Sangre.* Barcelona: Ayma, S.A., 1971.

Note que el apellido va delante del nombre, no se indican las páginas, y la puntuación es distinta.

6. Use buena forma

El ensayo o trabajo de investigación debe constar de 10-15 páginas, y ser escrito a doble espacio. Utilice un tipo de letra de tamaño 10-12 puntos. ¡No emplee una letra grande para llenar el espacio! El ensayo o trabajo de investigación debe incluir una introducción, una conclusión, y una bibliografía. Insistimos en buena ortografía, puntuación y sintaxis. Si tiene problemas o dudas al respecto, repase un curso de gramática y ortografía. La Universidad FLET exige que sus estudiantes estén adecuadamente capacitados en el uso correcto de la ortografía y gramática española. Errores comunes son:

- Ortografía y puntuación, especialmente la falta de tildes o el uso incorrecto de tildes, y el uso incorrecto de comas. (Si escribe en una computadora, ¡aproveche del corrector ortográfico automático!)
- Oraciones extensas que deben ser divididas en dos o más oraciones. (Si empieza una idea nueva, debe hacer una nueva oración.)

- Párrafos con una sola oración. (Si hay una sola oración, debe ponerla bajo otro párrafo, o simplemente eliminarla, si no hay suficiente que decir con respecto al tema.)

Insistimos: En el ensayo, el alumno debe mostrar, no solo el conocimiento del tema, sino también la capacidad creativa de discernir la importancia de este tema en relación con su propia situación actual, haciendo una aplicación práctica.

Lección 1

Fundamentos de la psicología

Metas

1. El estudiante conocerá conceptos fundamentales de la psicología general.
2. El estudiante se convencerá de la importancia de conocer los temas básicos de la psicología.
3. El estudiante comenzará a definir su perspectiva acerca de la psicología.

Objetivo

El estudiante explorará conceptos básicos a la psicología general y comenzará a definir su propia perspectiva de la misma.

Preguntas de repaso

1. ¿En qué dos etapas generales divide el autor el estudio de la psicología y qué implicaciones tienen las divisiones? ¿Qué cambios sirven como señal de la transición de la primera etapa a la segunda? ¿Qué podemos aprender de esta progresión?
2. ¿Quiénes son dos figuras importantes en las etapas precientíficas y científicas y cuál es la contribución de cada una?
3. De acuerdo al texto, ¿cuáles son las seis categorías generales de orientación psicológica en la era científica? Escriba una breve descripción del énfasis de cada una.
4. ¿Qué definición prefiere el autor para la psicología y por qué?

5. ¿Qué métodos de investigación presenta el autor?
6. ¿Cuáles son las subdisciplinas o áreas de especialización de la psicología?
6. ¿Cuáles son las metas de la psicología de acuerdo al autor?
8. ¿Cómo define el texto la ciencia? ¿Qué dificultades hay en discernir si la psicología es una ciencia o no? ¿Cómo resuelve el autor la cuestión?
9. ¿Qué posición toma el autor acerca del cristianismo y la ciencia?
10. ¿Cómo puede ayudarle el contenido de esta lección en su trabajo? ¿Hay algo con lo cual está en desacuerdo? Explique.

Dibujos explicativos

Estos dibujos han sido diseñados a fin de proveerle una manera sencilla de organizar y memorizar cuatro puntos esenciales del capítulo. Tome una hoja de papel cualquiera y reproduzca los dibujos entre cinco a siete veces mientras piensa sobre le significado de cada cuadro. Entonces tome una hoja en blanco y reprodúzcalo de memoria junto con una breve explicación de su significado. Hemos provisto estas sencillas ilustraciones principalmente para aquellos que piensan que no saben dibujar bien. Si tiene talento para el dibujo (o deseos de dibujar) cree sus propios diseños a fin de memorizar los puntos principales del capítulo.

Gráficos de los cuatro puntos principales

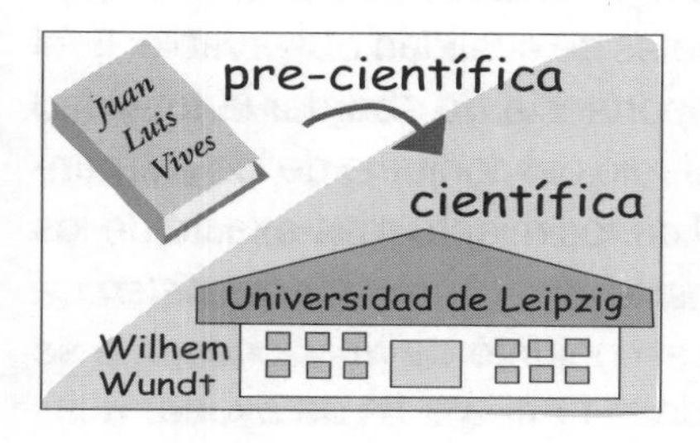

• **Explicación:** El texto saca a relucir dos grandes etapas en la psicología: la pre-científica y la científica. La primera se caracteriza por especulaciones acerca de la naturaleza humana, explicaciones acerca de la misma, e intentos por sistematizar y ordenar datos acerca del alma o la faceta no material del hombre. Después se realizó una transición del estudio del alma a la mente. Juan Luis Vives, un filósofo español conocido como el «padre» de la psicología moderna publicó varios libros acerca de los atributos que componen la mente, cómo se relacionan entre sí y cómo se manifestaban en la vida. La etapa científica se considera que se inició en el año 1879 cuando Wilhelm Wundt fundó el primer laboratorio de psicología experimental en la Universidad de Leipzig (Alemania). Así hubo una transición de la especulación a la experimentación.

• **Explicación:** El autor presenta las siguientes orientaciones en el campo de la psicología: 1. El *estructuralismo* intentaba descubrir las facetas básicas y estructura de la conciencia a fin de determinar la interacción de las mismas y los principios que la gobiernan; 2. el *funcionalismo* enfatizaba la cuestión pragmática de para qué puede ser útil la conciencia; 3. el *psicoanálisis* enfatizaba el conocimiento de lo inconsciente a fin de entender mejor ciertas conductas, pensamientos, sentimientos y motivaciones; 4. el *conductismo* o *behaviorismo* abogaba a favor de estudiar la conducta que es de cualidad observable; 5. el enfoque *Gestalt* enfatizó la importancia de abordar la totalidad de la experiencia porque el estudio del conjunto de los elementos de la experiencia facilita el conocimiento más exacto de los factores individuales que la constituyen; y 6. la corriente *sistémica* estudia la dinámica familiar o el conjunto de relaciones que se generan entre los miembros de la familia a fin de ayudar a las personas. Cada corriente contiene aspectos verdaderos de los cuales podemos aprender.

• **Explicación:** El texto explica que hay diversos métodos de investigación utilizados en psicología: el método experimental, de escrutinio y clínico-psicométrico. El experimental usualmente se utiliza en un laboratorio donde el investigador manipula o crea situaciones para conocer cómo es afectada una variable cuando es influida por otra. Los métodos de escrutinio (encuesta) y de campo observan hechos en situaciones naturales, esto es fuera del laboratorio, de manera directa, y sin controlar las variables. El método clínico-psicométrico realiza evaluaciones por medio de métodos clínicos (entrevistas de distinto tipo) y/o por la aplicación de algún instrumento que complementa la información clínica tal como cuestionarios o inventarios.

• **Explicación:** El texto explica que la psicología tiene ciertas metas, fines o propósitos. Entre estas encontramos las siguientes: 1. *Describir* o precisar en detalle en qué consiste y qué caracteriza el objeto de estudio; 2. *Explicar* o intentar dar una respuesta al por qué algo ocurre o discernir relaciones de causalidad; 3. *Predecir* o anticipar situaciones que puedan generarse en el futuro en vista de los antecedentes que ya sabemos en el presente; y 4. *Controlar* o actuar para que ciertas variables descritas (cuya operación o funcionamiento conocido pueden ser intervenidas) generen cambios en el objeto de nuestro estudio. El texto explica que estos objetivos corresponden a los propósitos de la ciencia en general y son los que toda disciplina científica trata de cumplir.

Expresión

a. El alumno redactará un principio basado en las enseñanzas de la lección que sea útil para su trabajo y/o ministerio y que sea compatible con las enseñanzas de las Escrituras. [Nota: Este principio puede servir para la realización del Ensayo requerido para aprobar esta materia.]
b. El estudiante (junto con sus compañeros y el facilitador) explorará maneras creativas para comunicar algunos de los principios de la lección a otros.
c. Antes de concluir la lección el alumno orará por su iglesia y cualesquiera contactos evangelísticos o creyentes conocidos que necesiten ayuda.

Ensayo

Para cumplir con el requisito principal de este curso el alumno debe preparar un ensayo acerca de lo que aprendió en la materia. (Véase la sección de «Tareas» al comienzo de la Guía de estudio para detalles adicionales.) Las sugerencias que a continuación se ofrecen, ayudarán al estudiante a fin de mantenerse al día y en camino para completar el ensayo a tiempo:

- Asegúrese de comprender bien la tarea y sus instrucciones. Esto incluye leer las secciones «Metas y objetivo del curso» y «Tareas».
- Consiga una copia del texto *Un manual de estilo* por Mario Llerena a fin de que utilice un buen estilo al escribir su ensayo.
- Comience a reflexionar en las ideas presentadas en esta lección y cómo se relacionarán (o contribuirán) con el ensayo que va a escribir.
- Comience a trabajar en un bosquejo *tentativo* para este ensayo. El ensayo debe explicar qué principios transferibles aprendió y cómo, de manera específica, se relaciona y ayuda al trabajo en el que se desempeña.

Lección 2

El hombre psicológico que Dios ha credo

Metas

1. El estudiante conocerá diferentes puntos de vista acerca de la integración entre el cristianismo y la psicología general.
2. El estudiante comenzará a desarrollar sus convicciones acerca de la relación entre las enseñanzas de la Biblia y los conceptos de la psicología.
3. El estudiante comenzará a definir su perspectiva acerca del cristianismo y su relación con la psicología general como disciplina.

Objetivo

El estudiante analizará los diferentes modelos de integración entre la psicología y la enseñanza de la Biblia y comenzará a formar su propia opinión al respecto.

Preguntas de repaso

1. En sus propias palabras explique el reto de la integración correcta de la ciencia y la Biblia e incluya su punto de vista al respecto.
2. Escriba su reacción personal acerca del resumen histórico provisto por el autor sobre la relación de la iglesia y la psicología. ¿Qué aprendió del mismo?
3. El autor propone varios obstáculos a la integración entre la psicología y la fe. Escriba su opinión acerca de cada uno junto con cualquier comentario adicional.

4. ¿Qué piensa usted respecto a los comentarios del autor acerca del legalismo y su relación a la disciplina de psicología? ¿Qué propone usted para que las afirmaciones fundamentales y bíblicas de la fe cristiana se reflejen en disposición y conducta bíblicas (sin cambiar las mismas convicciones escriturales que creemos y que son verídicas)?
5. Escriba su propia reacción a las tres actitudes mencionadas por el autor. ¿Hay alguna que haya enfrentado en su propia vida (o que conozca por experiencia de otros)? ¿Qué está haciendo para cambiar? [Nota: Ya que estas respuestas son de carácter muy personal, el estudiante no tiene que escribirlas, pero sí debe reflexionar acerca de las preguntas.]
6. ¿Cuál es su punto de vista actual con referencia a la cuestión de la epistemología y su relación a la psicología? ¿Qué método usa usted para evaluar las afirmaciones de la psicología (tanto de proponentes cristianos como no cristianos)?
7. Responda a la diferencia que propone el autor entre un dato y un capto. De acuerdo a la Biblia ¿es posible saber la verdad? [Responda con textos y razonamientos de las Escrituras.]
8. ¿Estás de acuerdo con los conceptos básicos de la integración de acuerdo al autor? Escriba cualquier pensamiento adicional que agregaría.
9. Reflexione sobre las posiciones de los diversos autores con respecto a la relación entre la psicología y la fe. Escriba su punto de vista a las posiciones generales presentadas.
10. ¿Cómo puede ayudarle el contenido de esta lección en su trabajo? ¿Hay algo con lo cual está en desacuerdo? Explique.

Dibujos explicativos

Estos dibujos han sido diseñados a fin de proveerle una manera sencilla de organizar y memorizar cuatro puntos esenciales del capítulo. Tome una hoja de papel cualquiera y reproduzca los dibujos entre cinco a siete veces mientras piensa sobre el significado de cada cuadro. Entonces tome una hoja en blanco y reprodúzcalo de memoria junto con una breve explicación de su significado. Hemos provisto estas sencillas ilustraciones principalmente para aquellos que piensan que no saben dibujar bien. Si tiene talento para el dibujo (o deseos de dibujar) cree sus propios diseños a fin de memorizar los puntos principales del capítulo.

Gráficos de los cuatro puntos principales

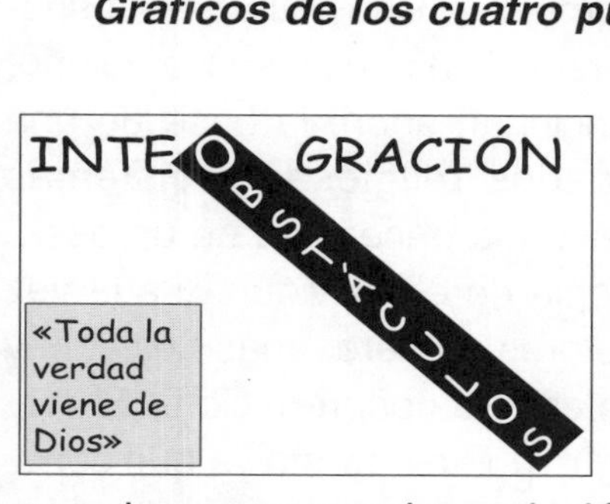

• **Explicación:** Hay varios obstáculos que se presentan al tratar de integrar los conocimientos que tienen a las Escrituras como su fuente con aquellos derivados de las ciencias. Algunos abogan que no hay relación en absoluto entre las cuestiones de la fe y las de la ciencia. Esta postura es una forma de "resolver" o más bien evadir conflictos aparentes entre lo que enseña las Escrituras y lo que la ciencia descubre. Resulta en evitar la cuestión en lugar de tratar de buscar soluciones. Ya que Dios creó el mundo natural y nos reveló Su Palabra no puede haber conflicto último entre la Biblia correctamente estudiada e interpretada y la naturaleza (estudiada e interpretada correctamente). Como principio podemos ver que toda la verdad proviene de Dios donde quiera que se encuentra y se descubra ya sea en la revelación especial o la natural.

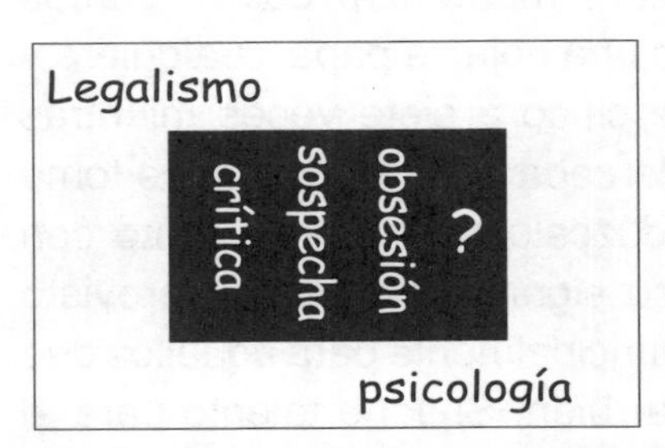

• **Explicación:** Los autores abogan en contra de una postura que defiende sus puntos de vista de manera rígida, reaccionaria y negativa. Afirman que de dicha postura se desprenden las siguientes actitudes y realidades negativas: 1. Una actitud de juicio o crítica que da por sentado que uno está correcto sin diálogo y sin comprensión, ni disponibilidad para evaluar puntos de vista diferentes al propio; 2. Una actitud de sospecha en contra de cualquier perspectiva que no sea la de uno; 3. Apegos obsesivos que funcionan sobre la base de una confianza ciega en autoridades religiosas o sistemas doctrinales. Todo esto demuestra la necesidad de un desarrollo de una fe madura y propia en el individuo, y a la vez muestra la necesidad de pastores y líderes más flexibles y menos rígidos en su relación con su congregación. El creyente no tiene que temer ningún punto de vista ya que conoce a Dios. Sin dudas hay autoridades religiosas y sistemas doctrinales que van en contra de lo que la Biblia enseña. Estos deben ser rechazados no obstante oficios, títulos, amenazas o reclamaciones. *Todo* debe someterse a las Escrituras (bien interpretadas) a fin de aprobar lo que se conforma a ellas y rechazar lo que no.

• **Explicación:** El secreto de saber qué puede el cristiano aceptar de la psicología se encuentra en someter todo a las Escrituras. El texto afirma que: «Dios se reveló, se dio a conocer, en Su creación. Sin embargo, también nos dio un mapa, la Biblia, para entender bien lo que Él creó». Hay muchas cosas que no aparecen de manera explícita en la Biblia pero que se conforman a y son compatibles con su verdad. Por ejemplo, si una persona decide llevar una vida más organizada y disciplinada decide que comenzará a escribir una lista de quehaceres cada día, él o ella no encontrará un texto que diga: «Haréis una lista». No obstante, el hacer dicha lista es compatible con el carácter de Dios (pues es un Dios de orden como vemos en Génesis 1), con sus preceptos (por ejemplo, Efesios 5.16 nos enseña que debemos aprovechar bien el tiempo), y con la naturaleza de la vida (tenemos una cantidad limitada de días en los cuales realizar lo que Dios quiere que hagamos). De manera que la Biblia tal vez no nos provea con cada detalle específico pero si nos da principios, verdades y preceptos que guían nuestra vida, decisiones, pensamientos y puntos de vista en este mundo.

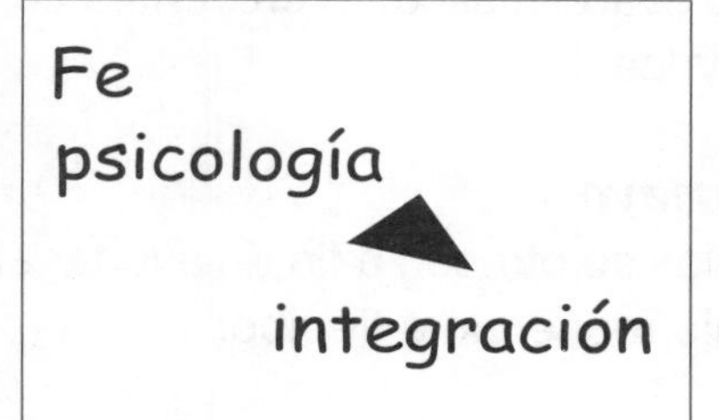

• **Explicación:** Los autores abogan a favor de un modelo de integración entre la psicología y la fe. Esto es, utilizar los buenos y provechosos conceptos que la psicología proporciona a la luz de los que las Escrituras enseñan (sin negarlas, darles una posición inferior o reemplazarlas con creencias paganas e inútiles). Uno de los argumentos interesantes a favor de esta conclusión se halla en la realidad de que no sabemos toda la verdad. Esto es, queda mucho por descubrir. Sin dudas, nada de lo que queda por descubrirse contrarrestará la enseñanza de las Escrituras. No obstante, podemos descubrir todo lo bueno que Dios ha creado y diseñado para nosotros, someterlo a Su voluntad como expresada en Su Palabra y usarlo todo para dirigirnos más hacia Él, ayudar a otros (como también a nosotros mismos) y en fin glorificarlo a Él por Su majestad, creatividad y bondad en habernos dado tantas cosas buenas para nuestro provecho y Su gloria.

Expresión

a. El alumno redactará un principio basado en las enseñanzas de la lección que sea útil para su trabajo y/o ministerio y que sea compatible con las enseñanzas de las Escrituras. [Nota: Este principio puede servir para la realización del ensayo requerido para aprobar esta materia.]
b. El estudiante (junto con sus compañeros y el facilitador) explorará maneras creativas para comunicar algunos de los principios de la lección a otros.
c. Antes de concluir la lección los alumnos orarán los unos por los otros como también por sus respectivas iglesias y cualesquiera contactos evangelísticos o creyentes conocidos que necesiten ayuda.

Ensayo

Las siguientes sugerencias se ofrecen a fin de ayudar al alumno a completar el trabajo requerido a tiempo:

- Reflexione en las ideas presentadas en esta lección, y piense cómo se relacionarán (o contribuirán) con el ensayo que va a escribir. [Nota: El alumno también debe comenzar a leer las lecciones siguientes a fin de adquirir una visión más amplia del contenido del texto y así tener en cuenta ideas adicionales que tal vez quiera utilizar en su ensayo escrito.]
- Lea y comience a hacer anotaciones e investigaciones. Busque cualquier libro adicional que necesite, y recopile la información bibliográfica en el proceso.
- Comience a escribir en forma concisa las ideas que quiere comunicar.
- Trabaje en el desarrollo de un bosquejo, el cual guiará la obra escrita.

Lección 3

Etapas en el desarrollo pre-escolar y escolar

Metas

1. El estudiante conocerá diversas perspectivas acerca del desarrollo humano, con especial atención en la niñez.
2. El estudiante comenzará a desarrollar convicciones acerca de las teorías del desarrollo humano.
3. El estudiante evaluará las perspectivas del desarrollo humano presentadas.

Objetivo

El estudiante evaluará las perspectivas acerca del desarrollo humano presentadas y comenzará a ver la importancia de educar al niño de acuerdo a su etapa en el desarrollo.

Preguntas de repaso

1. De acuerdo al texto, ¿cuáles son las etapas y sub-etapas en el desarrollo del ser humano? ¿Qué cuatro facetas del desarrollo son tratadas en esta área de especialización (psicología del desarrollo) además del aspecto físico?
2. El autor explica varias formas de entender el desarrollo ¿cuáles son?
3. De acuerdo al texto, ¿cuáles son los cuatro factores en la formación de la personalidad? Escriba una breve explicación de cada uno y saque a relucir el significado del cuarto factor.
4. Enumere los cuatro enfoques teóricos para el desarrollo humano presentados en el texto y una explicación breve

y sencilla de cada uno. Escriba su opinión sobre cada enfoque y explique por qué respondió así.

5. Explique de manera concisa cada etapa del desarrollo de la identidad propuesta por Erickson. Escriba su opinión a lo que él propone.
6. Explique de manera concisa cada etapa del desarrollo de la inteligencia como propuesta por Piaget. Escriba su opinión al enfoque del mismo.
7. Explique en sus propias palabras las etapas morales del desarrollo de acuerdo a la enseñanza de Kohlberg. Incluya sus reflexiones acerca del punto de vista de Kohlberg.
8. ¿Cuáles son las tres sub-etapas de la niñez mencionadas en el texto? ¿Qué aspecto de cada categoría tiene mayor relevancia para el trabajo que realiza en el presente (o que intenta hacer en el futuro) y por qué?
9. Escriba tres reflexiones propias acerca del desarrollo espiritual de los niños escolares propuesto por el autor.
10. ¿Cómo puede ayudarle el contenido de esta lección en su trabajo? ¿Hay algo con lo cual está en desacuerdo? Explique.

Dibujos explicativos

Estos dibujos han sido diseñados a fin de proveerle una manera sencilla de organizar y memorizar cuatro puntos esenciales del capítulo. Tome una hoja de papel cualquiera y reproduzca los dibujos entre cinco a siete veces mientras piensa sobre el significado de cada cuadro. Entonces tome una hoja en blanco y reprodúzcalo de memoria junto con una breve explicación de su significado. Hemos provisto estas sencillas ilustraciones principalmente para aquellos que piensan que no saben dibujar bien. Si tiene talento para el dibujo (o deseos de dibujar) cree sus propios diseños a fin de memorizar los puntos principales del capítulo.

Gráficos de los cuatro puntos principales

• **Explicación:** De acuerdo al texto, las etapas en el desarrollo del ser humano son tres: la niñez, la adolescencia y la edad adulta. Las sub-etapas respectivas son la niñez (nacimiento hasta el inicio de la pubertad); la adolescencia (desde la pubertad hasta finalizado el crecimiento físico); y la edad adulta (desde el comienzo de la independencia personal hasta la muerte). En esta área de especialización se estudian los siguientes aspectos del desarrollo del ser humano: el mental, moral, social y espiritual.

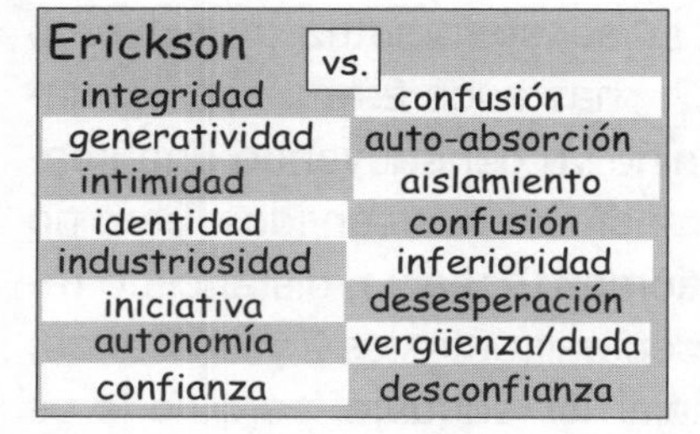

• **Explicación:** Erikson propone ocho etapas en el desarrollo del individuo: 1. la etapa de confianza básica *versus* desconfianza básica en la cual se resuelve el sentido básico de confianza a un extremo o desconfianza al otro; 2. la etapa de autonomía *versus* vergüenza y duda en la cual el niño comienza a desarrollar su autonomía en base a sus nuevas capacidades motoras y mentales; 3. la etapa de iniciativa *versus* culpa que se refiere a la edad en la cual el niño domina sus movimientos corporales y otros aspectos y a cómo sus padres responden a sus actividades; 4. la etapa de «industriosidad» *versus* inferioridad en la cual el niño comienza a razonar con conceptos; 5. la etapa de identidad *versus* confusión en la cual se resuelve el conflicto entre identidad y confusión; 6. la etapa de intimidad *versus* aislamiento que se extiende desde la última parte de la adolescencia hasta la primera parte de la edad adulta madura; 7. la etapa de generatividad *versus* autoabsorción en que la persona comienza a preocuparse por otros (más allá de su familia inmediata), por la sociedad y por el mundo donde las nuevas generaciones van a vivir; y 8. la etapa de integridad *versus* desesperación que corresponde a la vejez, cuando hay más tiempo para la reflexión y para los nietos.

• **Explicación:** Piaget propuso las siguientes etapas para el desarrollo intelectual de los niños y adolescentes: 1. La etapa sensoriomotriz (nacimiento hasta los 2 años aproximadamente) durante la cual el niño va construyendo una imagen de la realidad física por medio de sus sentidos, pero no tiene concepto distintivo del tiempo, espacio, distancia o relaciones; 2. La etapa pre-conceptual (entre los 2 y los 7 años) en la cual los niños ya manejan el lenguaje, pero no le es posible aplicar verdades abstractas a situaciones concretas; 3. la etapa de las operaciones (entre los 7 y los 11 años) durante la cual los niños comienzan a pensar en términos concretos y literales; 4. la etapa de las operaciones formales o de conceptos abstractos (entre los 11 y los 14 años) en la cual el niño pasa al plano de las ideas y es capaz de deducir las conclusiones que se pueden extraer de hipótesis, sin apoyarse en la observación ni en la experiencia.

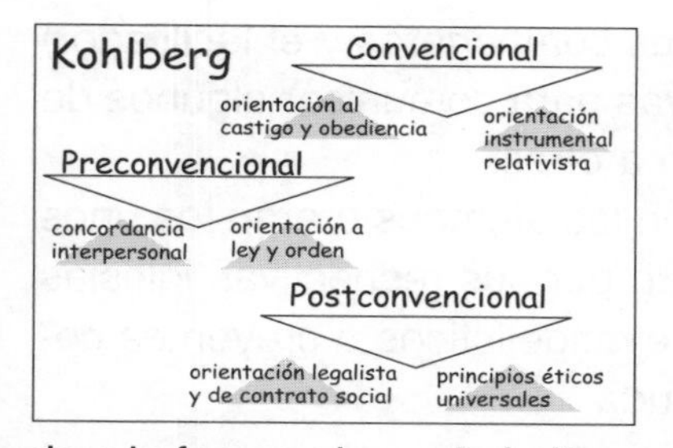

• **Explicación:** Kohlberg trata con el desarrollo moral de la persona y propone tres etapas con seis niveles, dos para cada una de dichas etapas. El primer nivel, el *preconvencional* corresponde a la fase en la cual el niño responde a estándares culturales de bueno y malo, y los interpreta en términos de consecuencias desagradable o agradable y del poder físico de las autoridades. En este nivel hay dos etapas, la de orientación al castigo y a la obediencia, y la de orientación instrumental relativista. Esta primera etapa y los niveles correspondientes enfocan en el interés propio de la persona. El segundo nivel y sus etapas apunta al sentido de deberes hacia otros. Dicho nivel, el *convencional* contiene la etapa de orientación de concordancia interpersonal donde el buen comportamiento es aquello que complace y ayuda a otros y es aprobado por los demás. También incluye la orientación a la ley y al orden, esto es a la autoridad, las reglas y el mantenimiento del orden social. El tercer nivel, el *postconvencional* trata con definir los valores y principios morales que tienen validez y aplicación universales. Las dos etapas de este nivel son la orientación legalista y de contrato social y la orientación de principios éticos universales.

Expresión

a. El alumno redactará un principio basado en la enseñanza de la lección que sea útil para su trabajo y/o ministerio y que sea compatible con las enseñanzas de las Escrituras. [Nota: Este principio puede servir para la realización del ensayo requerido para aprobar esta materia.]

b. El estudiante (junto con sus compañeros y el facilitador) explorará maneras creativas para comunicar algunos de los principios de la lección a otros.
c. Antes de concluir la lección los alumnos orarán los unos por los otros como también por sus respectivas iglesias y cualesquiera contactos evangelísticos o creyentes conocidos que necesiten ayuda.

Ensayo

Las siguientes sugerencias se ofrecen a fin de ayudar al alumno a completar el trabajo requerido a tiempo:

- Reflexione en las ideas presentadas en esta lección, y piense cómo se relacionarán (o contribuirán) con el ensayo que va a escribir. [Nota: El alumno también debe comenzar a leer las lecciones siguientes a fin de adquirir una visión más amplia del contenido del texto y así tener en cuenta ideas adicionales que tal vez quiera utilizar en su ensayo escrito.]
- Continúe leyendo y haciendo anotaciones e investigaciones. Busque cualquier libro adicional que necesite, y recopile la información bibliográfica en el proceso.
- Siga escribiendo en forma concisa las ideas que quiere comunicar.
- Continúe trabajando en el desarrollo de un bosquejo, el cual guiará la obra escrita.

Lección 4

¿Cómo incorporamos nuestra experiencia?: Aprendizaje y Memoria

Metas

1. El estudiante conocerá teorías acerca de la memoria y el aprendizaje humano.
2. El estudiante tomará consciencia de la importancia de la memoria y formas de aprendizaje en relación con las diversas tareas, logros, y relaciones de las personas.
3. El estudiante comenzará a aplicar cualesquier conceptos válidos y provechosos a su trabajo u oficio.

Objetivo

El estudiante evaluará las perspectivas acerca de la memoria y el aprendizaje presentadas y comenzará a usar cualesquier conceptos sean válidos y útiles en su trabajo u oficio.

Preguntas de repaso

1. ¿Cuáles son las tres modalidades básicas de aprendizaje mencionadas por el autor? Provea una explicación sencilla y breve para cada una.
2. ¿Quién fue Pavlov y qué descubrió? Explique los elementos del condicionamiento clásico en sus propias palabras.
3. De acuerdo al texto, ¿cómo se aplica el condicionamiento clásico en los seres humanos?
4. ¿Cuáles son los elementos del condicionamiento operante?

5. ¿Qué son los reforzadores? Explique las dos categorías de los mismos presentadas en el texto.
6. De acuerdo al autor, ¿cuáles son las condiciones bajo las cuales funciona el castigo? Explique en sus propias palabras a cada una de las cinco consideraciones provistas por el autor respecto al castigo.
7. ¿Cuáles son algunas de las diferencias entre el condicionamiento clásico y operante de acuerdo al texto?
8. ¿Qué es el aprendizaje cognoscitivo de acuerdo al texto? ¿Qué condiciones deben cumplirse para modificar el comportamiento de acuerdo al autor? Escriba su propia reacción a las condiciones expresadas en el texto.
9. Explique en sus propias palabras los factores que nos ayudan a mejorar nuestra memoria.
10. ¿Cómo puede ayudarle el contenido de esta lección en su trabajo? ¿Hay algo con lo cual está en desacuerdo? Explique.

Dibujos explicativos

Estos dibujos han sido diseñados a fin de proveerle una manera sencilla de organizar y memorizar cuatro puntos esenciales del capítulo. Tome una hoja de papel cualquiera y reproduzca los dibujos entre cinco a siete veces mientras piensa sobre el significado de cada cuadro. Entonces tome una hoja en blanco y reprodúzcalo de memoria junto con una breve explicación de su significado. Hemos provisto estas sencillas ilustraciones principalmente para aquellos que piensan que no saben dibujar bien. Si tiene talento para el dibujo (o deseos de dibujar) cree sus propios diseños a fin de memorizar los puntos principales del capítulo.

Gráficos de los cuatro puntos principales

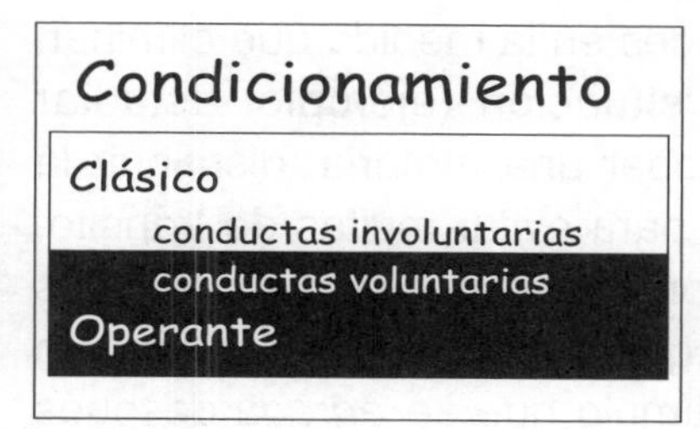

• **Explicación:** El autor presenta el condicionamiento clásico o pavloviano y el condicionamiento operante o instrumental. El primero trata de *conductas involuntarias* siendo producidas por otros estímulos, que anteriormente eran neutros y no provocaban tal conducta. El segundo tiene que ver con las *conductas voluntarias*, los estímulos específicos, y la recompensa o el evitar un castigo. El texto afirma que los seres humanos aprenden varias conductas mediante el condicionamiento clásico. Por ejemplo, las fobias o miedos irracionales (temor a gatos, arañas, serpientes, lugares altos, lugares cerrados o grandes espacios abiertos) son ejemplos de condicionamiento clásico en seres humanos. Se piensa que mediante el condicionamiento clásico también es posible «desaprender» dichas conductas. Por otro lado el condicionamiento operante tiene uso en la esfera humana en el fortalecimiento de ciertas conductas que las personas manifiestan naturalmente.

• **Explicación:** El texto habla de *reforzadores*, estos son estímulos o eventos que incrementan la probabilidad de ocurrencia de una conducta. Se presentan dos grandes categorías de reforzadores: reforzadores positivos (+) y reforzadores negativos (-). Los positivos agregan una recompensa a una situación (ejemplo: dar comida, reconocimiento, atención, etc.). Los negativos son eficaces en la medida que eliminan algo desagradable de una situación (ejemplo: estudiar intensivamente para no reprobar una materia, disminuir la velocidad en la zona urbana para evitar multas de tránsito, etc.). Cuando se habla de reforzadores positivos y negativos tiene que ver con agregar o quitar algo de la situación. Un reforzador positivo es un estímulo que se *agrega* después de una respuesta del sujeto. Por otro lado, un reforzador negativo es un estímulo desagradable que se *elimina* cuando el sujeto responde. Ambos están diseñados para fortalecer la conducta antecedente al reforzador.

• **Explicación:** De acuerdo al autor el castigo funciona bajo ciertas condiciones. Según estas, el texto dice que el castigo no tiene que ser físico sino que puede ser cualquier suceso cuya presencia disminuya la probabilidad de que una conducta particular se vuelva a emitir. También afirma que debe ocurrir inmediatamente después que se emita la conducta que se desea eliminar. Además, escribe que el castigo también debe ser específico, sin ser cruel. Y que para que el castigo sea eficaz debe ser consistente o inevitable. Por último, el castigo utilizado en forma apropiada puede cambiar la conducta rápidamente. El creyente puede abogar a favor del castigo físico mientras que no sea abusivo o cruel (véanse Proverbios 22.15 y 29.15, por ejemplo). Nunca se debe dar golpes a la cara, quemar al muchacho, o torturarlo, ya que causarían deformaciones o aun la muerte.

- **Explicación:** El texto sugiere los siguientes componentes que facilitan el mejoramiento de la memoria: La *motivación* lo cual indica que necesitamos un deseo real de aprender o recordar algo; la *práctica* que muestra que debemos practicar y utilizar lo aprendido para retenerlo; la *confianza* en sí mismo que indica que las dudas y la ansiedad interfieren con la retención en la memoria; la *evasión de las distracciones* ya que estas interfieren en el aprendizaje y el recuerdo; la *concentración* que facilita la memorización; la *relación del nuevo material con la memoria de largo plazo*, lo cual saca a relucir la importancia de la mnemotécnica como ayuda en la recordación de algo; el *uso de imágenes mentales* que son una gran ayuda para recuperar información de la memoria; *el uso de indicios de recuperación eficaces* que facilitan que recordemos de las cosas; y la *anotación de las cosas que deseamos recordar*. Todas estas cosas pueden ayudarnos en la retención de información.

Expresión

a. El alumno redactará un principio basados en las enseñanzas de la lección que sea útil para su trabajo y/o ministerio y que sea compatible con las enseñanzas de las Escrituras. [Nota: Este principio puede servir para la realización del ensayo requerido para aprobar esta materia.]
b. El estudiante (junto con sus compañeros y el facilitador) explorará maneras creativas para comunicar algunos de los principios de la lección a otros.

c. Antes de concluir la lección los alumnos orarán los unos por los otros como también por sus respectivas iglesias y cualesquiera contactos evangelísticos o creyentes conocidos que necesiten ayuda.

Ensayo

Las siguientes sugerencias se ofrecen a fin de ayudar al alumno a completar el trabajo requerido a tiempo:

- Reflexione en las ideas presentadas en esta lección, y piense cómo se relacionarán (o contribuirán) con el ensayo que va a escribir. [Nota: El alumno también debe comenzar a leer las lecciones siguientes a fin de adquirir una visión más amplia del contenido del texto y así tener en cuenta ideas adicionales que tal vez quiera utilizar en su ensayo escrito.]
- Continúe leyendo y haciendo anotaciones e investigaciones. Busque cualquier libro adicional que necesite, y recopile la información bibliográfica en el proceso.
- Siga escribiendo en forma concisa las ideas que quiere comunicar.
- Continúe trabajando en el desarrollo de un bosquejo que guiará la obra escrita de su ensayo, ahora con miras de completar un borrador del mismo para la quinta lección.

Lección 4

¿Cómo percibimos a quienes nos rodean y su realidad?: Percepción

Metas

1. El estudiante conocerá diferentes facetas del tema de la percepción.
2. El estudiante apreciará la importancia de la percepción para las actividades humanas, adquiriendo así una «humildad perceptiva» que lo llevará a respetar a los demás.
3. El estudiante comenzará a aplicar cualesquier conceptos válidos y provechosos a su trabajo u oficio.

Objetivo

El estudiante evaluará la enseñanza presentada acerca de la percepción y comenzará a diferenciar más su interpretación de la realidad y la de otros, que le incentivará a querer comunicarse más respetuosamente con otros en su entorno.

Preguntas de repaso

1. ¿Cuáles son algunos de los factores que afectan la percepción de acuerdo al autor? ¿Puede agregar otros factores no expresados en el texto?
2. ¿Cuáles son las tres facetas del proceso de percibir presentadas por el autor? Provea una explicación sencilla para cada una.
3. ¿Cuáles son los diferentes receptores y clases de sensaciones detalladas en el texto? Explique de manera sencilla, precisa y concisa.

4. ¿Qué significa la organización perceptual en la escuela de Gestalt? ¿Qué aplicación tiene para los estudios bíblicos? [Nota: La respuesta para esta segunda pregunta no aparece en el libro de texto sino que es una aplicación que se desprende del concepto allí explicado.]
5. ¿Cuáles son las leyes de la percepción de acuerdo al texto? ¿Cuáles son otros condicionantes de la percepción? Explique con sencillez y en sus propias palabras.
6. ¿Qué tipos de percepciones saca a relucir el texto? ¿Qué significan?
7. ¿Cuáles son las diferencias entre las percepciones y las representaciones de acuerdo a Jasper?
8. De acuerdo al autor, ¿cuál es el «conjunto de variables» que caracteriza la percepción? Explique con sencillez.
9. ¿Cuáles son las características de los estímulos presentados a los sentidos? ¿Qué relevancia tiene esto con la manera en la cual enseñamos, predicamos, y comunicamos?
10. ¿Cómo puede ayudarle el contenido de esta lección en su trabajo? ¿Hay algo con lo cual está en desacuerdo? Explique.

Dibujos explicativos

Estos dibujos han sido diseñados a fin de proveerle una manera sencilla de organizar y memorizar cuatro puntos esenciales del capítulo. Tome una hoja de papel cualquiera y reproduzca los dibujos entre cinco a siete veces mientras piensa sobre el significado de cada cuadro. Entonces tome una hoja en blanco y reprodúzcalo de memoria junto con una breve explicación de su significado. Hemos provisto estas sencillas ilustraciones principalmente para aquellos que piensan que no saben dibujar bien. Si tiene talento para el dibujo (o deseos de dibujar) cree sus propios diseños a fin de memorizar los puntos principales del capítulo.

Gráficos de los cuatro puntos principales

• **Explicación:** El autor explica que por motivos didácticos divide el proceso de percibir en las tres facetas a continuación: 1. La *sensación*, esto es cuando un estímulo actúa sobre un órgano sensorial (o receptor) y provoca una reacción de transmisión hacia un centro integrador, esto es, el cerebro. Este registra dicho estímulo como una experiencia que denominamos sensación; 2. la *percepción*, la cual ocurre cuando la transmisión nerviosa llega al cerebro desde el receptor, se somete a una serie de elaboraciones psíquicas, y se convierte en una percepción. La percepción, de acuerdo al texto es entonces el acto de toma de conocimientos de datos sensoriales del mundo que nos rodea; y 3. las *representaciones* que son definidas como imágenes surgidas en la conciencia, reconocidas como un producto de la misma persona, dependen totalmente de la actividad psíquica de la misma y se modifican por la voluntad. De acuerdo al autor es lo que conocemos como la capacidad de imaginar y es la base del pensar.

• **Explicación:** El texto detalla varias leyes de la percepción: 1. El todo es más que la suma de las partes, esto es que el conjunto percibido, es más que la suma de las percepciones elementales; 2. la tendencia a la estructuración que significa que los elementos perceptivos aislados tienen una tendencia espontánea a la organización de formas o *gestalt*; 3. la tendencia a la generalización perceptiva que afirma que cuando percibimos una forma, percibimos simultáneamente un significado; 4. la tendencia a la pregnancia, es decir la facilidad con que un objeto es percibido como figura en relación con el fondo; y 5. el principio de constancia o el concepto de que las figuras tienden a ser percibidas como simétricas y completas aunque no lo sean. Estos principios no deben tomarse como distorsiones de la realidad, sino como maneras en las cuales podemos organizar y comprender esa realidad.

• **Explicación:** La percepción puede ser afectada por condicionantes tales como la afectividad, es decir nuestro estado emocional y la experiencia previa que hemos vivido. El texto afirma que el estado emocional, los sentimientos y el estado de ánimo organizan nuestra percepción. En el fondo, «vemos lo que esperamos ver» o «vemos lo que queremos ver». También explica que la experiencia previa en nuestro ciclo vital o nuestra biografía, condiciona la percepción. Estamos más entrenados para percibir algunas cosas y no otras. Como ilustración se ofrece la diferencia entre cuán diferentemente es percibido un bosque por el comerciante de maderas, por el artista que busca un motivo estético o por el ecólogo que busca la integración en la naturaleza. Debemos tomar conciencia de las condicionantes que traemos a lo que percibimos en especial con relación a nuestra interpretación de la Palabra de Dios y en la manera que evaluamos a otras personas.

• **Explicación:** La lección trata el tema de las condiciones de los estímulos y atención. Afirma que hay ciertas características de los estímulos presentados a nuestros sentidos que a menudo determinan la atención que le prestamos a las cosas. Entre dichas características que atraen la atención incluyen: 1. el cambio de estímulo (ejemplo: un incremento del ruido o la alteración de la iluminación); 2. el movimiento (ejemplo: un movimiento súbito cerca de nosotros puede convertirse en el foco de atención, o por el contrario, la falta de movimiento en una situación en la que todos los demás objetos se mueven también puede ser una característica del estímulo que atraerá la atención); 3. el tamaño (ejemplo: es más probable que los objetos grandes atraigan más nuestra atención que los pequeños); 4. la repetición (que puede aumentar o reducir la atención). Además de estos factores el texto menciona otros como el prurito en la nariz, sonidos de alta frecuencia, la novedad. Muchos de estos factores operan en forma interdependiente para influir en la dirección de la atención en cualquier situación dada. También afirma que, como en el caso de la percepción, los factores internos del individuo y las condiciones del estímulo pueden actuar conjuntamente para determinar nuestra atención.

Expresión

a. El alumno redactará un principio basado en la enseñanza de la lección que sea útil para su trabajo y/o ministerio y que sea compatible con las enseñanzas de las Escrituras. [Nota: Este principio puede servir para la realización del ensayo requerido para aprobar esta materia.]

b. El estudiante (junto con sus compañeros y el facilitador) explorará maneras creativas para comunicar algunos de los principios de la lección a otros.
c. Antes de concluir la lección los alumnos orarán los unos por los otros como también por sus respectivas iglesias y cualesquiera contactos evangelísticos o creyentes conocidos que necesiten ayuda.

Ensayo

Las siguientes sugerencias se ofrecen a fin de ayudar al alumno a completar el trabajo requerido a tiempo:

- Reflexione en las ideas presentadas en esta lección, y piense cómo se relacionarán (o contribuirán) con el ensayo que va a escribir. [Nota: El alumno también debe leer las lecciones siguientes a fin de adquirir una visión más amplia del contenido del texto y así tener en cuenta ideas adicionales que tal vez quiera utilizar en su ensayo escrito.]
- Comience la transición de leer y hacer investigaciones a escribir. Puede seguir buscando cualquier libro adicional que necesite y continuar recopilando la información bibliográfica en el proceso. También puede cambiar o modificar conclusiones anteriores a la luz de la nueva información que adquiera.
- Reflexione en y evalúe las ideas que quiere comunicar.
- El estudiante completará el borrador del trabajo escrito para esta quinta lección.

Lección 6

¿Qué nos impulsa en la vida?: Motivación

Metas

1. El estudiante conocerá diferentes facetas del tema de la motivación.
2. El estudiante tomará consciencia de la dinámica de la motivación para las actividades y tareas humanas.
3. El estudiante comenzará a aplicar cualesquier conceptos válidos y provechosos a su trabajo u oficio.

Objetivo

El estudiante evaluará la enseñanza presentada acerca de la motivación y comenzará a usar cualesquier conceptos sean válidos y útiles.

Preguntas de repaso

1. En sus propias palabras explique de qué trata el estudio de la motivación de manera precisa, sencilla, y concisa.
2. De acuerdo al texto, ¿cuáles son los cinco modelos principales acerca de la motivación? Escriba una breve descripción del énfasis de cada una.
3. ¿Qué distinción en la motivación se hace en las teorías cognitivas? De acuerdo al texto, ¿qué consecuencia tiene esta distinción para la vida real?
4. ¿Quién fue Maslow y qué teoría propuso? Explique de manera concisa y en sus propias palabras.

5. ¿Qué crítica se ha hecho en contra de la teoría de Maslow? ¿Qué piensa usted al respecto?
6. ¿Cómo enfoca el texto la relación entre las emociones y la motivación? ¿Qué piensa al respecto?
7. ¿Cuál es la relación entre la motivación y la predisposición del corazón según el autor? Escriba tres ideas prácticas acerca de cómo podemos mejorar la disposición de nuestro corazón.
8. ¿Cuáles son los cuatro estados del ser humano (creyente) de acuerdo al texto? Provea una breve explicación para cada estado. Reflexione acerca de la relación entre los cuatro estados (por ejemplo, ¿qué relación sostienen el uno con el otro?, ¿hay algún otro estado que se puede agregar?, y otras preguntas que se le ocurran).
9. ¿Qué relación hay entre el amor y la motivación? ¿Cómo podemos aumentar la motivación de amor en nuestras vidas? Reflexione acerca de la siguiente pregunta: ¿Qué relación tiene el amor con las características de madurez cristiana presentadas por el autor? Escriba sus pensamientos al respecto.
10. ¿Cómo puede ayudarle el contenido de esta lección en su trabajo? ¿Hay algo con lo cual está en desacuerdo? Explique.

Dibujos explicativos

Estos dibujos han sido diseñados a fin de proveerle una manera sencilla de organizar y memorizar cuatro puntos esenciales del capítulo. Tome una hoja de papel cualquiera y reproduzca los dibujos entre cinco a siete veces mientras piensa sobre el significado de cada cuadro. Entonces tome una hoja en blanco y reprodúzcalo de memoria junto con una breve explicación de su significado. Hemos provisto estas sencillas ilustraciones principalmente para aquellos que piensan que no saben dibujar bien. Si tiene talento para el dibujo (o deseos de dibujar) cree sus propios diseños a fin de memorizar los puntos principales del capítulo.

Gráficos de los cuatro puntos principales

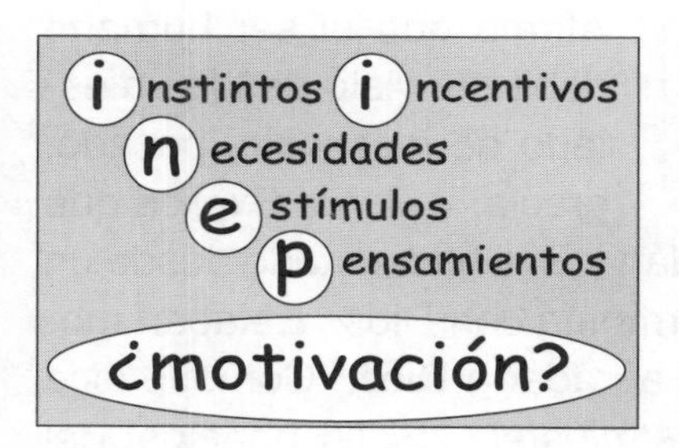

• **Explicación:** El texto presenta distintos enfoques que intentan explicar la motivación, esto es los factores que dirigen y energizan el comportamiento de los seres humanos y otros organismos. Afirma que aunque el tema de la motivación es complejo y hay enfoques biológicos, cognitivos, y sociales, todos buscan explicar la energía que guía al comportamiento de las personas en direcciones específicas. Entre posibles explicaciones para la motivación ofrecen las siguientes: 1. somos motivados por instintos o un patrón innato de comportamiento, determinado biológicamente en lugar de ser aprendido; 2. somos motivados para satisfacer nuestras necesidades a medida que se producen pulsiones (tensión motivacional, o excitación, que energiza al comportamiento con el fin de satisfacer alguna necesidad) para satisfacer nuestras necesidades biológicas básicas; 3. somos motivados por la excitación, esto es tratamos de conservar determinados niveles de estimulación y actividad, aumentándolos o reduciéndolos, según se requiera; 4. somos motivados por incentivos o estímulos externos (en contraste con los estímulos internos de las pulsiones); 5. somos motivados por nuestros pensamientos, las expectativas y la comprensión del mundo. Sin dudas, puede haber un complejo de factores que contribuyen a la motivación.

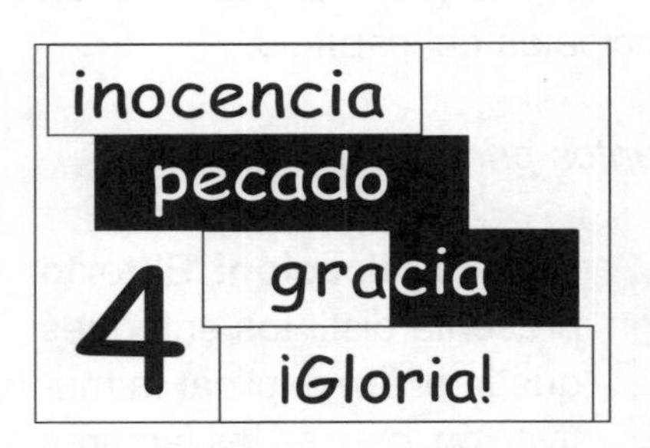

• **Explicación:** El autor enfoca las motivaciones del hombre de acuerdo a cuatro condiciones o estados. Afirma que el ser humano debe ser visto desde un estado de inocencia, pecado, gracia, y gloria. Explica que en su estado de *inocencia* Adán y Eva hacían todo desde un corazón puro y en perfecta armonía con Dios. Estaban motivados por Dios y deseaban agradar a Dios. Como lo dice el *Catecismo menor de Westminster:* «El fin principal del hombre es de glorificar a Dios y de gozar de Él para siempre». (Colosenses 3.17). Además afirma que la persona motivada por el pecado, esto es en su estado de *pecado*, ya no desea glorificar a Dios. Su corazón está inclinado al mal y se expresa en forma egoísta desde su nacimiento. La Biblia nos dice que el pecado está «esculpido en la tabla de nuestro corazón» y que es «engañoso y perverso» (Jeremías 17.1,9). Este autoengaño nos lleva a no querer vernos como somos. Por otro lado, la persona motivada por la *gracia* es aquella que ha sido regenerada por Dios, ha creído en Jesús. Han nacido de nuevo y desde un corazón cambiado ya no le es natural pecar. En su hombre interior desean obedecer a Dios. Desean amar a Dios y amar al prójimo. Estas nuevas conductas están motivadas por la obra del Espíritu Santo en el creyente produciendo en él, el fruto del Espíritu. No obstante, el creyente en Dios en este estado de *gracia*, está en un proceso de cambio. Aun tiene la capacidad para pecar y experimenta una lucha entre sus nuevos deseos santos y la atracción al pecado que aún forma parte de su experiencia. Por fin, el texto habla de la persona motivada por la gloria venidera. Es decir, el creyente entra a su estado de *gloria* después de su muerte y es resucitado. Ahí será transformado totalmente teniendo un corazón y motivaciones que sólo desean agradar a Dios (1 Co 15). Desde esta perspectiva el futuro motiva el presente. Pablo termina este capítulo sobre la resurrección animándonos en conductas presentes: «así que, hermanos míos amados, estad firmes y constantes, creciendo en la obra del Señor siempre, sabiendo que vuestro trabajo en el Señor no es en vano» (15.58).

• **Explicación:** El amor representa la faceta preeminente de la motivación del hombre en el estado de gracia. El autor afirma que Dios nos hizo para amarnos. Fuimos creados con el propósito de tener una relación con Él. Ya que lo más importante que podemos saber en la vida es el hecho de que Dios nos ama, lo más importante que podemos hacer es amarlo a Él. Jesús dijo en Mateo 22.37-39: «Amarás al Señor tu Dios con todo tu corazón y con toda tu alma y con toda tu mente. Este es el primer y grande mandamiento. Y el segundo es semejante: Amarás a tu prójimo como a ti mismo»; y en otro pasaje encontramos lo siguiente «Escucha, Israel: Jehová nuestro Dios, Jehová uno es. Y amarás a Jehová tu Dios con todo tu corazón, con toda tu alma y con todas tus fuerzas. Estas palabras que yo te mando estarán en tu corazón» (Dt 6.4-6). El amor de Dios provoca en nosotros un amor responsivo.

El apóstol Juan enseña: «Nosotros le amamos a Él, porque Él nos amó primero» (1 Jn 4.19). El amor de Dios también abarca el amor hacia otros: «Y nosotros tenemos este mandamiento de Él: El que ama a Dios, ame también a su hermano» (1 Jn 4.21). El autor afirma que el amor a Dios involucra un deleite santo o estar satisfecho en el ser de Dios, y también en el deseo de hacer su voluntad —el de seguirle, caminar en sus caminos, el ser conformados a la imagen de Él. El Señor Jesucristo dijo: «Si me amáis, guardaréis mis mandamientos» (Jn 14.15), y «Este es mi mandamiento: Que os améis unos a otros, como yo os he amado» (Jn 15.12).

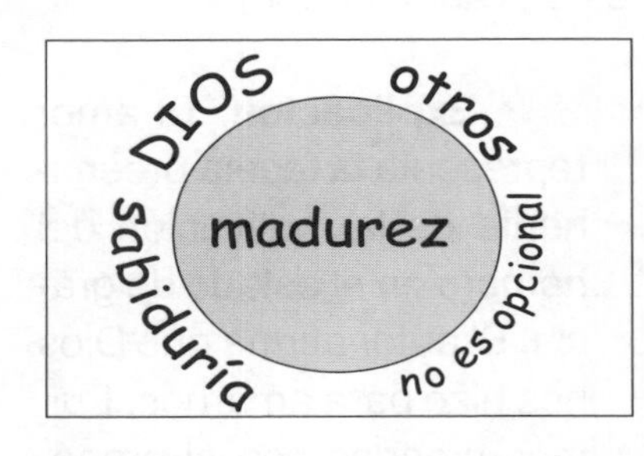

• **Explicación:** El texto trata el tema de la motivación y nuestro sentido de misión, es decir de la *meta* de la madurez espiritual. Afirma que Cristo se nos presenta como la meta, es decir, se nos motiva a ser como Él. Pablo lo dice así: «porque a los que antes conoció, también los predestinó para que fuesen hechos conformes a la imagen de su Hijo, para que él sea el primogénito entre muchos hermanos» (Ro 8.29). Además, sugiere varios principios relacionados a la meta de la madurez espiritual: 1. Dios el Padre y Cristo son modelos de madurez (Mt 5.48 y Ef 4.13); 2. La madurez se alcanza a través del seguimiento de Cristo (Mt 19.21; 1 Co 11.1); 3. La madurez es necesaria para adquirir sabiduría y discernimiento (1 Co 2.6) 4. La madurez no es opción, es un mandato (Mt 5.48a); y 6. La madurez se desarrolla con relación al *otro*, esto es en un contexto corporal (Ef 4.13).

Expresión

a. El alumno redactará un principio basado en las enseñanzas de la lección que sea útil para su trabajo y/o ministerio y que sean compatibles con las enseñanzas de las Escrituras. [Nota: Este principio puede servir para la realización del ensayo requerido para aprobar esta materia.]
b. El estudiante (junto con sus compañeros y el facilitador) explorará maneras creativas para comunicar algunos de los principios de la lección a otros.
c. Antes de concluir la lección los alumnos orarán los unos por los otros como también por sus respectivas iglesias y cualesquiera contactos evangelísticos o creyentes conocidos que necesiten ayuda.

Ensayo

Las siguientes sugerencias se ofrecen a fin de ayudar al alumno a completar el trabajo requerido a tiempo:

- Reflexione en las ideas presentadas en esta lección, y piense cómo se relacionan (o contribuyen) con el ensayo que está escribiendo. Asimismo, utilice la información obtenida de las investigaciones en la elaboración de su trabajo escrito.
- Evalúe su ensayo con referencia al estilo, al contenido, y a las Escrituras, y corrija lo que sea conveniente.

Lección 7

¿Qué le da sabor a nuestra vida?: Emociones

Metas

1. El estudiante conocerá diferentes facetas del tema de las emociones.
2. El estudiante apreciará la importancia de las emociones en las transacciones humanas.
3. El estudiante comenzará a aplicar cualesquier conceptos válidos y provechosos a su trabajo u oficio.

Objetivo

El estudiante evaluará la enseñanza presentada acerca de las emociones y comenzará a usar cualesquier conceptos sean válidos y útiles.

Preguntas de repaso

1. ¿Cómo define el autor la realidad de las emociones? ¿Cuáles son algunas de las teorías sobre las emociones? Explique cada una de manera concisa, sencilla, y precisa.
2. De acuerdo al autor, ¿en qué dos dimensiones podemos comprender la naturaleza de una emoción? ¿Habrá otra(s) dimensión(es) posible(s), por ejemplo odio, rencor, deseos de venganza?
3. ¿En qué tres formas nos permiten las emociones enfrentar situaciones peligrosas?
4. De acuerdo al texto, ¿cuáles son los cambios fisiológicos causados por situaciones negativas? ¿Puede recordar alguna experiencia similar en su propia vida?

5. ¿Cuáles son las tres funciones para las emociones afirmadas por el autor? ¿Puede pensar en algunas funciones adicionales?
6. ¿Cuáles son las emociones básicas o universales de acuerdo al texto? ¿Qué diferencia se sugiere entre las emociones y los estados de ánimo?
7. ¿Cuáles son las dos formas generales de expresar las emociones? Provea ejemplos de ambas de su propia experiencia.
8. Reflexione acerca de lo que el autor dice con referencia a la cuestión del género y las emociones. ¿Cómo concuerda (o no concuerda) con su propia experiencia?
9. Lea las técnicas sugeridas por el autor para educar acerca de las emociones. Escriba sus reflexiones acerca de ellas. ¿Puede pensar en alguna técnica adicional?
10. ¿Cómo puede ayudarle el contenido de esta lección en su trabajo? ¿Hay algo con lo cual está en desacuerdo? Explique.

Dibujos explicativos

Estos dibujos han sido diseñados a fin de proveerle una manera sencilla de organizar y memorizar cuatro puntos esenciales del capítulo. Tome una hoja de papel cualquiera y reproduzca los dibujos entre cinco a siete veces mientras piensa sobre el significado de cada cuadro. Entonces tome una hoja en blanco y reprodúzcalo de memoria junto con una breve explicación de su significado. Hemos provisto estas sencillas ilustraciones principalmente para aquellos que piensan que no saben dibujar bien. Si tiene talento para el dibujo (o deseos de dibujar) cree sus propios diseños a fin de memorizar los puntos principales del capítulo.

Gráficos de los cuatro puntos principales

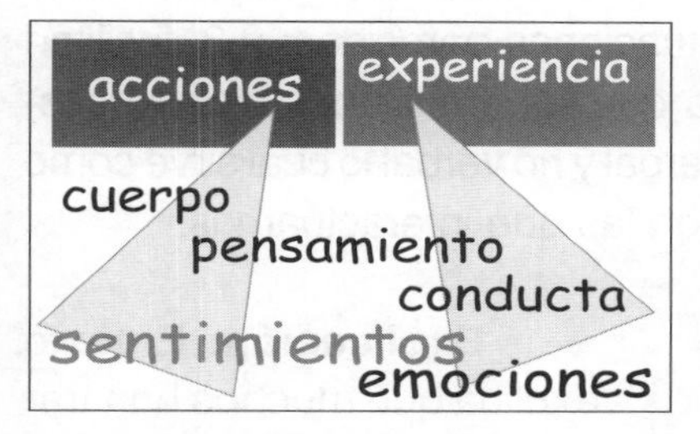

• **Explicación:** El texto define las emociones como sentimientos de diverso tipo e intensidad, que tienen un efecto en la fisiología de nuestro cuerpo, en nuestros pensamientos, y que influyen de modo variable en la conducta. Dichas emociones se expresan tanto en las acciones como en la experiencia subjetiva de las personas. De manera que el autor afirma que es posible manifestar dos tipos de respuesta emocional: la respuesta externa o explícita, que se realiza hacia el medio externo, y una respuesta interna, que se correlaciona al funcionamiento de nuestro cuerpo. Cuando experimentamos una emoción, podemos comprender su naturaleza en base a dos dimensiones: si esta experiencia nos tensa o relaja o si nos agrada o desagrada; asimismo, estas se puedan manifestar con diversos matices entre sí.

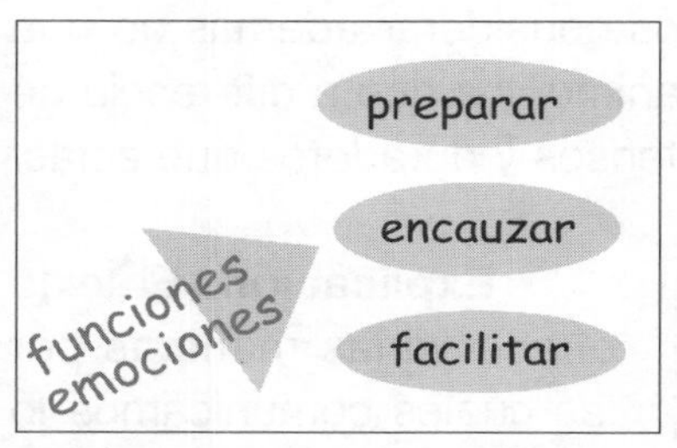

• **Explicación:** El autor afirma que si no tuviéramos la capacidad de sentir y expresar nuestras emociones, posiblemente la vida sería muy aburrida. La felicidad, la vergüenza, el gozo, los remordimientos, el afecto y muchas otras emociones hacen que la vida sea interesante. Expresa que le dan diversidad y son como «los condimentos de la vida». Además enumera las siguientes funciones de las mismas: 1. nos preparan para la acción; 2.

son útiles para encauzar nuestro comportamiento futuro al promover el aprendizaje en determinadas situaciones y así emitir respuestas adecuadas en situaciones parecidas; y 3. facilitan nuestra interacción social, ya que las emociones las manifestamos a través del lenguaje verbal y no verbal lo cual sirve como señales para las personas con las que interactuamos.

• **Explicación:** El texto explica que muchos han tratado de clasificar las emociones y que aún no hay un acuerdo definitivo. No obstante ofrecen las siguientes ocho emociones que pueden considerarse como primarias: 1. ira; 2. tristeza; 3. temor; 4. placer; 5. amor; 6. sorpresa; 7. disgusto; y 8. vergüenza. Cada una de dichas emociones tiene subclasificaciones bajo el encabezamiento principal. Así, el autor afirma que esta breve lista no pretende abarcar todas las combinaciones que se desprenden de las mencionadas como emociones básicas, las que son consideradas universales. Debemos considerar además, lo que se conoce como estados de ánimo, los que a diferencia de las emociones, son menos intensos y duraderos que éstas.

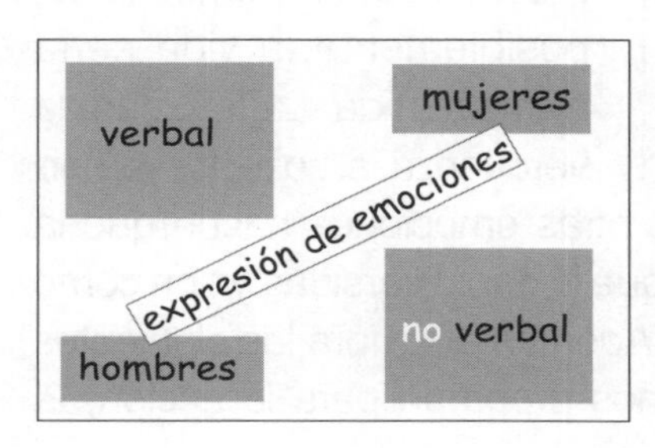

• **Explicación:** El texto ofrece varias maneras por las cuales comunicamos lo que sentimos (aunque a veces tratemos de ocultar nuestras emociones): 1. La comunicación verbal representa la manera más fácil de saber qué está sintiendo (aunque a veces no es suficiente para tener un acceso directo al corazón de las emociones); 2. el lenguaje no verbal es el que nuestro cuerpo expresa con sus movimientos, posturas, gestos y expresiones faciales. Por ejemplo, el texto afirma que las expresiones faciales básicas son fácilmente distinguibles en el rostro, e incluso se considera que su expresión de las emociones básicas es innata y universal. Con referencia al lenguaje corporal, afirma que nos aporta información sobre las emociones de la persona a través de sus posturas y movimientos. Por ejemplo, sabemos con facilidad cuando alguien está nervioso ya que refleja una postura tensa, realiza movimientos repetitivos, rápidos y sin mucho sentido. El autor también afirma que la distancia que se mantiene en relación a las personas comunica algo, y que las mismísimas acciones son señales no verbales. Por último, explica que, en general, los hombres experimentan las emociones igual que las mujeres, la gran diferencia es que los hombres tienden a inhibir cualquier expresión emocional, mientras que las mujeres se permiten ser más francas y conectadas con sus afectos.

Expresión

a. El alumno redactará un principio basado en las enseñanzas de la lección que sea útil para su trabajo y/o ministerio y que sea compatible con las enseñanzas de las Escrituras. [Nota: Este principio puede servir para la realización del ensayo requerido para aprobar esta materia.]
b. El estudiante (junto con sus compañeros y el facilitador) explorará maneras creativas para comunicar algunos de los principios de la lección a otros.
c. Antes de concluir la lección los alumnos orarán los unos por los otros como también por sus respectivas iglesias

y cualesquier contactos evangelísticos o creyentes conocidos que necesiten ayuda.

Ensayo

Las siguientes sugerencias se ofrecen a fin de ayudar al alumno a completar el trabajo requerido a tiempo:

- Reflexione en las ideas presentadas en esta lección (y la próxima) y piense cómo se relacionan (o contribuyen) con el ensayo que está escribiendo.
- Termine de escribir su ensayo a fin de poder entregar el trabajo completado para la próxima lección.
- Haga las últimas correcciones a su ensayo y léalo por completo a fin de corregir errores de estilo.

Lección 8

¿Cómo llegamos a ser lo que somos?: Personalidad

Metas

1. El estudiante conocerá algunas teorías de la personalidad y socialización.

2. El estudiante comenzará a desarrollar convicciones acerca de la formación de la personalidad y la socialización.

3. El estudiante comenzará a aplicar cualesquier conceptos válidos y provechosos a su trabajo u oficio.

Objetivo

El estudiante evaluará la enseñanza presentada acerca de la personalidad y la socialización y comenzará a usar cualesquier conceptos sean válidos y útiles en su trabajo u oficio.

Preguntas de repaso

1. ¿Cómo define a la personalidad el autor del texto?
2. Escriba su reacción a las diversas clasificaciones de la personalidad. ¿Qué se puede aprender de estos esfuerzos?
3. Escriba su reacción a la teoría de Freud. ¿Qué se puede aprender de sus esfuerzos?
4. Escriba su pensamiento acerca de cómo estructuró Freud la personalidad. ¿Cómo reacciona ante las afirmaciones de las Escrituras? ¿Cómo reacciona ante el método científico? Esto es, ¿se pueden comprobar científicamente las afirmaciones de Freud?

5. Escriba su opinión acerca de las etapas del desarrollo de la personalidad de acuerdo a Freud. ¿Cómo reacciona ante las afirmaciones de las Escrituras? ¿Cómo reacciona ante el método científico? Esto es, ¿se pueden comprobar científicamente las afirmaciones de Freud?
6. ¿Qué son los mecanismos de defensa en la teoría de Freud? ¿Qué relación posible sostiene este concepto con el pensamiento cristiano?
7. Escriba su pensamiento acerca del enfoque conductual. ¿Cómo corresponde este enfoque a la cosmovisión teísta y cristiana?
8. Escriba sus reflexiones acerca de los cuatro estilos de socialización y el efecto correspondiente en los niños mencionados en el texto.
9. ¿Qué se puede aprender del resumen que el autor hace de sus pensamientos?
10. ¿Cómo puede ayudarle el contenido de esta lección en su trabajo? ¿Hay algo con lo cual está en desacuerdo? Explique.

Dibujos explicativos

Estos dibujos han sido diseñados a fin de proveerle una manera sencilla de organizar y memorizar cuatro puntos esenciales del capítulo. Tome una hoja de papel cualquiera y reproduzca los dibujos entre cinco a siete veces mientras piensa sobre el significado de cada cuadro. Entonces tome una hoja en blanco y reprodúzcalo de memoria junto con una breve explicación de su significado. Hemos provisto estas sencillas ilustraciones principalmente para aquellos que piensan que no saben dibujar bien. Si tiene talento para el dibujo (o deseos de dibujar) cree sus propios diseños a fin de memorizar los puntos principales del capítulo.

Gráficos de los cuatro puntos principales

• **Explicación:** El texto trata con la pregunta, ¿qué es la personalidad? y explica que el punto es fácil de plantear, pero difícil de responder. Afirma que la palabra *personalidad* deriva del término griego persona, que originalmente representaba la máscara utilizada por los actores de teatro. Con el tiempo, el término persona perdió la connotación de ilusión y pretensión asociada con el teatro, y empezó a representar no la máscara, sino la persona real con sus características aparentes, explícitas y manifiestas. El tercer y último significado que ha adquirido el término personalidad va más allá de lo que se aprecia en la superficie y se centra en las características psicológicas más internas, ocultas y menos aparentes del individuo. Por tanto, a través de la historia el significado de este término ha cambiado desde la ilusión externa a la realidad aparente y finalmente a los rasgos internos menos visibles. Este tercer significado es el más cercano a su uso contemporáneo. De manera que, de acuerdo al autor, la personalidad puede definirse como la totalidad de los rasgos emocionales y conductuales que caracterizan a una persona en su vida diaria en condiciones normales; es por lo tanto, relativamente estable y predecible.

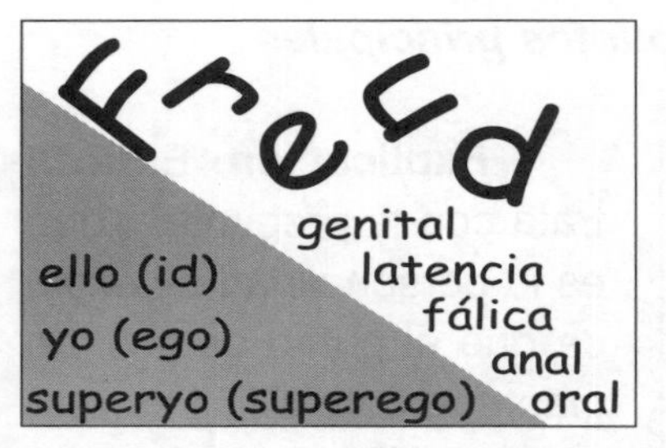

• **Explicación:** El texto toca el tema de los enfoques psicoanalíticos de la personalidad. Según los psicoanalistas, la conducta humana es impulsada en gran medida por fuerzas poderosas del interior de la personalidad, de las que no somos conscientes (es decir, su influjo es imperceptible para nuestros sentidos). Estas fuerzas ocultas, moldeadas por las experiencias de la infancia, desempeñan un papel importante para energizar y darle dirección a nuestro comportamiento cotidiano. Sigmund Freud médico neurólogo austriaco, fue el fundador del psicoanálisis a fines del siglo XIX y principios del siglo XX. Para describir la estructura de la personalidad, Freud desarrolló una vasta teoría que sostiene (entre otras cosas) que la personalidad está integrada por tres componentes distintos que interactúan entre sí: el ello (o *id*), el yo (o *ego*) y el super yo (o *super ego*). En la teoría representan concepciones abstractas de un modelo general de la personalidad que describe la interacción de diversos procesos y fuerzas internas de la personalidad del individuo, que motivan su comportamiento. En la teoría el *ello* consiste de deseos y anhelos primitivos e instintivos que funciona siguiendo el principio del placer, que tiene como meta la reducción inmediata de la tensión y busca la maximización de la satisfacción. El *yo* tiene que ver con las restricciones que el mundo produce, el cual amortigua las relaciones entre el ello y las realidades objetivas del mundo exterior. Dicho *yo* es el «ejecutivo» de la personalidad: toma decisiones, controla las acciones y permite el pensamiento y la solución de problemas de orden superior a las que puede lograr el ello. Por fin, el *super yo*, representa lo que se debe y lo que no se debe hacer en sociedad, tal como lo transmiten los padres y los diferentes agentes de socialización de los niños. Freud ofreció también una perspectiva acerca de cómo se desarrolla la personalidad a lo largo de una serie de etapas que ocurren en la infancia: la etapa *oral* (del nacimiento a los 12-18 meses) cuyo interés reside en la gratificación al chupar, comer y morder; la etapa *anal* (de los 12-18 meses hasta los 3 años) que enfatiza la gratificación al expeler y retener las heces fecales; la etapa *fálica* (de los 3 años a los 5-6 años) que enfoca el interés en los genitales; la *latencia* (de los 5-6 años hasta el inicio de la adolescencia) donde hay preocupaciones sexuales casi sin importancia; y la etapa *genital* (de la adolescencia hasta la edad adulta) marcada por un resurgimiento de los intereses sexuales y establecimiento de relaciones sexuales maduras.

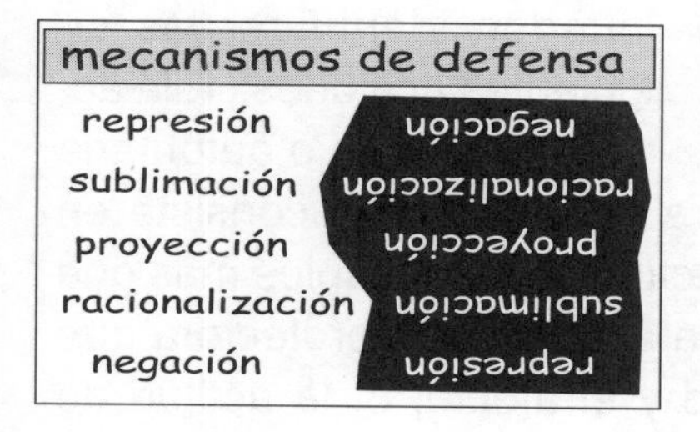

• **Explicación:** Freud creía que las personas desarrollaban una serie de mecanismos de defensa para enfrentar circunstancias que le producían ansiedad. Los mecanismos de defensa son estrategias inconscientes utilizadas para reducir la ansiedad y ocultar ante el propio individuo y ante los demás el origen de ésta. Aunque hay más mecanismos de defensa que los que menciona el texto, el autor explica los siguientes: 1. *represión* mediante la cual los impulsos inestables o desagradables provenientes del ello son devueltos hacia el inconsciente; 2. racionalización que se da cuando deformamos la realidad al justificar lo que nos sucede; 3. negación en la cual la persona simplemente se rehúsa de inmediato a reconocer o aceptar una información que le produce ansiedad; 4. proyección por medio de cual el individuo busca defenderse atribuyéndoles a otros sus impulsos y sentimientos desagradables; 5. sublimación mediante la cual las personas desvían impulsos no deseables hacia pensamientos, sentimientos o comportamientos que cuentan con la aprobación de la sociedad. Con relación al pensamiento cristiano es posible que los mecanismos de defensa representen formas en las cuales las personas tratan de lidiar con y soportar su propia pecaminosidad.

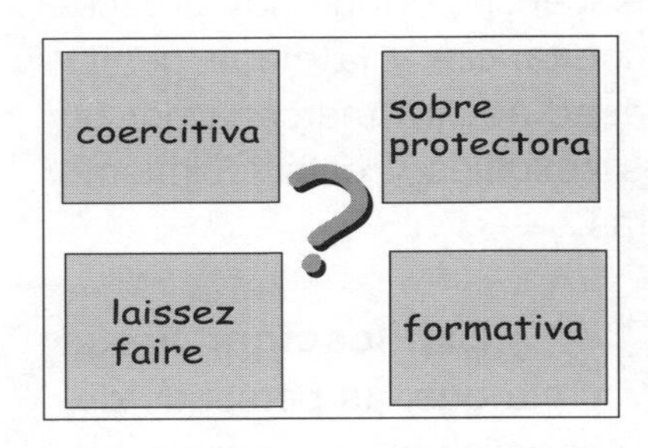

• **Explicación:** El autor propone cuatro estilos de socialización y sus efectos respectivos en los niños. De acuerdo a su esquema se pueden identificar las siguientes actitudes: 1. la actitud coercitiva o autoritaria en la cual la interacción entre padres e hijos consiste en destacar principalmente las actitudes indeseables más que las deseables en el niño; 2. la actitud sobreprotectora que resulta de juntar la autoridad y el afecto; 3. la actitud de indiferencia (*laissez-faire*) es caracterizada como la más patológica (o disfuncional) de todas ya que el niño no tiene forma de orientar su conducta; y 4. la actitud formativa que promueve y fortalece el desarrollo de conductas adaptativas y se centra más en lo positivo que en lo negativo. Sin dudas, todas la actitudes antes mencionadas son universalmente manifestadas por los padres y pueden ser útiles en ciertas circunstancias.

Expresión

a. El alumno redactará un principio basado en las enseñanzas de la lección que sea útil para su trabajo y/o ministerio y que sea compatible con las enseñanzas de las Escrituras. [Nota: Este principio puede servir para la realización del ensayo requerido para aprobar esta materia.]
b. El estudiante (junto con sus compañeros y el facilitador) explorará maneras creativas para comunicar algunos de los principios de la lección a otros.
c. Antes de concluir la lección los alumnos orarán los unos por los otros como también por sus respectivas iglesias y cualesquier contactos evangelísticos o creyentes conocidos que necesiten ayuda.

Ensayo

El alumno debe entregar su ensayo escrito terminado para esta reunión. No debe dejar de asistir la reunión si no lo ha terminado. No tome el tiempo dedicado a la reunión para terminarlo.

Manual para el facilitador

Introducción

Este material se preparó tanto para el uso individual como para grupos o peñas guiados por un facilitador, el cual orienta a un grupo de cinco a diez estudiantes a fin de que completen el curso. La tarea demandará esfuerzo de su parte, ya que, aun cuando el facilitador no es el instructor en sí (el libro de texto sirve de «maestro»), debe conocer bien el material, animar y dar aliento al grupo, y modelar la vida cristiana delante de los miembros de la peña.

La recompensa del facilitador vendrá, en parte, del buen sentir que experimentará al ver que está contribuyendo al crecimiento de otros, del privilegio de entrenar a otros y del fruto que llegará por la evangelización. El facilitador también debe saber que el Señor lo recompensará ampliamente por su obra de amor.

A continuación encontramos las tres facetas principales del programa FLET para estudio en grupo: las lecciones, las reuniones y las expresiones.

1. **Las lecciones:** Ellas representan el aspecto del programa del cual el alumno es plenamente responsable. Sin embargo, aunque el estudiante debe leer el capítulo indicado y responder las preguntas, también debe reconocer que necesitará la ayuda de Dios para sacar el mayor provecho de cada porción del texto. Usted, como facilitador, debe informarles a los estudiantes que la calidad de la reunión será realzada o minimizada según la calidad del interés, esfuerzo y comunión con Dios que el alumno tenga en su estudio personal. Se ofrecen las siguientes guías a fin de asegurar una calidad óptima en las lecciones:

a. El alumno debe tratar (si fuese posible) de dedicar un tiempo para el estudio a la misma hora todos los días. Debe asegurarse de tener a la mano todos los materiales que necesite (Biblia, libro de texto, cuaderno, lápices o bolígrafos); que el lugar donde se realice la tarea tenga un ambiente que facilite el estudio con suficiente luz, espacio tranquilidad y temperatura cómoda. Esto puede ayudar al alumno a desarrollar buenos hábitos de estudio.
b. El alumno debe proponerse la meta de completar una lección por semana (a no ser que esté realizando otro plan, ya sea más acelerado o más lento).
c. El alumno debe repasar lo que haya aprendido de una manera sistemática. Un plan factible es repasar el material al segundo día de estudiarlo, luego el quinto día, el décimo, el vigésimo y el trigésimo.

2. **Las reuniones:** En las reuniones o peñas, los estudiantes comparten sus respuestas, sus dudas y sus experiencias educacionales. Para que la reunión sea grata, de provecho e interesante se sugiere lo siguiente:
a. La reunión debe tener entre cinco y diez participantes: La experiencia ha mostrado que el número ideal de alumnos es de cinco a diez. Esta cantidad asegura que se compartan suficientes ideas para que la reunión sea interesante como también que haya suficiente oportunidad para que todos puedan expresarse y contribuir a la dinámica de la reunión.
También ayuda a que el facilitador no tenga muchos problemas al guiar a los participantes en una discusión franca y espontánea, aunque también ordenada.
b. Las reuniones deben ser semanales: El grupo o peña debe reunirse una vez a la semana. Las reuniones deben ser bien organizadas a fin de que los alumnos no

pierdan su tiempo. Para lograr esto se debe comenzar y concluir a tiempo. Los estudiantes pueden quedarse más tiempo si así lo desean, pero la reunión en sí debe observar ciertos límites predeterminados. De esta manera los estudiantes no sentirán que el facilitador no los respeta a ellos ni a su tiempo.

c. Las reuniones requieren la participación de todos. Esto significa no solo que los alumnos no deben faltar a ninguna de ellas, sino también que todos participen en la discusión cuando asistan. El cuerpo de Cristo, la Iglesia, consiste de muchos miembros que se deben ayudar mutuamente. La reunión o peña debe proveer un contexto idóneo para que los participantes compartan sus ideas en un contexto amoroso, donde todos deseen descubrir la verdad, edificarse y conocer mejor a Dios. Usted, como facilitador, debe comunicar el gran valor de cada miembro y de su contribución particular al grupo.

3. **Las expresiones:** Esta faceta del proceso tiene que ver con la comunicación creativa, relevante, y eficaz del material que se aprende. La meta no es sencillamente llenar a los estudiantes de conocimientos, sino prepararlos para utilizar el material tanto para la edificación de creyentes como para la evangelización de los no creyentes. Es cierto que no todo el material es «evangelístico» en sí, pero a veces se tocan varios temas durante el proceso de la evangelización o del seguimiento y estos conocimientos tal vez ayuden a abrir una puerta para el evangelio o aun mantenerla abierta. Las siguientes consideraciones servirán para guiar la comunicación de los conceptos:

a. La comunicación debe ser creativa: La clave de esta sección es permitir que los alumnos usen sus propios talentos de manera creativa. No todos tendrán ni la habilidad ni el deseo de predicar desde un púlpito. Pero tal vez algunos tengan talentos para escribir poesías, canciones, o coros, o hacer dibujos o pinturas que comuniquen las verdades que han aprendido. Otros quizás tengan habilidades teatrales que pueden usar para desarrollar dramatizaciones que comuniquen principios cristianos de manera eficaz, educativa y entretenida. Y aun otros pueden servir de maestros, pastores o facilitadores para otros grupos o peñas. No les imponga límites a las diversas maneras en las cuales se puede comunicar la verdad de Dios.
b. La comunicación debe ser clara: Las peñas proveen un contexto idóneo para practicar la comunicación de las verdades cristianas. En este ambiente caracterizado por el amor, el aliento y la dirección se pueden hacer «dramatizaciones» en las cuales alguien formule «preguntas difíciles», mientras otro u otros tratan de responder como si fuera una situación real. Después los demás en la peña pueden evaluar tanto las respuestas que se dieron como la forma en la cual se desenvolvió el proceso y el resultado. La evaluación debe tomar en cuenta aspectos como la apariencia, el manejo del material, y el carácter o disposición con que fue comunicado. Se puede hacer una dramatización, algo humorística, donde un cristiano con buenas intenciones, pero no muy «presentable», trata de comunicarse con un incrédulo bien vestido, perfumado y limpio. Después, la clase puede participar en una discusión amigable acerca del papel de la apariencia en la evangelización.
c. La comunicación debe reflejar el carácter cristiano. Usted como facilitador debe modelar algunas de las ca-

racterísticas cristianas que debemos reflejar cuando hablemos con otros acerca de Jesucristo y la fe cristiana. Por ejemplo, la paciencia, la humildad y el dominio propio deben ser evidentes en nuestras conversaciones. Debemos también estar conscientes de que dependemos de Dios para que nos ayude a hablar con otros de manera eficaz. Sobre todo, debemos comunicar el amor de Dios. A veces nuestra forma de actuar con los no cristianos comunica menos amor que lo que ellos reciben de sus amistades que no son cristianas. Las peñas proveen un contexto amigable, eficaz y sincero para evaluar, practicar y discutir estas cosas.

Cada parte del proceso ya detallado contribuye a la que le sigue, de manera que la calidad del proceso de la enseñanza depende del esfuerzo realizado en cada paso. Si la calidad de la lección es alta, esto ayudará a asegurar una excelente experiencia en la reunión, ya que todos los estudiantes vendrán preparados, habiendo hecho buen uso de su tiempo personal. De la misma manera, si la reunión se desenvuelve de manera organizada y creativa, facilitará la excelencia en las expresiones, es decir, las oportunidades que tendremos fuera de las reuniones para compartir las verdades de Dios. Por lo tanto, necesitaremos la ayuda de Dios en todo el proceso a fin de que recibamos el mayor provecho posible del programa.

Instrucciones específicas

Antes de la reunión: *Preparación*

A. Oración: Es la expresión de nuestra dependencia de Dios.

1. Ore por usted mismo
2. Ore por los estudiantes
3. Ore por los que serán alcanzados e impactados por los alumnos

B. Reconocimiento

1. Reconozca su identidad en Cristo (Romanos 6—8)
2. Reconozca su responsabilidad como maestro o facilitador (Santiago 3.1-17)
3. Reconozca su disposición como siervo (Marcos 10.45; 2 Corintios 12.14-21)

C. Preparación

1. Estudie la porción del alumno sin ver la guía para el facilitador, es decir, como si usted fuese uno de los estudiantes.
   a. Tome nota de los aspectos difíciles, así se anticipará a las preguntas.
   b. Tome nota de las ilustraciones o métodos que le vengan a la mente mientras lee.
   c. Tome nota de los aspectos que le sean difíciles a fin de investigar más usando otros recursos.
2. Estudie este manual para el facilitador.
3. Reúna otros materiales, ya sea para ilustraciones, aclaraciones, o para proveer diferentes puntos de vista a los del texto.

Durante la reunión: *Participación*

Recuerde que el programa FLET sirve no solo para desarrollar a aquellos que están bajo su cuidado como facilitador, sino también para edificar, entrenar y desarrollarlo a usted mismo. La reunión consiste de un aspecto clave en el desarrollo de todos los participantes, debido a las dinámicas de la reunión. En la peña, varias personalidades interactuarán, tanto unas con otras, como también ambas con Dios. Habrá personalidades diferentes en el grupo y, junto con esto, la posibilidad para el conflicto. No le tenga temor a esto. Parte del curriculum será el desarrollo del amor cristiano. Tal vez Dios quiera desarrollar en usted la habilidad de resolver conflictos entre hermanos en la fe. De cualquier modo, nuestra norma para solucionar los problemas es la Palabra inerrante de Dios. Su propia madurez, su capacidad e inteligencia iluminadas por las Escrituras y el Espíritu Santo lo ayudarán a mantener un ambiente de armonía. Si es así, se cumplen los requisitos del curso y, lo más importante, los deseos de Dios. Como facilitador, debe estar consciente de las siguientes consideraciones:

A. El tiempo u horario

1. La reunión debe ser siempre el mismo día, a la misma hora, y en el mismo lugar cada semana, ya que eso evitará confusión. El facilitador siempre debe tratar de llegar con media hora de anticipación para asegurarse de que todo esté preparado para la reunión y para resolver cualquier situación inesperada.
2. El facilitador debe estar consciente de que el enemigo a veces tratará de interrumpir las reuniones o traer confusión. Tenga mucho cuidado con cancelar reuniones o cambiar horarios. Comunique a los participantes en la peña la responsabilidad que tienen unos con otros. Esto no significa que nunca se debe cambiar una reunión bajo ninguna circunstancia. Más bien quiere decir que se tenga cuidado y que no se hagan cambios innecesarios a cuenta de personas que por una u otra razón no pueden llegar a la reunión citada.

3. El facilitador debe completar el curso en las semanas indicadas (o de acuerdo al plan de las otras opciones).

B. El lugar

1. El facilitador debe asegurarse de que el lugar para la reunión esté disponible durante las semanas correspondientes al término del curso. También deberá tener todas las llaves u otros recursos necesarios para utilizar el local.
2. Debe ser un lugar limpio, tranquilo y tener buena ventilación, suficiente luz, temperatura agradable y espacio a fin de poder sacarle provecho y facilitar el proceso educativo.
3. El sitio debe tener el mobiliario adecuado para el aprendizaje: una mesa, sillas cómodas, una pizarra para tiza o marcadores que se puedan borrar. Si no hay mesas, los estudiantes deben sentarse en un círculo a fin de que todos puedan verse y escucharse. El lugar completo debe contribuir a una postura dispuesta para el aprendizaje. El sitio debe motivar al alumno a trabajar, compartir, cooperar y ayudar en el proceso educativo.

C. La interacción entre los participantes

1. Reconocimiento:
   a. Saber el nombre de cada persona.
   b. Conocer los datos personales: estado civil, trabajo, nacionalidad, dirección, teléfono.
   c. Saber algo interesante de ellos: comida favorita, cumpleaños, etc.
2. Respeto para todos:
   a. Se deben establecer reglas para la reunión: Una persona habla a la vez y los demás escuchan.

b. No burlarse de los que se equivocan ni humillarlos.
c. Entender, reflexionar o pedir aclaración antes de responder lo que otros dicen.

3. Participación de todos:
   a. El facilitador debe permitir que los alumnos respondan sin interrumpirlos. Debe dar suficiente tiempo para que los estudiantes reflexionen y compartan sus respuestas.
   b. El facilitador debe ayudar a los alumnos a pensar, a hacer preguntas y a responder, en lugar de dar todas las respuestas él mismo.
   c. La participación de todos no significa necesariamente que tienen que hablar en cada sesión (ni que tengan que hablar desde el principio, es decir, desde la primera reunión), más bien quiere decir, que antes de llegar a la última lección todos los alumnos deben sentirse cómodos al hablar, participar y responder sin temor a ser ridiculizados.

Después de la reunión: *Evaluación y oración*

A. Evaluación de la reunión y la oración:

1. ¿Estuvo bien organizada la reunión?
2. ¿Fue provechosa la reunión?
3. ¿Hubo buen ambiente durante la reunión?
4. ¿Qué peticiones específicas ayudarían a mejorar la reunión?

B. Evaluación de los alumnos:

1. En cuanto a los alumnos extrovertidos y seguros de sí mismos: ¿Se les permitió que participaran sin perjudicar a los más tímidos?
2. En cuanto a los alumnos tímidos: ¿Se les animó a fin de que participaran más?

3. En cuanto a los alumnos aburridos o desinteresados: ¿Se tomó especial interés en descubrir cómo despertar en ellos la motivación por la clase?

C. Evaluación del facilitador y la oración:

1. ¿Estuvo bien preparado el facilitador?
2. ¿Enseñó la clase con buena disposición?
3. ¿Se preocupó por todos y fue justo con ellos?
4. ¿Qué peticiones específicas debe hacer al Señor a fin de que la próxima reunión sea aun mejor?

Ayudas adicionales

1. **Saludos:** Para establecer un ambiente amistoso, caracterizado por el amor fraternal cristiano, debemos saludarnos calurosamente en el Señor. Aunque la reunión consiste de una actividad más bien académica, no debe adolecer del amor cristiano. Por lo tanto, debemos cumplir con el mandato de saludar a otros, como se encuentra en la mayoría de las epístolas del Nuevo Testamento. Por ejemplo, 3 Juan concluye con las palabras: La paz sea contigo. Los amigos te saludan. Saluda tú a los amigos, a cada uno en particular. Saludar provee una manera sencilla, pero importante, de cumplir con los principios de autoridad de la Biblia.
2. **Oración:** La oración le comunica a Dios que estamos dependiendo de Él para iluminar nuestro entendimiento, calmar nuestras ansiedades y protegernos del maligno. El enemigo intentará interrumpir nuestras reuniones por medio de la confusión, la división y los estorbos. Es importante reconocer nuestra posición victoriosa en Cristo y seguir adelante. El amor cristiano y la oración sincera ayudarán a crear el ambiente idóneo para la educación cristiana.

3. **Creatividad:** El facilitador debe esforzarse por emplear la creatividad que Dios le ha dado tanto para presentar la lección como para mantener el interés durante la clase completa. Su ejemplo animará a los estudiantes a esforzarse en comunicar la verdad de Dios de manera interesante. El Evangelio de Marcos reporta lo siguiente acerca de Juan el Bautista: Porque Herodes temía a Juan, sabiendo que era varón justo y santo, y le guardaba a salvo; y oyéndole, se quedaba muy perplejo, pero le escuchaba de buena gana (Marcos 6.20). Y acerca de Jesús dice: Y gran multitud del pueblo le oía de buena gana (Marcos 12.37b). Notamos que las personas escuchaban «de buena gana». Nosotros debemos esforzarnos para lograr lo mismo con la ayuda de Dios. Se ha dicho que es un pecado aburrir a las personas con la Palabra de Dios. Hemos provisto algunas ideas que se podrán usar tanto para presentar las lecciones como para proveer proyectos adicionales útiles para los estudiantes. Usted puede modificar las ideas o crear las suyas propias. Pídale ayuda a nuestro Padre bondadoso, todopoderoso y creativo a fin de que lo ayude a crear lecciones animadas, gratas e interesantes.

Conclusión

El beneficio de este estudio dependerá de usted y de su esfuerzo, interés y relación con Dios. Si el curso resulta una experiencia grata, educativa y edificadora para los estudiantes, ellos querrán hacer otros cursos y progresar aun más en su vida cristiana. Que así sea con la ayuda de Dios.

Estructura de la reunión

1. Oración e introducción: Comience la reunión con intercesión. Dé la bienvenida a los alumnos y ore para que el Señor calme las ansiedades, abra el entendimiento, y se obre en las vidas de los estudiantes y el facilitador. Con anticipación seleccione una de las introducciones sugeridas (véase el Manual para el facilitador), o cree su propia introducción original.

2. Interacción con las **Preguntas de repaso**: Comparta con los alumnos algunas de las preguntas de la lección junto con las respuestas. No es necesario tratarlas todas. Más bien se pueden considerar aquellas que dieron más dificultad, que fueron de mayor edificación. o que expresan algún concepto con el cual están en desacuerdo. Traten de alcanzar algunas conclusiones (aun si son tentativas).

3. Interacción con la sección **Expresión**: Queremos que los alumnos expresen sus conocimientos tanto en conducta como también en comunicación con otros, ambos creyentes y no creyentes. También esperamos que expresen sus peticiones y pensamientos íntimos a Dios. Asegúrese de permitir que varios estudiantes compartan los principios que desarrollaron y descubrieron. Anime a los alumnos a ayudarse mutuamente en mejorar la expresión de dichos principios (hacerlos más concisos, creativos, o precisos). También asegúrese de hablar acerca de cualesquiera contactos evangelísticos o de edificación cristiana que haya tenido durante la semana. Deseamos que los alumnos hagan lo correcto, y que no

solo hablen de hacerlo. Por último, asegúrese de que uno, o varios, oren por el grupo de estudio, las iglesias o iglesia representada, y las personas con las quienes se está teniendo interacción evangelística o de edificación cristiana.

4. Conclusión y oración: Concluya la lección con una nota de ánimo y esperanza como también gratitud por los buenos esfuerzos de los alumnos y ánimo para aquellos que necesitan ser motivados y alentados. Por fin, pida que alguien ore por la iglesia y su liderazgo, los estudiantes, la comunidad que desean alcanzar. Incluya las necesidades específicas sacadas a relucir en la reflexión concerniente la sección Expresión.

Revisión de tareas

a) El cuaderno de trabajo

El facilitador debe revisar el cuaderno con las respuestas a las preguntas de repaso y las tareas específicas a mediados del curso y al final de este. Para mediados del curso, el facilitador no tiene que calificar el cuaderno. Solamente tiene que revisarlo para asegurarse que el alumno esté progresando en el curso. Para el final del curso, el facilitador debe dar una nota de acuerdo con el porcentaje de respuestas escritas en el cuaderno. Si el alumno ha escrito las respuestas a las preguntas de repaso de todas las lecciones, recibirá 20 puntos del total de 100 que vale la nota final por haber cumplido con esta tarea. Si no ha hecho nada, recibirá 0 puntos. Si ha contestado solamente algunas preguntas, recibirá el porcentaje correspondiente. Por ejemplo, si contestó solamente 90 preguntas/tareas específicas de un total de 120 (75%), recibirá 75% de los 20 puntos, o 15 puntos (dividir 90 entre 120, y multiplicar por 20). El facilitador no tiene que evaluar cuán bien ha escrito las respuestas, sino solamente *si ha cumplido con la tarea o no*. (La comprensión correcta de la materia por parte del alumno será evaluada en el examen final.) Cuando haya revisado el cuaderno, el facilitador debe enviar un informe a la oficina de FLET, señalando las calificaciones de los alumnos para esta tarea.

b) Informe de lectura adicional

El facilitador debe pedir que los alumnos entreguen sus informes al final del curso, el día que se toma el examen final. Este informe de lectura debe ser enviado a la oficina de FLET para su evaluación, junto con la hoja de respuestas del examen final. La calificación estará a cargo del personal de la oficina de FLET y se basará en el porcentaje de la tarea correctamente cumplida.

c) Ensayo

A mediados del curso, el alumno debe entregar una hoja al facilitador que incluya el tema de su ensayo y un bosquejo del mismo. El facilitador no tiene que calificar esto, sino asegurar que el alumno esté planificando su ensayo. Si el alumno no ha comenzado, anímelo a empezar. El ensayo final debe ser enviado a la oficina de FLET para su calificación, junto con las hojas de respuestas del examen final y el informe de lectura adicional.

d) Examen final

El examen será calificado en la oficina de FLET.

El facilitador debe pedir copias del examen, y las hojas de respuestas, con suficiente anticipación para tomar el examen en la fecha establecida.

Calificación

La nota final será calculada de acuerdo a los siguientes porcentajes:

Cuaderno de trabajo	20%
Informe de lectura adicional	20%
Ensayo	30%
Examen final	30%
Total	100%

Lección 1

Fundamentos de la psicología

Sugerencias para comenzar la lección

1. Comience la lección con la siguiente afirmación (o una similar): «El creyente que se desenvuelve en el área de educación, psicología, ministerio pastoral, administración debe saber cómo evaluar si los conceptos propuestos en estas disciplinas son válidos y se conforman las Escrituras». Entonces pida a los alumnos a que propongan 4 principios que puedan servir para evaluar los conceptos que se proponen en estos campos. Por ejemplo, ¿cómo se puede comprobar que existe un *ello* y *super yo* si no se pueden ver, si no podemos hacer experimentos repetibles al respecto, y si no hay revelación divina que lo afirme? Después de una interacción provechosa prosiga con el resto de la lección.

2. Con anticipación a la lección (o minutos antes de comenzar) pida a dos alumnos que participen en un pequeño debate acerca del papel de la psicología en la comunidad cristiana. Uno de los participantes defenderá la proposición: El creyente nunca debe acudir a la psicología ya que tiene la Biblia. El otro debe defender la propuesta: El creyente puede utilizar la psicología mientras que concuerde con y no reemplace las Sagradas Escrituras. Permita que cada uno tenga entre 3 y 5 minutos para desenvolver la perspectiva que se le ha asignado. Después de que cada uno termine los miembros de la au-

diencia (esto es, los otros alumnos) pueden hacerle preguntas. Pasen al próximo paso de la lección después de que los alumnos sean hayan reflexionado sobre los argumentos de cada posición.

3. En esta lección el autor presenta varias ideas acerca de la crianza de niños. Pida a los alumnos que opinen al respecto. ¿Cuáles son los puntos en los cuales están de acuerdo?; ¿Hay áreas de desacuerdo?; ¿Cómo concuerdan las afirmaciones con las enseñanzas de las Escrituras? [Nota: Pida que los estudiantes provean referencias bíblicas para sus afirmaciones.] Después de una discusión provechosa completen las otras actividades de la reunión.

4. Desarrolle su propia forma creativa para introducir la lección.

Respuestas a las preguntas de repaso

1. El autor afirma que en la psicología claramente se distinguen dos grandes períodos: la etapa pre-científica y la etapa científica. La era pre-científica tiene que ver más con la reflexión acerca de la naturaleza humana y la relación entre lo material e inmaterial. La científica se relaciona con la psicología experimental y la experimentación en el laboratorio. El texto explica que comenzaron a estudiar los «procesos perceptivos» a través de la experimentación y no principalmente por medio de la especulación como antes.
   La transición de la era pre-científica a la científica. El texto menciona dos señales de transición: 1. el paso de la especulación a la sistematización y explicación de manera racional y no solo intuitiva de los descubrimientos; y

2. el cambio del *objeto* de estudio del alma a la mente. Con referencia a la tercera parte de la pregunta permita que los estudiantes expresen sus propias ideas prestando atención a que sus opiniones sean coherentes, relevantes y compatibles con las Escrituras.

2. El autor menciona a dos figuras importantes: Juan Luis Vives y Wilhelm Wundt. El primero, un filósofo español, escribió libros acerca de los componentes de la mente, la relación entre los mismos y cómo se manifestaban en la vida de las personas. El segundo, funda el primer laboratorio de psicología experimental con lo cual se inició el estudio de los procesos perceptivos a través de la experimentación.

3. Las escuelas de pensamiento mencionadas son las siguientes:

   - Estructuralismo: Este enfoque enfatizaba el descubrimiento de los componentes de la conciencia, su estructura y las interrelaciones entre las facetas y los principios que regían dichas interrelaciones. Reunía la información por medio de diversa estimulación de un individuo seguido por la introspección del mismo y su explicación de lo que había experimentado.
   - Funcionalismo: Esta escuela subrayaba la utilidad o el fin de la consciencia y procesos conscientes en términos de beneficios pragmáticos.
   - Psicoanálisis: Esta orientación busca comprender aspectos inconscientes de alguien por medio de interpretación de sueños, asociación libre e introspección a fin de poder comprender su conducta, pensamientos, y otras facetas de su persona.

- Conductismo: Este punto de vista enfatiza la conducta de la persona ya que es lo que tiene cualidad observable (en contraste con el alma, la conciencia, y los pensamientos, por ejemplo). Afirma que la conducta es aprendida y por lo tanto el medio ambiente «determinante» en la influencia sobre el individuo. Skinner lo llevó hasta el punto más extremo.
- Gestalt: Escuela que enfatiza la totalidad de la experiencia y no los componentes aislados. Utiliza la introspección y experimentación como métodos.
- Sistémico: punto de vista que reconoce a la familia como la unidad básica para la intervención en consejería.

4. El autor prefiere la siguiente definición: «La psicología es la ciencia que estudia la conducta de los organismos» (Ardila R., *La psicología contemporánea*). La considera muy práctica «ya que afirma que lo que estudia la psicología es susceptible de ser observado, medido, replicado y comparado, y en la medida que es observable, facilita el manejo de variables en un experimento».

5. El texto explica tres métodos generales de investigación:
   - El método experimental que usualmente se utiliza en un laboratorio donde el investigador manipula o crea situaciones para conocer cómo es afectada una variable cuando es influida por otra.
   - Los métodos de escrutinio (encuesta) y de campo que observan hechos en situaciones naturales, esto es fuera del laboratorio, de manera directa, y sin controlar las variables.

- El método clínico-psicométrico realiza evaluaciones por medio de métodos clínicos (entrevistas de distinto tipo) y/o por la aplicación de algún instrumento que complementa la información clínica tal como cuestionarios o inventarios.

6. De acuerdo al texto, la psicología tiene las siguientes subdisciplinas o áreas de especialización:

- PSICOLOGÍA EXPERIMENTAL: Esta área estudia la memoria, el aprendizaje, la percepción, las sensaciones, las emociones, y otros fenómenos que constituyen facetas de los seres humanos.
- PSICOLOGÍA FISIOLÓGICA Y PSICOFARMACOLOGÍA: La psicología fisiológica se interesa en investigar hasta qué punto la conducta está determinada por los fenómenos físicos y químicos que ocurren en nuestro organismo.
- PSICOLOGÍA COMUNITARIA: Esta se concentra en realizar actividades que faciliten y permitan la participación de la comunidad en programas orientados a incrementar la calidad de vida de la población.
- PSICOLOGÍA DEL DESARROLLO O EVOLUTIVA: Esta área estudia los factores que influyen la conducta en los distintos períodos o etapas del desarrollo individual, desde la concepción hasta la vejez.
- PSICOLOGÍA SOCIAL: Esta es una subdisciplina enfocada en investigar la influencia mutua que ejercen las personas entre sí y las condiciones del contexto que pueden modificar la conducta del individuo cuando está en grupo.

- PSICOLOGÍA CLÍNICA: Esta rama se dedica a la práctica de la psicoterapia, es decir, a aplicar una serie de técnicas a fin de motivar cambios en el consultante que afecten para el bien la calidad de su vida y activa su potencial.
- PSICOLOGÍA LABORAL: Esta especialidad se concentra en ayudar a maximizar el logro de sus objetivos en lo productivo.
- PSICOLOGÍA EDUCACIONAL: Esta área trata de aquellos principios de la psicología que pueden facilitar y enriquecer el proceso de enseñanza-aprendizaje.

7. Las metas de la psicología de acuerdo al autor son:

- *Describir* o precisar en detalle en qué consiste y qué caracteriza el objeto de estudio.
- *Explicar* o intentar dar una respuesta al por qué algo ocurre o discernir relaciones de causalidad.
- *Predecir* o anticipar situaciones que puedan generarse en el futuro en vista de los antecedentes que ya conocemos en el presente.
- *Controlar* o actuar para que ciertas variables descritas (cuya operación o funcionamiento conocido pueden ser intervenidas) generen cambios en el objeto de nuestro estudio.

8. El texto define la ciencia así: «un conjunto ordenado e integrado de conocimientos acerca de hechos que son observables y que se pueden cuantificar». De manera que se debe usar una metodología particular para alcanzar un determinado conocimiento. Así, para que la psico-

logía sea considerada científica debe utilizar el método científico, el cual consiste en:

- Definir el problema.
- Postular una hipótesis que pueda explicarlo.
- Utilizar un proceso de razonamiento y deducción a partir de las hipótesis planteadas, con el fin de clarificar los problemas de aspectos de las hipótesis.
- Observar, probar o experimentar a fin de evaluar el grado de relación que existe entre lo planteado en las hipótesis y lo que se observa.

Las dificultades que existen al discernir si la psicología es una ciencia o no están en que esta surge de la filosofía y en sus inicios se basaba en la razón solamente. Sin embargo el autor responde que por algunos años la psicología ha venido utilizando una metodología científica y que por esto la misma ha recibido el *status* de disciplina científica. No obstante, a causa del objeto de estudio de la psicología y las múltiples causas que influyen en ~~a~~ la conducta, se piensa que ésta no es una ciencia como la física o la química. El autor también reconoce que factores tales como la complejidad de la conducta humana, problemas en la implementación del método científico, y asuntos legales y éticos afectan el desarrollo de lo que sería una psicología científica.

9. El autor reconoce las categorías de revelación especial y general. Además afirma que la psicología es un área de estudio dentro del campo de las ciencias sociales. En conexión con esto la considera como una útil herramienta en manos de un creyente, un medio más que Dios nos ha dado para entendernos, ayudarnos y prepararnos para apoyar a nuestros semejantes. Afirma que la psicología debe ser entendida como un complemento que facilita especificar los elementos provistos por la «revelación bíblica». También piensa que los aportes de la psicología cobran un sentido de mayor profundidad en la medida que se observan desde una perspectiva cristiana. Afirma que el conocimiento de Dios y de la Biblia le permiten al cristiano contar con una cosmovisión que lo habilita para integrar los aportes que provengan de las ciencias bajo el modelo de que toda verdad proviene de Dios. No obstante, piensa que aun queda trabajo por hacer en el área de la relación entre la Biblia y la psicología.

10. Las respuestas variarán de acuerdo al alumno. El facilitador debe asegurar que el estudiante haya completado la pregunta.

Ensayo

En la primera reunión anime a los alumnos a que tomen los pasos necesarios para la realización del ensayo requerido para el curso, de acuerdo a las sugerencias provistas en la guía del estudiante, y a fin de que pueda ser terminado a tiempo.

Lección 2

El hombre psicológico que Dios ha creado

Sugerencias para comenzar la lección

1. **El autor introduce esta lección con algunas de las críticas en contra de la integración de los conocimientos de la ciencia con aquellos de las Escrituras. Expone ejemplos de lo que algunos dicen al respecto:**

   - La «psicología es del demonio».
   - La psicología «atenta contra la obra del Espíritu Santo».
   - La psicología «no es necesaria, ya que todo lo que necesitamos para la vida y la piedad se encuentra en la Biblia».

   El autor entonces afirma: «Por lo tanto, este hermano o hermana que quiere enseñar religión en el colegio o en la escuela dominical, no ve la necesidad de tomar en cuenta lo que dice la psicología acerca de la educación y el desarrollo del hombre. Incluso tienen un rechazo a tal consideración».
   A la luz de esto pida a los alumnos que opinen a las tres críticas de la psicología que aparecen arriba (como también otras que ellos puedan agregar). Asegure que reflexionen y que traten con las siguientes preguntas: ¿Estoy de acuerdo con la crítica? ¿Por qué sí o por qué no? ¿Está toda la psicología por definición en contra de las enseñanzas de la Biblia? ¿Existe algún estándar para juzgar los hallazgos de la ciencia o psicología? Después de un provechoso intercambio de ideas prosigan con el resto de la lección.

2. El texto saca a relucir algunas de las siguientes razones por las cuales la ciencia se ha aislado de la Biblia:

    - Un entendimiento superficial de la fe cristiana.
    - La necesidad de proteger la reputación.
    - Presuposiciones en conflicto con la postura cristiana.
    - Las limitaciones de tiempo en tratar de dominar dos disciplinas.

    Instruya a los alumnos a reflexionar sobre estas razones y opinar acerca de las mismas. Además pídales que expresen otras posibles razones por las cuales la ciencia se ha aislado de la Biblia junto con algunas de las respuestas y/o soluciones posibles. Asegure que varios alumnos participen con sus opiniones y sigan al próximo paso de la lección.

3. El autor saca a relucir el principio *toda verdad es verdad de Dios*. Pida a los alumnos que reflexionen sobre los posibles significados de esta afirmación. Asegure tocar temas tales como la relevancia de la afirmación a la relación entre la Biblia y la ciencia, la posibilidad de usar la verdad para fines malos (por ejemplo, para fortalecer una mentira), y cómo saber si algo es verdad o no. Después de una discusión estimuladora pasen al próximo paso de la lección.

4. Desarrolle su propia forma creativa para introducir la lección.

Respuestas a las preguntas de repaso

1. Las respuestas variarán de acuerdo al alumno. El facilitador debe asegurarse de que el estudiante haya completado la pregunta.

2. Las respuestas variarán de acuerdo al alumno. El facilitador debe asegurarse de que el estudiante haya completado la pregunta.

3. Las respuestas variarán de acuerdo al alumno. El facilitador debe asegurarse de que el estudiante haya completado la pregunta.

4. Las respuestas variarán de acuerdo al alumno. El facilitador debe asegurarse de que el estudiante haya completado la pregunta.

5. Las respuestas variarán de acuerdo al alumno. El facilitador debe asegurarse de que el estudiante haya completado la pregunta.

6. Las respuestas variarán de acuerdo al alumno. No obstante, asegúrese de que el estudiante comprenda la naturaleza no observable de algunos de los conceptos.

7. Las respuestas variarán de acuerdo al alumno. El facilitador debe asegurarse de que el estudiante haya completado la pregunta.

8. Las respuestas variarán de acuerdo al alumno. El facilitador debe asegurarse de que el estudiante haya completado la pregunta.

9. Las respuestas variarán de acuerdo al alumno. El facilitador debe asegurarse de que el estudiante haya completado la pregunta.

10. Las respuestas variarán de acuerdo al alumno. El facilitador debe asegurarse de que el estudiante haya completado la pregunta.

Ensayo

Asegúrese de que los alumnos estén progresando hacia la realización de sus ensayos de acuerdo a las sugerencias en la guía para el estudiante. Anímelos y ayúdelos hacia dicho fin.

Lección 3

Etapas en el desarrollo pre-escolar y escolar

Sugerencias para comenzar la lección

1. El autor de esta lección saca a relucir el factor de la obra del Espíritu Santo en el desarrollo de la persona. Pida a los estudiantes que opinen acerca de esta faceta del desarrollo tomando en cuenta el papel de las Escrituras, la contribución del Cuerpo de Cristo —la Iglesia— y la dedicación personal del creyente. También se debe considerar el ministerio del Espíritu Santo con referencia al no creyente. Instruya a los alumnos que presenten respaldo bíblico para sus contribuciones a la discusión. Después de un tiempo provechoso de interacción, pasen al resto de la lección.

2. El texto afirma que «el desarrollo del ser humano desde su concepción hasta la madurez toma alrededor de unos veinte años». Pida a los estudiantes que opinen al respecto. Nombren a un(a) secretario(a) para escribir las ideas provechosas que se expresen y asegure que traten preguntas como las siguientes: ¿Es posible que el proceso de madurar tome menos o más tiempo? (Por ejemplo, la edad de los cuarenta como edad promedia para la madurez.); ¿Qué podemos hacer para promover la madurez en nosotros y en otros?; ¿Cuáles son algunas de las indicaciones o marcas de la madurez?; y ¿Qué hacemos con personas que son inmaduras para su edad o para la esfera laboral, social, o estado civil en el cual

opera? Después de una discusión provechosa, completen el resto de la reunión. [Nota: Pida al secretario(a) que provea una copia de las buenas ideas expuestas por los alumnos para aquellos que la deseen.]

3. Pida a los alumnos que expresen ya sea áreas de acuerdo, desacuerdo o conceptos que le llamaron la atención con respecto al pensamiento de Freud, Erickson, Piaget, y Kohlberg. Nombren a un(a) secretario(a) para escribir las ideas provechosas que salgan a relucir. Después de un tiempo de interacción estimuladora pasen al próximo paso de la clase. [Nota: Pida al secretario(a) que provea una copia de las buenas ideas aportadas por los alumnos para aquellos que la deseen.]

4. Desarrolle su propia forma creativa para introducir la lección.

Respuestas a las preguntas de repaso

1. De acuerdo al texto, las etapas en el desarrollo del ser humano son tres:

   - La niñez (nacimiento hasta el inicio de la pubertad).
   - La adolescencia (desde la pubertad hasta finalizado el crecimiento físico).
   - La edad adulta (desde el comienzo de la independencia personal hasta la muerte).

   En esta área de especialización se estudian los siguientes aspectos del desarrollo del ser humano: el aspecto mental, moral, social y espiritual.

2. De acuerdo al texto hay tres formas de entender el desarrollo, y son:

   - Usar la edad cronológica para referirse a los distintos grados de desarrollo del individuo.
   - Desarrollo por etapas, esto es, se considera los logros o tareas del desarrollo que las personas deben alcanzar en cada fase del mismo.
   - Desarrollo en forma dialéctica, esto es el desarrollo de la persona en su contexto social e histórico enfatizando la contradicción y las crisis como los elementos que impulsan y catalizan el desarrollo.

3. De acuerdo al texto, los factores que influyen en la formación de la personalidad son 1. la herencia (que da las pautas para la maduración); 2. el medio ambiente (que provee la experiencia e instancias de aprendizaje);3. la época o período de la historia en la cual la persona vive; y para el creyente, 4. el accionar del Espíritu Santo. El autor señala que el proceso de maduración ocurre independientemente del ejercicio o la práctica, mientras que el aprendizaje es posible y se perfecciona basándose en ella.

4. Los cuatro enfoques teóricos para el desarrollo humano presentados en el texto son estos:

   a. El desarrollo psicosexual del niño propuesto por Sigmund Freud: Este enfoque considera que gran parte de la conducta humana está vinculada con la sexualidad, entendiéndose lo «sexual» como algo mucho más amplio que lo «genital». Freud afirmó que la vida sexual no comienza solo en la pubertad, sino que se inicia con evidentes manifestaciones aun poco antes del nacimiento. Concluyó que ese impulso sexual (que él llamó «líbido»), está presente a lo largo de toda la vida, permeando todos los aspectos del desarrollo humano y manifestándose de diversas maneras en las diferentes etapas.

b. El desarrollo de la identidad propuesto por Erik Erikson: Este punto de vista identifica 8 etapas en el desarrollo de una persona desde la infancia hasta la vejez en las cuales hay una tarea en forma de crisis que el individuo debe resolver.

c. El desarrollo de la inteligencia propuesto por Jean Piaget: Este habla de diferentes fases de desarrollo en la habilidad mental de las personas desde el pensamiento concreto al más abstracto. [Nota: Experimentos recientes han puesto en tela de juicio algunas de las conclusiones de Piaget respecto a las habilidades mentales de los niños.]

d. Definición de las etapas morales propuesto por Lawrence Kohlberg: Este enfoque aboga que la capacidad moral de las personas pasa por etapas de desarrollo.

Las respuestas para la segunda parte de esta pregunta variarán de acuerdo al alumno. El facilitador debe asegurarse de que el estudiante haya completado la pregunta.

5. Erikson propone 8 etapas en el desarrollo del individuo: 1. la etapa de confianza básica *versus* desconfianza básica en la cual un niño resuelve el sentido básico de con-

fianza a un extremo o desconfianza al otro; 2. la etapa de autonomía *versus* vergüenza y duda en la cual el niño comienza a desarrollar su autonomía en base a sus nuevas capacidades motoras y mentales; 3. la etapa de iniciativa *versus* culpa que se refiere a la edad en la cual el niño domina sus movimientos corporales y otros aspectos y a cómo sus padres responden a sus actividades; 4. la etapa de «industriosidad» *versus* inferioridad en la cual el niño comienza a razonar con conceptos; 5. la etapa de identidad *versus* confusión en la cual se resuelve el conflicto entre identidad y confusión; 6. la etapa de intimidad *versus* aislamiento que se extiende desde la última parte de la adolescencia hasta la primera parte de la edad adulta madura; 7. la etapa de generatividad *versus* autoabsorción en que la persona comienza a preocuparse por otros (más allá de su familia inmediata), por la sociedad y por el mundo donde las nuevas generaciones van a vivir; y 8. la etapa de integridad *versus* desesperación que corresponde a la vejez, cuando hay más tiempo para la reflexión y para los nietos.

6. Las etapas propuestas por Piaget son las siguientes: 1. La etapa sensorio-motriz (nacimiento hasta los 2 años aproximadamente) durante la cual el niño va construyendo una imagen de la realidad física por medio de sus sentidos, pero no tiene concepto distintivo del tiempo, espacio, distancia o relaciones; 2. La etapa pre-conceptual (entre los 2 y los 7 años) en la cual los niños ya manejan el lenguaje, pero no le es posible aplicar verdades abstractas a situaciones concretas; 3. la etapa de las operaciones (entre los 7 y los 11 años) durante la cual los niños comienzan a pensar en términos concretos y literales; 4. la etapa de las operaciones formales o de conceptos abs-

tractos (entre los 11 y los 14 años) en la cual el niño pasa al plano de las ideas y es capaz de deducir las conclusiones que se pueden extraer de hipótesis, sin apoyarse en la observación ni en la experiencia.
Las respuestas para la segunda parte de esta pregunta variarán de acuerdo al alumno. El facilitador debe asegurarse de que el estudiante haya completado la pregunta.

7. Kohlberg propone 3 etapas con seis niveles, dos para cada una de dichas etapas:

I. Nivel preconvencional. En este nivel el niño responde a estándares culturales de bueno y malo, y los interpreta en términos de consecuencias de castigo o recompensa desagradable o agradable y en términos del poder físico de los que enuncian las reglas.

Etapa 1: Orientación al castigo y a la obediencia. Las consecuencias físicas de la acción determinan lo bueno o lo malo, sin tener en cuenta el significado humano o valor de tales consecuencias.

Etapa 2: Orientación instrumental relativista. En esta etapa se considera correcto aquello que satisface las necesidades de uno mismo y ocasionalmente las necesidades de otros.

II. Nivel convencional. En este nivel se valoran por sí solas las expectativas de la familia, grupo o nación, sin tener en cuenta las consecuencias inmediatas. Incluye una actitud de lealtad, de apoyo activo, de justificación del orden y de identificación con las personas o grupos de referencia. En este nivel Kohlberg propone las siguientes etapas:

Etapa 3: Orientación de concordancia interpersonal. El buen comportamiento es aquello que complace y ayuda a otros y es aprobado por los demás.

Etapa 4: Orientación a la ley y al orden. Esta es una orientación a la autoridad, las reglas y el mantenimiento del orden social.

III. Nivel post-convencional, autónomo o de principio. En este nivel hay un esfuerzo directo de definir los valores y principios morales que tienen validez y aplicación universales. Este nivel tiene dos etapas de acuerdo a Kohlberg:

Etapa 5: Orientación legalista y de contrato social donde se tiende a definir la acción correcta en términos de derechos individuales y en términos de normas que han sido examinadas críticamente y aprobadas por la sociedad.

Etapa 6: Orientación de principios éticos universales en la cual se define el bien por decisión y conciencia, de acuerdo a principios éticos universales de justicia, reciprocidad, igualdad de derechos humanos y de respeto por la dignidad de los seres humanos como personas individuales.

Las respuestas a la segunda parte de esta pregunta variarán de acuerdo al alumno. El facilitador debe asegurar que el estudiante haya completado la pregunta.

8. Las tres sub-etapas explicadas son:

a. La primera infancia (0-3 años): El período de la vida del ser humano en el cual se depende por completo de los cuidados de los padres.
b. La segunda infancia (3 a 6 años): El período que va desde que el niño aprende a movilizarse por sí mismo y a expresarse por medio del lenguaje, hasta la época en que está listo para ir a la escuela.
c. La niñez propiamente dicha o edad escolar (6 a 12 años): El período que dura desde el inicio de la socialización del niño en la escuela hasta cuando comienza la pubertad.

Las respuestas para la segunda parte de esta pregunta variarán de acuerdo al alumno. El facilitador debe asegurarse de que el estudiante haya completado la pregunta.

9. Las respuestas para la segunda parte de esta pregunta variarán de acuerdo al alumno. El facilitador debe asegurar que el estudiante haya completado la pregunta.

10. Las respuestas variarán de acuerdo al alumno. El facilitador debe asegurar que el estudiante haya completado la pregunta.

Ensayo

Asegúrese de que los alumnos estén progresando hacia la realización de sus ensayos de acuerdo a las sugerencias en la guía para el estudiante. Anímelos y ayúdelos hacia dicho fin.

Lección 4

¿Cómo incorporamos nuestra experiencia?: Aprendizaje y memoria

Sugerencias para comenzar la lección

1. Pida a los alumnos que exploren algunas de las maneras posibles en las cuales han sido condicionados para reaccionar de alguna manera (e.g.: «La iglesia siempre es aburrida»; «Sé que no lo voy a hacer bien»; «Si le digo eso, sé cómo va a responder»). Asegúrese de que los alumnos reflexionen acerca de aspectos positivos y negativos de dicho condicionamiento, de la influencia de nuestra forma de pensar en nuestras reacciones, y del papel de las Escrituras al respecto. Después de una provechosa interacción entre los estudiantes pasen al próximo paso de la lección.

2. Exploren como grupo las implicaciones de la disciplina y las recompensas divinas para la vida cristiana (en el contexto del amor de Dios). Asegúrese de leer pasajes tales como los siguientes: 1 Corintios 3.9-15; Hebreos 12.3-11; Romanos 8.31-39; Juan 5.24-25. Después de un intercambio edificador completen las otras actividades de la reunión. [Nota: Este tema incluye muchos otros texto bíblicos que aquellos mencionados aquí. No obstante, estos servirán para instruir y para estimular la discusión.]

3. El texto trata el tema del aprendizaje observacional que consiste en el aprendizaje por medio de la observación

de modelos. Pida a los alumnos que opinen acerca de esta clase de aprendizaje en la vida cristiana. Asegúrese de que traten cuestiones como estas: ¿Hay base en las Escrituras para esta clase de aprendizaje? (Nota: Los estudiantes deben proveer textos específicos para respaldar lo que dicen.); ¿Qué se puede hacer para emplear este método en el Cuerpo de Cristo? ¿Qué implicaciones tiene esto para nuestro comportamiento como cristianos? ¿Cómo afecta esto nuestro testimonio (tanto en lo negativo como en lo positivo)? Nombren a un secretario a fin de que escriba las buenas ideas que salgan a relucir y después prepare una copia de las mismas para cada participante. Permita que varios opinen y prosigan al próximo paso de la lección.

4. Desarrolle su propia forma creativa para introducir la lección.

Respuestas a las preguntas de repaso

1. **El autor presenta las siguientes tres modalidades básicas de aprendizaje:**

   a. El condicionamiento clásico o pavloviano que trata de *conductas involuntarias* que son producidas por otros estímulos, que anteriormente eran neutros y no provocaban tal conducta.
   b. El condicionamiento operante o instrumental tiene que ver con las *conductas voluntarias*, los estímulos específicos, y la recompensa o la evasión de un castigo.
   c. El aprendizaje cognitivo que son formas de aprendizaje más complejas, ya que dependen de los procesos de pensamiento y razonamiento.

2. Iván Pavlov (1849-1936), fue un fisiólogo ruso que estudió los procesos digestivos y enseñó a los perros a salivar por medio de un experimento en el que sonaba una campanilla justo antes que el alimento se trajera al laboratorio. Normalmente, el sonido de una campanilla no provoca que un perro salive, pero después de haber escuchado muchas veces la campana justo antes de obtener alimento, los perros de Pavlov empezaron salivar tan pronto sonaba la campana. Fue como si hubieran aprendido que la campana señalaba la aparición del alimento, por lo que salivaban ante la señal, aunque no fuese seguida de alimento. Esto se conoce como el condicionamiento clásico. Los elementos del mismo son:

   - Estímulo incondicionado (EI), es el estímulo que provoca la RI (la respuesta incondicionada).
   - Respuesta incondicionada (RI), es la reacción invariable que se produce frente al estímulo incondicionado (EI).
   - Estímulo condicionado (EC), es el estímulo que en un principio es «neutro» con respecto a la respuesta observada.
   - Respuesta condicionada (RC), es la conducta que se aprende en respuesta al estímulo condicionado (EI).

3. El texto afirma que los seres humanos aprenden varias conductas mediante el condicionamiento clásico. El autor explica que las fobias o miedos irracionales a objetos, actividades o situaciones particulares (gatos, arañas, serpientes, lugares altos, lugares cerrados o grandes espacios abiertos) son ejemplos de condicionamiento clásico en seres humanos. Escribe que un objeto —neutro en un principio— se vuelve temido después de asociarse repetidas ve-

ces con un estímulo que normalmente genera temor, o bien, un estímulo provoca respuestas de agrado (alegría, euforia, entre otras) después de sucesivas asociaciones con un estímulo agradable. Explican que si temores y ansiedades irracionales se aprenden mediante el condicionamiento clásico, entonces también debería ser posible «desaprenderlos» por medio del mismo mecanismo.

4. De acuerdo al texto, los elementos del condicionamiento operante son los siguientes:
   a. La elección de una respuesta particular, (respuesta operante). Después se observa y modifica dicha respuesta.
   b. La consecuencia que sigue a la conducta, el cual puede clasificarse como reforzador o castigo.

5. Los reforzadores son todos los estímulos que incrementan la probabilidad de ocurrencia de una conducta (elogios, reconocimiento, palabras de ánimo, etc.). El texto presenta las siguientes dos grandes categorías de reforzadores: reforzadores positivos (+) y reforzadores negativos (-). Los positivos agregan una recompensa a una situación (ejemplo: dar comida, reconocimiento, atención, etc.), mientras que los negativos son efectivos en la medida que eliminan algo desagradable de una situación (ejemplo: estudiar intensivamente para no reprobar una materia, disminuir la velocidad en la zona urbana para evitar multas de tránsito, etc.). El autor explica que es importante clarificar que los conceptos de «positivo» y «negativo» del refuerzo no se refieren a que estos elementos son en sí mismos positivos o negativos, «buenos» o «malos», mejores o peores, sino que estos calificativos especifican el sentido o valor que logran para la

persona tales refuerzos, ya sea que el estímulo que se entregue corresponda a la entrega de una recompensa (refuerzo (+)), o bien a la eliminación de la presencia de una variable evaluada como desagradable (refuerzo (-)). Ambos están diseñados para fortalecer la conducta antecedente al reforzador.

6. De acuerdo al autor, el castigo funciona bajo las siguientes condiciones:
   - No tiene que ser un castigo físico sino cualquier suceso cuya presencia disminuye la probabilidad de que una conducta particular se vuelva a emitir. [Nota: Véase Proverbios 22.15 y 29.15, por ejemplo: «La necedad está ligada en el corazón del muchacho; Mas la vara de la corrección la alejará de él» y «La vara y la corrección dan sabiduría; Mas el muchacho consentido avergonzará a su madre».]
   - Debe ocurrir inmediatamente después que se emite la conducta que se desea eliminar.
   - El castigo también debe ser específico, sin ser cruel.
   - El castigo efectivo es consistente o inevitable.
   - El castigo utilizado en forma apropiada puede cambiar la conducta rápidamente.

   Las respuestas a la segunda parte de esta pregunta variarán de acuerdo al alumno. El facilitador debe asegurar que el estudiante haya completado la pregunta.

7. Con referencia a diferencias entre el condicionamiento clásico y operante, el texto afirma lo siguiente:
   - La adquisición de respuesta en el condicionamiento operante es un poco más difícil que en el condicionamiento

clásico. En el condicionamiento clásico, el EI invariablemente provoca la RI, que es la conducta que queremos unir al EC. Pero en el condicionamiento operante, la conducta que queremos enseñar es generalmente voluntaria, en consecuencia, conseguir que ocurra dicha conducta puede resultar problemático. A veces, simplemente se necesita esperar que la persona presente la respuesta correcta.

- La mayor cantidad de aprendizaje en el condicionamiento operante ocurre en los primeros ensayos; los ensayos posteriores tienen efectos más limitados, cada reforzador sucesivo produce un efecto menor. Por fin, se alcanza un punto en el que el refuerzo continuo no entrega evidencia de que se esté generando más aprendizaje.
- En el condicionamiento clásico una vez que se condiciona una respuesta, esta disminuye de manera gradual, hasta que finalmente desaparece del todo (este proceso se conoce como extinción).
- En el condicionamiento operante puede ocurrir la generalización de estímulo.

8. El enfoque de aprendizaje cognoscitivo enfatiza la importancia de actividades mentales como la atención, la expectativa, el pensamiento y el recuerdo como parte de los procesos de aprendizaje. Para la modificación de la conducta, el autor enfatiza las siguientes condiciones:

- Hay que especificar qué conducta se quiere aprender (esta se llama la *conducta objetivo*).
- Se debe definir la conducta objetivo con precisión: exactamente ¿qué se entiende por el objetivo especifi-

cado? Una forma de hacerlo es imaginar situaciones en las que la persona pueda realizar la conducta objetivo y luego describir por escrito estas situaciones y la manera en que responderá a ellas.

- Se debe especificar cómo actuará a futuro en tales circunstancias.
- Luego es preciso monitorear la conducta. Lo ideal es mantener un registro diario de las actividades relacionadas con la conducta objetivo.
- Por último, debe proporcionarse algún refuerzo positivo que sea contingente a los logros alcanzados en la conducta objetivo.

La respuesta a la tercera parte de la respuesta variará de acuerdo al alumno.

9. El texto sugiere los siguientes componentes que facilitan el mejoramiento de la memoria:
    - Motivación: Necesitamos un real deseo de aprender o recordar algo
    - Práctica: Hay que practicar y utilizar lo aprendido para retenerlo. Los expertos en memoria recomiendan ejercicios como crucigramas, acrósticos, anagramas, etc.
    - Confianza en sí mismo: Se deben disminuir las dudas y la ansiedad consecuente que interfiere con la recuperación de la información de la memoria.
    - Distracción: Se debe evitar las distracciones externas que interfieren en el aprendizaje y el recuerdo. Un ambiente silencioso es propicio para llevar algo a la memoria.
    - Concentración: Hay que atender a los detalles y concentrarse en lo que rodea al suceso que se desea memorizar.
    - Relacionar el nuevo material con la memoria de largo plazo: Se debe organizar y codificar el material de ma-

nera más eficaz con experiencias y/o conocimientos de la memoria de largo plazo. Mientras más estrechamente la persona pueda relacionar la nueva información con la información ya existente en la memoria de largo plazo, podrá recordarla con mayor probabilidad. Conforme a esto, se deben crear claves mnemotécnicas para ayudarse a recordar algo.

- Uso de imágenes mentales de manera eficaz: Las imágenes son una gran ayuda para recuperar información de la memoria. Siempre que pueda, forme imágenes mentales de lo que quiera recordar.
- Uso de indicios de recuperación eficaces: Entre más indicios de recuperación tenga la persona, es más probable que recuerde algo. Una manera de establecer indicios o claves de recuperación automáticos es por medio de crear rutinas.
- Depender en exceso de la memoria: Anotar las cosas que uno desea recordar, pegar una nota o lista de esas cosas en un lugar visible ya que la memoria humana no es perfecta, es conveniente.

10. Las respuestas variarán de acuerdo al alumno. El facilitador debe asegurarse de que el estudiante haya completado la pregunta.

Ensayo

Asegúrese de que los alumnos estén trabajando en la realización del borrador del ensayo de acuerdo a las sugerencias en la guía para el estudiante, a fin de que el trabajo final sea terminado a tiempo. Anímelos y ayúdelos hacia dicho fin.

Lección 5

¿Cómo percibimos a quienes nos rodean y su realidad?: Percepción

Sugerencias para comenzar la lección

1. El autor comienza el capítulo con lo siguiente: «La frase «ver para creer» da por sentado que los sentidos siempre describen la realidad con precisión». Pida que los alumnos opinen acerca de dicha frase con referencia al tema del capítulo (atención y percepción) y la fe cristiana. Asegúrese de que se traten las siguientes preguntas: ¿Están siempre equivocadas nuestras percepciones?; ¿Es posible o deseable una fe ciega por completo?; ¿Es posible tener fe sin algún contenido o proposición que ha de creerse?; ¿Qué significa con relación a la realidad de que Dios creó al ser humano con la capacidad de percibir y creer? Después de un tiempo de discusión provechosa prosigan al resto de la lección.

2. El texto habla de algunas de las características de los estímulos presentados a los sentidos que afectan la atención que le prestamos a las cosas. Pida a los alumnos que relacionen esto con las tareas de enseñar, predicar, y aconsejar (como también otras clases de comunicación). Asegúrese de tratar preguntas como estas: ¿Existe una sola forma de predicar o enseñar?; ¿Es incorrecto o manipulativo utilizar diversas clases de estímulo para captar y retener la atención de aquellos con quienes es-

tamos tratando de comunicar?; ¿Es posible que el estímulo estorbe el contenido o el mensaje que queremos que las personas capten y crean? Nombren a un secretario a fin de que escriba los principios provechosos que salgan a relucir en la discusión. Después de un tiempo de discusión pasen al resto de las actividades de la reunión.

3. El autor trata el tema de la atención y la concentración. Realicen un intercambio de ideas acerca de las cosas que hacemos en nuestras escuelas, iglesias, o salas de consejería para retener o desviar la atención de las personas con quienes estamos comunicando. ¿Cuáles son algunas de las cosas que hacemos para estorbar la comunicación? ¿Cómo nos puede ayudar el conocimiento de las características de las personas y su desarrollo? ¿Qué podemos hacer para que nuestra comunicación sea eficaz y placentera, persuasiva, y motivadora? Después de una provechosa y animada discusión procedan con la lección.

4. Desarrolle su propia forma creativa para introducir la lección.

Respuestas a las preguntas de repaso

1. De acuerdo al autor hay factores que a veces afectan la percepción. Entre estos incluye que en algunos casos nuestros sentidos dan una imagen muy deformada e imprecisa del medio o de la realidad que percibimos; a veces, vemos lo que queremos ver más que lo que en realidad es; y a veces se percibe un estímulo de cual no estamos del todo seguros a qué corresponde y

tenemos la necesidad de chequear. Esto no quiere decir que nunca podamos confiar en nuestros sentidos o que siempre debemos dudar de los mismos.
Las respuestas de la segunda parte de la pregunta variarán de acuerdo al alumno. El facilitador debe asegurar que el estudiante haya respondido a la misma.

2. Las tres facetas del proceso de percibir presentadas por el autor son las siguientes:

- La sensación: Esta ocurre cuando un estímulo actúa sobre un órgano sensorial (o receptor) y provoca una reacción de transmisión hacia un centro integrador, esto es, el cerebro. Este registra dicho estímulo como una experiencia que denominamos sensación.
- La percepción: La transmisión nerviosa que llega al cerebro desde el receptor, se somete a una serie de elaboraciones psíquicas hasta convertirse en una percepción. La percepción, de acuerdo al texto es entonces el acto de toma de conocimientos de datos sensoriales del mundo que nos rodea.
- Las representaciones: El texto relaciona esto con la capacidad de imaginar y afirma que es la base del pensar. Define las representaciones como imágenes surgidas en la conciencia, reconocidas como un producto de la misma persona y son controladas por su voluntad.

El autor explica que las divide por motivos didácticos, pero que las tres facetas están muy relacionadas entre sí de tal manera que la división es más bien para entender el proceso.

3. Los diferentes receptores y clases de sensaciones detalladas en el texto son los siguientes:

    - Retina (conos y bastones): Estas se excitan por ondas electromagnéticas. Una persona con una visión normal de los colores es capaz de discernir no menos de 7 millones de colores distintos.
    - Órgano de Golgi (células de Corti): Estas se excitan por vibraciones mecánicas de 20 a 20.000 Hz. y provoca la sensación de sonidos y ruidos.
    - Aparato vestibular (células ciliadas): Dichas células se excitan por movimientos de la cabeza. La sensación es de equilibrio y movimiento.
    - Células cutáneas (corpúsculos de Krauss Pacini). Se excitan por ondas electromagnéticas que van de 10-4 a 10-2 cm. La sensación provocada es de frío o calor.
    - Células cutáneas (corpúsculo de Meissner). Se excitan por presión. La sensación es táctil.
    - Terminaciones nerviosas libres. Se excitan por aportes de energía intensa. La sensación es de dolor.
    - Células gustativas. Se excitan por sustancias químicas en solución acuosa. La sensación es gustativa.
    - Células olfativas. Se excitan por substancias químicas en forma gaseosa. La sensación es olfativa.
    - Receptores propioceptivos. Se excitan por modificaciones químicas y mecánicas del medio interno del cuerpo. La sensación es de presión y tensión.

4. La organización perceptual en la escuela de Gestalt tiene que ver con la palabra alemana gestalt que significa «totalidad», «forma» o «patrón». Los psicólogos de la gestalt creyeron que el cerebro crea una experiencia perceptual

coherente que es más que la simple suma de la información sensorial disponible y que lo hace de una manera regular y predecible. Por ejemplo, el texto afirma que la percepción de un paisaje en su conjunto es cualitativamente distinta a si se percibieran separadamente cada uno de los árboles, cerros y praderas.

Con referencia al estudio de la Biblia comprendemos los libros de las Escrituras cuando los leemos como unidades completas. Así podemos seguir el hilo y captar mejor el significado de las secciones que componen el libro entero. Por esto se sugiere que la persona lea el libro de la Biblia que vaya a leer de una vez, sin interrupción. Esto no garantiza que se comprenda todo de inmediato pero sí facilitará mejor comprensión que si se lee a retazos. Las respuestas de la segunda parte de la pregunta variarán de acuerdo al alumno. El facilitador debe asegurarse de que el estudiante haya respondido a las mismas.

5. De acuerdo al texto, las leyes de la percepción de acuerdo al texto son estas:

- El todo es más que la suma de las partes: El conjunto percibido, es más que la suma de las percepciones elementales.
- Tendencia a la estructuración: Los elementos perceptivos aislados tienen una tendencia espontánea a la organización de formas o gestalt.
- Tendencia a la generalización perceptiva: Cuando percibimos una forma, percibimos simultáneamente un significado.
- Tendencia a la pregnancia: La pregnancia es la facilidad con que un objeto es percibido como figura en relación con el fondo.

- Principio de constancia: Las figuras tienden a ser percibidas como simétricas y completas aunque no lo sean.

Los otros condicionantes de la percepción son la afectividad, es decir, el estado emocional, los sentimientos y el estado de ánimo y la experiencia previa en nuestro ciclo vital o nuestra biografía que pueden contribuir a nuestra percepción.

6. El texto saca a relucir los siguientes tipos de percepciones:

- La *percepción sensorial*, esto es la percepción real y objetiva que se obtiene y elabora con la observación directa del estímulo que impresiona a los aparatos receptores sensoriales (órganos de los sentidos).
- La *percepción consecutiva* o *post-percepción sensorial* la cual es determinada por la persistencia de la imagen sensorial después de desaparecido el estímulo, habitualmente cuando este ha sido muy intenso.
- Las *pareidolias* o ilusiones fantásticas que consisten en producciones de la fantasía creadora, a expensas de un material sensorial de límites difusos.

7. De acuerdo a Jasper las percepciones y las representaciones difieren en las siguientes maneras:

- Las percepciones son corpóreas, las representaciones incorpóreas
- Las percepciones aparecen en el espacio objetivo externo, las representaciones en el espacio subjetivo interno.
- Las percepciones tienen un diseño determinado, están completas y con todos sus detalles ante nosotros. Las representaciones tienen un diseño indetermina-

do, están incompletas y solo con algunos detalles ante nosotros.

- En las percepciones los diversos elementos de la sensación tienen toda la frescura sensorial. Las representaciones no tienen la frescura sensorial de los elementos de las sensaciones como en la percepción.
- Las percepciones son constantes y pueden ser retenidas fácilmente de la misma manera. Las representaciones se descomponen y desmenuzan y deben ser creadas siempre de nuevo.
- Las percepciones son independientes de la voluntad, no pueden ser suscitadas arbitrariamente y no pueden ser alteradas. Son admitidas con un sentimiento de pasividad. Las representaciones son dependientes de la voluntad, pueden ser provocadas según el deseo y ser modificadas. Son producidas con un sentimiento de actividad.

8. De acuerdo al texto la percepción se ubica en el siguiente «conjunto de variables» que la caracterizan:

- El concepto del marco de referencia y escala de referencia: Esto tiene que ver con la conciencia de la relación mutua entre los factores externos e internos en la percepción. Esto es, el mismo estímulo es percibido de manera diferente según los valores o motivos del perceptor. Esto es relacionado por el autor con «escalas de referencia» o estándares basados en la experiencia que los individuos a veces usan para juzgar el mismo estímulo de diferente forma.
- La percepción de estímulos estructurados: Se relaciona al hecho de que la percepción puede ser determi-

nada principalmente por el estímulo. El autor provee este ejemplo: «Cualesquiera que sean los valores o motivos que pueda usted tener no desempeñarían un papel muy importante en la determinación de lo que percibió usted. Por muy hambriento que estuviera usted, por ejemplo, aun percibiría una maceta con flores como macetas de flores y no como un bistec, un taco, o alguna otra cosa relacionada con el hambre».

- El concepto de la percepción de estímulos ambiguos: el autor explica que cuando un individuo se enfrenta con un estímulo no estructurado o ambiguo, su percepción es determinada en gran parte por sus características internas como perceptor, o por factores externos como la sugestión.
- La atención y la concentración: La atención es la orientación de nuestra actividad psíquica hacia algo que se experimenta. En la atención el estímulo se acepta indiscriminadamente, en forma pasiva y sin esfuerzos. Cuando la atención permanece orientada en forma persistente hacia una situación determinada, se está llevando a cabo la función de concentración.

9. De acuerdo al autor, hay algunas características de los estímulos presentados a los sentidos que a menudo determinan nuestra atención. El texto saca a relucir las siguientes:

- Cambio de estímulo: Cualquier cambio en las condiciones del estímulo con frecuencia atrae la atención.
- Movimiento: El movimiento puede atraer la atención.
- Tamaño: Es más probable que los objetos grandes atraigan más nuestra atención que los pequeños.

- La repetición: Esta a veces ejerce una fuerte influencia en la atención. No obstante el autor dice que aunque la repetición puede ejercer una fuerte influencia en la atención, el papel de la repetición también puede reducir la atención.
- El prurito en la nariz: Este puede convertirse en el centro de nuestra atención.
- Sonidos de alta frecuencia: Estos sonidos atraen más la atención que los de baja frecuencia.
- La novedad: Esta a menudo atrae la atención.
- Los motivos: El autor explica que si estamos hambrientos, es más probable que los estímulos asociados con este motivo lleguen a ser el centro de nuestra percepción.
- Intereses y valores: Los intereses y valores tienen mucho que ver con la selectividad de su percepción.

Para la segunda parte de esta pregunta las respuestas variarán de acuerdo al estudiante.

10. Las respuestas variarán de acuerdo al alumno. El facilitador debe asegurarse de que el estudiante haya completado la pregunta.

Ensayo

El facilitador deberá constatar que los alumnos han completado el borrador del trabajo escrito para esta lección. Anímelos a continuar con el desarrollo de su ensayo, a fin de que sea entregado para la última clase.

Lección 6

¿Qué nos impulsa en la vida?: Motivación

Sugerencias para comenzar la lección

1. La teoría de Maslow acerca de la jerarquía de necesidades ha sido difundida en varios contextos y aun en el mundo cristiano. Repase los puntos principales de la teoría (si es posible, escríbalos en la pizarra o prepare una hoja con los mismos antes de que los alumnos lleguen para la reunión) y pida a los estudiantes que opinen al respecto. Asegure que se trate los puntos fuertes posibles de la teoría como también los débiles. Además, discutan si esta teoría refleja la verdad de las Escrituras o no, y qué relación tienen estas necesidades con la espiritualidad y madurez cristiana. Después de una discusión provechosa, pasen al próximo paso de la lección.

2. El texto trata el tema de la motivación y las emociones. Pida a los alumnos que opinen al respecto. Asegure de tratar temas tales como: ¿Hay que sentirse de cierta manera para hacer lo que debemos hacer?; ¿Debemos tratar de sentirnos bien antes de realizar ciertas tareas?; ¿Existe una relación absoluta de causa y efecto entre la motivación y las emociones? Después de que varios opinen y se lleguen a algunas conclusiones, prosigan con el resto de la lección.

3. El autor de la lección presenta varias características de la madurez cristiana. Lea cada característica y pida que

los alumnos ofrezcan ideas prácticas para promover y desarrollar estas cualidades en la vida real. Nombren a un(a) secretario(a) para escribir estas ideas y después darles una copia a los otros alumnos. Después de una interacción edificadora completen las otras actividades de la reunión.

4. Desarrolle su propia forma creativa para introducir la lección.

Respuestas a las preguntas de repaso

1. El estudio de la motivación tiene que ver con las cosas que dirigen y energizan el comportamiento de las personas y otros organismos vivientes. Es decir, trata de descubrir las metas particulares deseadas —los motivos—, aquello que subyace al comportamiento y lo impulsa en una determinada dirección. Trata de explicar la energía que guía al comportamiento de las personas en direcciones específicas.

2. De acuerdo al texto los cinco modelos principales acerca de la motivación son estos:

    - Somos motivados por instintos: Esta teoría aboga que la motivación es el resultado de un patrón innato de comportamiento, determinado biológicamente en lugar de ser aprendido.
    - Somos motivados por satisfacer nuestras necesidades: Este enfoque aboga que se producen pulsiones para satisfacer nuestras necesidades biológicas básicas. Si no satisfacemos la necesidad de sed, por ejemplo, se produce la pulsión de sed.

- Somos motivados por la excitación: El enfoque de la motivación relativo a la excitación se refiere a la creencia de que tratamos de conservar determinados niveles de estimulación y actividad, aumentándolos o reduciéndolos, según se requiera. El nivel óptimo de excitación deseado varía en cada persona, por ello es que algunas personas intentan evitar el aburrimiento buscando situaciones de desafío, constituyéndose estos en los motivadores.
- Somos motivados por incentivos: El enfoque de la motivación por incentivos presta atención a los estímulos externos mientras que el de las pulsiones presta atención a estímulos internos. El postre que traen a la mesa, después de una abundante cena, probablemente no resulta tan atractivo para reducir la pulsión de hambre ni para mantener la excitación. Por tanto, también somos motivados por incentivos externos que dirigen y energizan al comportamiento.
- Somos motivados por nuestros pensamientos: El enfoque cognitivo de la motivación se centra en el papel que desempeñan los pensamientos, las expectativas y la comprensión del mundo. Desde un punto de vista cognitivo está la expectativa de que cierto comportamiento nos permitirá alcanzar una meta determinada. El otro punto de vista cognitivo se centra en la comprensión del valor que tiene para nosotros esa meta. La motivación que un estudiante tenga para prepararse para un examen estará determinado por su expectativa sobre la calificación que obtendrá, y del valor que le otorga el hecho de obtener una buena nota. Si la expectativa y el valor son altos, estará motivado para estudiar diligentemente.